普通高等教育法学核心课教材
《环境法学概论》

主　编　徐祥民
副主编　陈晓景　田其云　陈　冬
　　　　申进忠　刘卫先

环境法学概论

(第3版)

徐祥民 主编

人民出版社

责任编辑：宫　共
封面设计：源　源

图书在版编目（CIP）数据

环境法学概论／徐祥民 主编．—北京：人民出版社，2022.12
ISBN 978-7-01-025329-9

Ⅰ．①环…　Ⅱ．①徐…　Ⅲ．①环境法学-概论　Ⅳ．①D912.6

中国版本图书馆 CIP 数据核字（2022）第 246651 号

环境法学概论

HUANJING FAXUE GAILUN

徐祥民　主编

人民出版社 出版发行
（100706 北京市东城区隆福寺街99号）

北京汇林印务有限公司印刷　新华书店经销

2022年12月第1版　2022年12月北京第1次印刷
开本：710毫米×1000毫米 1/16　印张：22.75　字数：345千字
ISBN 978-7-01-025329-9　定价：62.00元

邮购地址 100706　北京市东城区隆福寺街99号
人民东方图书销售中心　电话（010）65250042　65289539

版权所有·侵权必究
凡购买本社图书，如有印制质量问题，我社负责调换。
服务电话：（010）65250042

修 订 说 明

环境法学正在走向成熟。本书从第一版（2008年8月出版）到第二版（2013年8月出版）经历了这个走向成熟过程的一个阶段。本次修订力图给环境法学走向成熟的历史进程留下尽可能深的刻痕。这个刻痕是：环境法学教科书正从环境法执法手册或环境执法干部培训教材走向向学生传递环境法学一般知识的教学用书。作为向学生传递环境法学一般知识的教学用书，它力图构建环境法学知识体系，向学生呈现完整的、系统的、经得起时光检验的环境法学基本知识。

环境法学正在成长为法学本科一门成熟的课程。不管是在法学学科基本知识体系中的地位，还是课程容量，法学本科生的环境法学课，不管是称"环境与资源保护法学"，还是叫"环境法学概论"，抑或是使用其它名称；不管是在教育行政主管部门的管理中，还是在各高校的教学实践中，都基本实现了稳定。《环境法学概论》（原名《环境与资源保护法学》）的这次修订充分考虑了课堂教学的需要，包括教师的需要和学生的需要。

环境法学早已显现了与当今时代的同频共振关系，尤其是与中华人民共和国发展建设节拍的紧密的形影相随声响相应关系。没有古老的环境法学，只有年轻的环境法学。年轻的环境法学正如醉如痴地吸吮环境保护实践提供的丰足营养。本次修订的注意力主要集中在反映我国环境法建设和生态文明建设的理论和实践成果，尤其是突出习近平生态文明思想的指导作用，体现统筹推进"五位一体"总体布局、协调推进"四个全面"战略布局中关于生态文明建设的相关要求,是本次修订的基本指导思想。

徐祥民
2022 年 7 月 2 日于杭州钱塘寓所

目　录

第一章　人类环境与环境损害 1
　第一节　人类环境与环境法中的环境 1
　　一、环境、人类环境及其分类 1
　　二、环境法中的环境 5
　　三、我国《环境保护法》中的环境 6
　第二节　环境损害 8
　　一、环境损害的概念 8
　　二、环境损害的种类 9
　　三、环境损害的发生及其实质 16
第二章　环境保护 20
　第一节　环境保护的概念、任务和实质 20
　　一、环境保护的概念 20
　　二、环境保护的基本任务 21
　　三、环境保护的实质 23
　第二节　环境保护的主体与环境保护的义务 27
　　一、环境保护主体 28
　　二、环境保护义务 32
第三章　环境法及其产生与发展 37
　第一节　环境法的概念与特点 37

一、环境法的概念 38
　　二、环境法的一般特点 40
　　三、环境法的突出特点 45
第二节　环境法的产生与发展 46
　　一、环境法的产生 46
　　二、环境法的发展 48
　　三、早期环境法和前工业文明时代的环境资源相关法 51
第三节　我国环境法的产生与发展 52
　　一、我国环境法的诞生 52
　　二、我国环境法制建设探索前进时期 55
　　三、我国环境法制建设绿色发展时期 57

第四章　我国环境法的指导思想 65
第一节　我国环境法指导思想的形成发展 65
　　一、朴素环境保护思想在我国环境法建设起步阶段发挥了
　　　　重要指导作用 65
　　二、可持续发展主张推动我国环境法迅速发展 73
　　三、我国环境法制建设绿色发展时期的指导思想 76
第二节　习近平生态文明思想的主要内容 78
　　一、"山水林田湖草是不可分割的生态系统" 79
　　二、"有多少汤泡多少馍" 80
　　三、提高生态环境专业治理水平 81
　　四、"把保护放在优先位置" 82
　　五、"地球是人类的共同家园" 83
　　六、保护环境必须依靠制度、依靠法治 84
　　七、对生态文明建设实行责任制，做到"真追责、敢追责、
　　　　严追责"，"终身追责" 84
　　八、"有效防范生态风险"，守住环境"底线" 85
　　九、生态文明建设是"国之大者" 86

十、生态文化是中国特色社会主义文化的重要组成部分 87

第五章 环境法的体系 89

第一节 作为一个法律部门的环境法体系 89
一、环境法体系的概念及特征 89
二、环境法体系的构成 92
三、环境法是一个独立的法律部门 95
四、环境法体系的边界 96

第二节 环境保护事务法 97
一、资源损害防治法 98
二、污染损害防治法 98
三、生态损害防治法 99
四、自然地理环境损害防治法 100

第三节 环境保护手段法 101
一、环保科学技术手段法 102
二、环保管控监督措施法 102
三、环保引导激励措施法 103
四、环境强制保护和环保规划法 104
五、环保公众参与法 105

第六章 资源损害防治法 107

第一节 资源种类与我国资源损害防治法体系 107
一、资源种类 108
二、我国资源损害防治法体系 111

第二节 空间性资源损害防治法的重要制度 116
一、土地资源损害防治制度 116
二、空间性资源最大使用边界制度 120
三、特定空间性资源灭失禁限制度 121
四、空间性资源退还制度 123

第三节 非生物资源损害防治法的重要制度 124

一、矿产资源损害防治制度 124
　　二、水资源损害防治制度 128
第四节　生物资源损害防治法的重要制度 130
　　一、开发总量控制和限额开发制度 130
　　二、生物资源人工增殖制度 131
　　三、生物资源开发特别禁止制度 132

第七章　污染防治法 134
　第一节　我国的污染防治法体系 134
　　一、环境污染类型 134
　　二、我国的污染防治法体系 135
　第二节　我国污染防治法的一般制度 137
　　一、"三同时"制度 137
　　二、排污收费制度 141
　　三、污染物排放标准制度 143
　　四、污染防治规划制度 143
　　五、排污总量控制制度 144
　　六、限期治理制度 146
　　七、污染防治现场检查制度 149
　　八、污染严重工艺设备产品强制淘汰制度 151
　第三节　我国相关单行污染防治法的特别制度 153
　　一、《大气污染防治法》特别制度 153
　　二、《固体废物污染环境防治法》特别制度 154
　　三、《放射性污染防治法》特别制度 155
　　四、《土壤污染防治法》特别制度 156

第八章　生态损害防治法 158
　第一节　我国生态损害防治法的建设现状 158
　　一、缔结或参加用于生态损害防治的和以生态损害防治
　　　　为重要内容的国际公约 158

二、制定用于生态损害防治的和以生态损害防治为重要
　　　　内容的法律法规 162
　　三、在相关法律中规定生态保护内容 166
第二节　生态损害防治法专门制度 169
　　一、保护原生长地制度 170
　　二、提取动植物个体禁限制度 170
　　三、易地保护制度 172
　　四、抢救性保护制度 172
　　五、引进动植物新种论证制度 173
　　六、野生动物救护制度 175
　　七、野生动植物及其制品贸易禁限制度 175
　　八、引进物种限制和引进物种隔离制度 176

第九章　自然地理环境损害防治法 179
　第一节　我国自然地理环境损害防治法的建设现状 179
　　一、缔结或参加"自然地理环境损害防治三公约" 179
　　二、颁布"自然地理环境损害防治十法" 181
　　三、制定"自然地理环境损害防治三条例一决定" 182
　第二节　我国防治气候变化和臭氧层破坏的立法及其主要制度 183
　　一、履行《气候变化公约》的行动和应对气候变化的
　　　　政策和法律 183
　　二、履行《臭氧层公约》的行动和开展臭氧层保护的
　　　　政策和法律 186
　第三节　我国《防沙治沙法》《水土保持法》的主要内容和
　　　　　重要制度 189
　　一、《防沙治沙法》《水土保持法》的共有制度 189
　　二、《水土保持法》的主要内容 197
　　三、《防沙治沙法》的主要内容 202

第十章　环保科学技术工具法 205

第一节 我国环保科学技术工具法的建设现状 205
一、环保科学技术工具法初具规模 206
二、环保科学技术工具法广泛应用于多个环保事务领域 206

第二节 环境标准法 207
一、我国环境标准法的建设状况 207
二、我国环境标准法的应用领域 209
三、我国环境标准法的主要内容 209

第三节 环境监测法 211
一、我国环境监测法的建设状况 211
二、我国环境监测法的应用领域 213
三、我国环境监测法的主要内容 213

第四节 环境调查（普查）法 216
一、我国环境调查（普查）法的建设状况 216
二、我国环境调查（普查）法的应用领域 217
三、我国环境调查（普查）法的主要内容 217

第十一章 环保管控监督措施法 222

第一节 环保管控监督措施法基本知识 222
一、环保管控监督 222
二、我国环保管控监督措施法的建设状况 223

第二节 我国《环境影响评价法》的主要内容 227
一、环境影响评价的概念与范围 227
二、环境影响评价的类型 227
三、环境影响评价基本流程 229

第三节 我国环保许可法的主要内容 233
一、环保许可的实施机关 233
二、环保许可的实施原则 234
三、环保许可的被许可人 235
四、环保许可证 236

五、环保许可的申请 238
　　六、环保许可的审批 239
　　七、环保许可的管理 241
　　八、环保许可的监督检查 242

第十二章　环保引导激励措施法（上） 245
第一节　环保引导激励措施法概述 245
　　一、《环境保护法》等法律法规规章普遍采用环保引导激励
　　　　措施 246
　　二、单行环保引导激励措施法建设状况 248
第二节　我国的《清洁生产促进法》 250
　　一、我国《清洁生产促进法》中的清洁生产 251
　　二、我国《清洁生产促进法》的执行体制 252
　　三、我国《清洁生产促进法》的重要内容是国家推行清洁
　　　　生产 253
　　四、我国《清洁生产促进法》促进清洁生产的政策工具 255
　　五、我国《清洁生产促进法》促进清洁生产的引导激励措施 256

第十三章　环保引导激励措施法（下） 263
第一节　我国的《循环经济促进法》 263
　　一、《循环经济促进法》的主要内容 264
　　二、配合《循环经济促进法》施行的环保引导激励政策 270
第二节　我国的《环境保护税法》和《资源税法》 271
　　一、《环境保护税法》的主要内容 272
　　二、《资源税法》的环保内容 275
第三节　我国的生态补偿制度 276
　　一、我国生态补偿制度的建设现状 276
　　二、我国生态补偿制度的主要内容 277

第十四章　环境强制保护和环境保护规划法（上） 282
第一节　我国环境强制保护法和环保规划法的建设状况 282

一、《环境保护法》、环境保护事务法和其它相关法律中的
　　　　环境强制保护与环保规划 283
　　二、单行环境强制保护法、环保规划法的建设情况 286
第二节　我国的环保规划法 289
　　一、环保规划的编制主体 289
　　二、环保规划的层级 291
　　三、环保规划的类型 293
　　四、环保规划 294
　　五、环保规划与国民经济和社会发展规划的关系 297
　　六、环保规划的内容 298
　　七、环保规划的效力 299
　　八、环保规划的修改 299

第十五章　环境强制保护和环保规划法（下） 301
　第一节　我国的环境保护区法 301
　　一、我国环境保护区的类型 301
　　二、我国环境保护区制度的基本特点 304
　　三、我国环境保护区法的主要内容 306
　第二节　我国的基本农田保护法、基本草原保护法 309
　　一、基本农田保护制度和基本草原保护制度的特点 309
　　二、基本农田保护和基本草原保护的相近制度、要求 311
　　三、《基本农田保护条例》的特别规定 313
　　四、《内蒙古基本草原条例》的特别规定 314
　第三节　我国的环境修复治理法 315
　　一、我国退耕还林法的主要内容 315
　　二、我国土地复垦法的主要内容 319

第十六章　环保公众参与法 323
　第一节　我国的环保宣传教育法 324
　　一、环保宣传教育的一般含义 324

二、开展环保教育工作的一般原则 325
三、环保宣传教育的责任与义务 325
四、环保教育的主要类型 326
五、环保宣传教育的组织和政府部门、基层政权和基层
　　自治组织等的任务 328
六、环保宣传教育基地建设 330
七、环保宣传教育周（月） 331
八、环保宣传教育队伍和环保教育资源建设 331
九、新闻媒体环保宣传教育 332
十、专项环保宣传教育活动 333
第二节 我国的环境信息法 333
一、环境信息公开 334
二、环境信息处理 337
三、环境信息获取 338
四、环境信息纠错 339
第三节 我国的环保举报与环保诉讼 340
一、环保举报 340
二、环保诉讼 344

后　记 348

第一章　人类环境与环境损害

概念是思维的细胞，是认识活动对事物本质属性的反映。对环境保护法及与之相关的事物的认识不能不从关于环境保护、环境保护法等的基本概念开始；构建环境保护法和环境法学的知识体系不能不从确立环境、环境保护等基本概念开始。

第一章"人类环境与环境损害"的主要任务是了解环境法学的几个基本概念。其中包括：(一) 人类环境；(二) 环境损害等。

第一节　人类环境与环境法中的环境

每一个学科都有自己的基本概念。比如，刑法学的基本概念有犯罪、刑罚等；民法学的基本概念有自然人、法人、民事行为、民事责任等；行政法学的基本概念有行政行为、行政相对人等。环境法学也有自己的基本概念。环境法学的基本概念之一是环境。

下面我们就来认识一下环境这个概念。

一、环境、人类环境及其分类

环境，英文为 environment。它是一个常用的词汇，并不只属于环境法学。在我们的生活语言中经常出现诸如学习环境、生活环境、文化环境、自然环境、人文环境、语言环境、投资环境等说法。认识人类环境需要先了解一般环境概念。

（一）环境的基本含义

环境的基本含义有两个要素：一是环绕，或静态上的一定中心事物的周围；二是情况或条件。《元史·余阙传》有："乃集有司与诸将议屯田守战计，环境筑堡寨，选精甲外捍，而耕稼其中。"此句中的"环境"可以理解为"境"之"环"。这个环境就是"环"之内的全部区域。据专家考查，英语中的"environment"也从包围、环绕的意思延伸而来。"environ"为动词，源于法语的"environ"和"environner"，而后者来源于拉丁语中的"in (en)"加"circle (viron)"，其原义都是包围、环绕。① 环绕、包围一定是对某种事物或某种现象的环绕、包围。比如，庄严的国歌声对人民代表大会会场的环绕、"堡寨"对占领区的包围。环绕、包围一定是存在于一定范围之内的环绕包围，比如可"耕稼"的田地的周围、供"耕稼"者生活居住的房舍的周围、人民代表大会会场周围、校园或教室的周围。把这两个要素综合起来，环境就是一定中心事物的周围事物或周围情况。当人们评价环境好坏的时候，评价的就是一定中心事物的周围事物或周围情况是好还是差。

（二）人类环境

在环境是一定中心事物的周围事物或周围情况这个判断中包含着一个不可缺少的对象——中心事物。周围事物或周围情况一定是一定中心事物的周围事物或周围情况。环境是一定中心事物的周围情况这个判断可以转化为另一个判断：环境是一定中心事物的环境，所有的环境都是一定中心事物的环境。

按照中心事物的不同，我们可以发现许多不同的环境。工作环境是工作者工作这个中心事物的周围情况。学习环境是学习者学习这个中心事物的周围情况。以东北虎为中心事物存在表现为森林、水流、处在食物链下端的牛、羊、鹿等生物，风、雨等现象以及其他许多自然因素的老虎的生存环境。以地球为中心事物存在在空间上表现为太阳系、银河系等宇宙空间的地

---

① 参见王曦《国际环境法》，法律出版社1998年版，第3—4页。

球环境。同样，以人类或人类生存繁衍为中心事物也存在人类环境。

人类环境就是以人类为中心事务的环境，就是人类生存繁衍这个中心事物的周围事物和周围情况。环境保护法要保护的环境是人类环境中的自然环境。环境法学要研究的环境是作为环境保护法之保护对象的人类环境中的自然环境。

环境法学中的人类环境是自然环境。

(三) 人类环境的分类

除了可以以中心事物的不同对环境做种类的划分外，还可以按其他划分标准划分出不同种类的环境。

1. 自然环境与人为环境。按照作为"周围情况"的环境的形成与人类活动的关系的不同，可以把环境分为自然环境和人为环境两种。

地球上既有珠穆朗玛峰，又有马里亚纳海沟，这类自然形成的情况都属于自然环境。中国北方有长城、在北京到杭州之间有大运河、四川有都江堰等，这类由人类建造的或经人类加工形成的情况都属于人为环境。

2. 原生环境与次生环境。按照受人类活动影响的程度，可以把自然环境分为原生环境（第一环境）和次生环境（第二环境）。

原生环境指天然形成，完全未受人为活动影响或很少受人为活动影响的自然环境，如人迹罕至的高山荒漠、原始森林、冻原地区、大洋中心区等。次生环境是在人为活动影响下形成的仍然保持着自然的品质的环境，如耕地、种植园、人工湖、牧场等。

3. 水环境、大气环境、声环境、土壤环境等。按环境要素的不同，可以把自然环境分为水环境、大气环境、声环境、土壤环境等。

水环境是指地球表面的各种水体，包括海洋、湖泊、河流、沼泽以及埋藏在土壤和岩石孔隙中的地下水等的状态、品质等。

大气环境是指随地心引力而旋转的大气层中的大气的状态、品质等。

声环境是指可以产生、传播、销蚀声波的空间、物体、自然现象等物质条件及其品质等。

土壤环境是指地球表面能够为绿色植物提供肥力的表层的状态、品质等。

4.城市环境、乡村环境。按照城市和乡村的不同，可以把人为环境分为城市环境和乡村环境。

中国的首都北京、享有人间天堂美誉的苏州杭州、作为世界历史名城的西安等城市，属于城市环境；作为正在进行着的社会主义新农村建设的建设对象的那些村庄，属于乡村环境。

5.物质环境与精神环境。按照物质世界和精神世界的分别，可以把人为环境分为物质环境与精神环境。①

铁路等交通设施、庙宇等建筑、银元等一般等价物、面包等食物，都属于物质环境。风俗习惯、宗教信仰、戏剧等艺术，都属于精神环境。

6.资源环境、生态环境、自然地理环境等。按照人类发展对物质世界的需求的不同，可以把环境分为资源环境、生态环境、气候环境、自然地理环境等。

大自然蕴藏煤炭资源、稀土资源等资源，生物繁衍生长形成鱼类资源、森林资源，此类周围情况是人类的资源环境。

大自然孕育的森林生态系统、珊瑚礁生态系统及其状态、品质等这类周围情况是人类的生态环境。

大自然演化而成的包括高原与丘陵、平原，河流与山川，海洋与岛屿以及海陆关联等这种周围情况，大自然演化而成的包括一年四季更替、稳定的年降雨量、周期性的风力风向变化等在内的气候这种周围情况，是人类的自然地理环境——由气候环境、气象环境、地理环境、地质环境等无生命环境构成的一类环境。

在以上分类中，自然环境，包括自然环境中的次生环境，属于自然环境的水环境、大气环境、声环境、土壤环境等，作为人类发展对自然世界的需求的资源环境、生态环境、自然地理环境等，是人类的自然环境，即作为

---

① 王灿发先生把社会环境分为"物质环境"和"精神环境"两部分，并明确指出"精神环境不是环境法所要保护的环境"。参见王灿发《环境法学教程》，中国政法大学出版社1997年版，第2页。

人类环境的自然环境。环境保护所指向的对象是这类环境。人为环境，包括按照城市和乡村的不同而划分为两类的城市环境和乡村环境①，作为人为环境的物质环境与精神环境等，也包括教育环境、投资环境等在内的政治环境、社会环境②等，不是作为人类环境的自然环境，不属于环境保护所要保护的对象。

二、环境法中的环境

按照对环境的一般理解，自然环境，包括自然环境中的次生环境，属于自然环境的水环境、大气环境、声环境、土壤环境等，作为人类发展对自然世界的需求的资源环境、生态环境、自然地理环境等，是环境保护指向的对象。这个判断并不等于全部自然环境都是环境保护工作的保护对象，都是环境保护法所要保护的环境。作为人类环境的自然环境是客观事实，而作为环境保护事业的保护对象的自然环境是人类的选择。

环境法中的环境是作为环境保护事业之保护对象的环境。环境法中的环境是立法者选择的结果。它的范围的大小主要受以下两个因素的影响：

第一，人类能力的影响范围。环境保护是由环境损害引起的事业，环境保护法是用来防治环境损害的法。环境法中的环境只是全部人类环境中已经被人类活动损害或人类活动能够对其造成损害的那一部分。只有已经被人类活动损害或人类活动能够对其造成损害的那一部分环境才需要纳入环境法的保护范围。这种环境的范围的大小决定于人类利用环境或改造环境的能力。在没有火箭、宇宙飞船等航天器的年代，太空环境不需要走进环境法。如果没有氟利昂等消耗臭氧层物质的大规模使用，便不需要把臭氧层列为环境保护的对象。在稀土没有广泛应用于工农业生产之前，在人类没有对稀土实施大规模开采之前，不需要将钨、锡、锑、离子型稀土矿产列为国家实行

---

① 这一判断与《中华人民共和国环境保护法》第二条以"城市和乡村"为环境的组成部分并不矛盾。该法第二条中的"城市和乡村"仅指作为"经过人工改造的自然因素"的城市和乡村。详见下文。
② 参见王灿发《环境法学教程》，中国政法大学出版社1997年版，第2页。

保护性开采的特定矿种。①

环境法中的环境的范围之所以受人类能力对自然范围的影响，也是由法律自身的特性决定的。法律通过规范人的行为产生社会效果。法律的全部作用都是通过规范人的行为实现的。法律做功的范围无法超越其所规范的人的能力的影响范围。在这个意义上，环境法中的环境就是"法律的效力所能及"②的那一部分环境，我们也可以称之为法律效力所及的环境。

第二，人类对环境损害的识别范围。环境保护是由环境损害引起的事业，环境保护法是用来防治环境损害的法，但并非所有的环境损害都一定在环境保护法中成为防治对象。这是因为，环境法只能对已经发现的环境损害或已经确知必然发生的环境损害采取防治行动，而已经发生或必然发生的环境损害不一定都已被人们发现或确知。人们发现了工业污染造成的水环境损害，才有了以防治水污染为基本内容的水环境保护法；人们发现了渔业资源再生能力减退这种环境损害，渔业法才发生了从渔业生产法向渔业资源环境保护法的转向，渔业资源才进入环境法保护的资源环境之中。人们发现了放射性物质对人、其他生物等的危害，环境法中的环境才增添了辐射损害对象这一内涵。

环境法中的环境是全部人类环境中已经被人类活动损害或人类活动能够对其造成损害的那一部分，是其损害已经被发现或损害的发生已经被确信的那一部分。

三、我国《环境保护法》中的环境

许多国家的环境保护法都有对环境的界定，但世界各国环境法对环境的界定并不完全相同。

我国《环境保护法》也有对环境概念的专门规定。第十二届全国人民代表大会常务委员会第八次会议于 2014 年 4 月 24 日修订通过的《中华人民共和国环境保护法》（以下简称《环境保护法》）第 2 条规定："本法所称环

---

① 1991 年国务院发布《关于将钨、锡、锑、离子型稀土矿产列为国家实行保护性开采特定矿种的通知》（国发〔1991〕5 号文）。

② 张孝烈、钟澜：《环境保护法基础》，安徽人民出版社 1985 年版，第 15 页。

境，是指影响人类生存和发展的各种天然的和经过人工改造的自然因素的总体，包括大气、水、海洋、土地、矿藏、森林、草原、湿地、野生生物、自然遗迹、人文遗迹、自然保护区、风景名胜区、城市和乡村等。"

这一规定有如下两个特点：

其一，既包括自然环境也包含作为"经过人工改造的自然因素"的人为环境。

按照以上对环境的分类，《环境保护法》第 2 条中的大气、水、海洋是自然环境，而人文遗迹、自然保护区、风景名胜区、城市和乡村则属于人为环境。这样看来，《环境保护法》界定的环境包括自然环境和人为环境。

不过，《环境保护法》第 2 条中的人为环境不是完整意义上的人为环境，而是作为"经过人工改造的自然因素"的人为环境，它不包含人为环境的精神负载。该条的语句大致可以分为前后两部分。前部分"环境……是指影响人类生存和发展的各种天然的和经过人工改造的自然因素的总体"。后部分"包括大气、水、海洋、土地、矿藏、森林、草原、湿地、野生生物、自然遗迹、人文遗迹、自然保护区、风景名胜区、城市和乡村等"。这后部分是前部分自系动词"是"（或"是指"）之后的表语部分的同位语。这后部分，不管是水、海洋、自然遗迹，还是人文遗迹、风景名胜区，都只是自然因素。也就是说，《环境保护法》第 2 条中的城市和乡村是作为自然因素的城市和乡村，而非在市政府、村民委员会领导下运行着的作为政治、社会、家庭之综合体的城市和乡村。

其二，以"因素"为基本内涵。

《环境保护法》第 2 条的表述既有"总体"也有分体。其中分体是各种"自然因素"，而"总体"由"分体"组成，用第 2 条语句后部分中的"包括"一词来表达。总体"包括"各种自然因素。总体的内涵来自分体的含义。分体是自然因素，总体也是自然因素。根据这一分析，我们可以把《环境保护法》第 2 条规定的环境解释为以自然因素为内容的环境。

按照上文"事物或情况"的环境概念解说，《环境保护法》第 2 条中的环境主要以"事物"为内涵。"情况"，包括不同事物相互间关系的情况、事物品质这种情况、事物或相互关联的事物的自然功能等情况，则不属于第2条中的环境概念的内涵。

第二节　环境损害

人类是大自然的产物。人类发展的全部历史都是利用自然环境、改造自然环境的历史。在这个历史的早期，人类对其环境只有局部的利用、浅表性的利用。这种利用不会给环境带来损害，虽然可以给某种环境要素造成量的减少或局部的改变等影响。但在人类利用环境、改造环境的能力得到大幅度提高之后，具体来说就是工业文明时代到来之后，人类大大扩展了利用其环境的规模、强度等。当人类得以在极大的规模和深度上利用环境改造环境的时候，环境损害就发生了。

由人类活动造成的环境损害既给人类提出了保护环境的要求，也是人类环境保护事业的合理性的基本依据。

一、环境损害的概念

环境损害是由人类活动引起的或者由人类活动与自然过程共同作用引起的自然环境不利变化。比如人类向空中排放物质造成大气这种自然因素的构成成分及其含量的改变。这种改变使人容易患呼吸系统疾病，所以是不利变化。人们称这种不利改变为大气污染。再如，人类捕捞鱼虾造成河流或湖泊、海域鱼虾产量下降这种变化。这种变化使人类无法从相关河流、湖泊、海域继续获得像往常一样丰富、一样品质良好的鱼虾。对人类来说这是不利变化。人们称这种不利变化为资源减少或可再生资源产量降低。

与环境损害相关的一个概念是环境问题。环境问题是人们对环境损害最初做出的直观反映。在我国，最早被人们明确注意到的环境损害被称为"环境污染问题"或"环境污染的问题"[1]。

---

[1] 《国务院批转国家计划委员会关于全国环境保护会议情况的报告》，转引自徐祥民主编《中国环境法全书》卷一，人民出版社2014年版，第33页。

环境问题这个概念反映的是环境损害的现象，而非环境损害的实质。①

与环境损害相关的另一个概念是环境公害。环境公害是人们对环境损害所造成的对人的利益的损害的概括性描述。著名的世界"八大公害事件"就是环境公害概念的经验模型。日本是环境公害爆发比较集中、社会反应比较强烈的国家之一。水俣病公害就是最早在日本发现的水体污染这种环境损害所引发的环境公害。

环境公害这个概念反映的也是环境损害的现象，而非环境损害的实质。

二、环境损害的种类

环境损害是由人类活动对自然造成的损害，环境损害的种类一方面与人类活动对大自然的作用类型有关。可以这样说：人类活动影响自然的类型决定人类活动损害环境的类型。另一方面与人类对环境的需求有关。我们也可以说：环境损害的类型归根结底决定于人类对环境的需求的类型。

大致说来，人类活动对自然的影响可以归为四种类型，即提取、释放、扰动、移易。与之相应，环境损害也有四种类型，即取竭型环境损害、放累型环境损害、扰乱型环境损害和移易型环境损害。这四种损害类型各自反映人类对环境的一类需求，因此这四种损害类型也就是人类环境利益的四种损害类型。

（一）取竭型环境损害

取竭型损害是由人类从自然环境中提取物品给环境造成的物品源枯竭或趋于枯竭的损害。这种损害的致害机理可以概括为"取而竭"。

取竭型环境损害的事例很多。枣庄等城市被宣布为资源枯竭型城市，是因为枣庄原本丰富的煤炭资源已经被开采殆尽。这是煤炭资源枯竭的事例。在1999年，黄渤海鱼类的渔获总量为330.09万吨；到2009年，渔获量

---

① 在我国，最初人们把环境问题说成是"工业'三废'对环境的污染问题"，并相信这种问题"不难解决"。（国家计划委员会：《关于全国环境保护会议情况的报告》第二章"保护和改善环境问题是个路线问题"，转引自徐祥民主编《中国环境法全书》卷一，人民出版社2014年版，第35页）

只有221.43万吨。10年间下降了近100万吨，同比下降了32.92%。[1] 这是渔业资源减少的事例。这类损害可统称之为资源损害。

理解取竭型环境损害需要注意以下几点：

1.资源。人类从自然提取的物品都是对人类生产生活有用的物品，比如用来饮用的地下水、用来建造房屋的木材。人们把存在于大自然中的这类物品或可以加工出这类物品的物质称为资源。比如地下水资源、林木资源。存在于自然环境中的对人类有用的物品或可以加工出这类物品的物质是多种多样的，作为人类提取对象的资源也就是多种多样的。除水资源、林木资源外，还有鱼虾等水生生物资源、牛羊等陆生生物资源、煤炭等矿产资源、土地资源、海岛资源等等。环境损害概念中的人类提取行为主要是指提取资源的行为。

2.提取。人类从自然环境中提取资源不只限于从自然环境中抽取出水、斩伐树木、捕捞鱼虾，也包括从大地上分割出土地，从海洋上分割出海域、海岛，从山体、地下、水下挖掘出含金、银等贵金属的矿产资源，从水体中分离出盐等资源，等等。提取包括抽取、斩伐、捕捞、分割、挖掘、分离等。人类从大自然抽取（出）、斩伐（下）、捕捞（出）、分割（出）、挖掘（出）、分离（出）资源的活动超过一定限度时就会造成取竭型环境损害。

3.枯竭。也就是资源枯竭，其含义不是无，资源趋于枯竭不是趋近于无。资源枯竭是在提取需求和供提取存量之间的明显不能满足需求或越来越不能满足需求的一种状态。我们可以把这种状态称作资源减少或可再生资源产量降低。用供需关系作比较，枯竭就是"供"出现了对原本稳定的供需关系的偏离，以至于只能在较低的程度上满足"需"。

（二）放累型环境损害

放累型环境损害是由人类向自然环境释放物质或能量给环境造成的环境不堪负累的损害。这种损害的致害机理可以概括为"放而累"。

"八大公害"事件（见表1-1）所反映的大气污染、水污染都是放累型环境损害。其他各种污染也都是放累型环境损害。这类损害也可统称为污染

---

[1] 《鲅鱼产量较往年大幅减少　恐步小黄花后尘》，《青岛早报》2013年5月17日。

损害。

表 1–1："八大公害事件"简表

事件	时间	地点	危害
比利时马斯河谷烟雾事件	1930年12月	比利时列日镇、于伊镇	近60人死亡，心脏病、肺病患者死亡率增高
洛杉矶光化学烟雾事件	1943年5月	美国洛杉矶市	光化学烟雾使市民因呼吸系统疾病死亡
多诺拉烟雾事件	1948年10月	美国宾夕法尼亚州多诺拉镇	硫酸烟雾导致6000人突然发病，20人死亡
伦敦烟雾事件	1952年12月	英国伦敦市	烟雾导致约4000人死亡
水俣病事件	1953年	日本熊本县水俣市	导致"猫舞蹈症"等严重疾病
富山痛痛病事件	1955年	日本富山县	因镉在人体内蓄积致数百人患病
四日市哮喘病事件	1961年	日本三重县四日市	导致市民患哮喘病
爱知县米糠油事件	1963年	日本爱知县、北九州市	多氯联苯导致5000多人中毒，十多人死亡

理解放累型环境损害需要注意以下几点：

1. 容纳空间。人类的生产生活不能不产生目标产品之外的物品、丧失使用价值的物品等物质，不能不排出能量，而大自然具有容纳这些物质、能量的条件。自然世界的活动、过程不断引起不同物体或事物间的物质或能量的交换。水往低处流、春暖花开、母牛食草产奶、水积成渊生蛟龙土积成山兴风雨，等等，都是大自然本身展开的物质或能量的交换或此类交换产生的结果。人类生产生活活动排出或释放的物质、能量可以被运动着的大自然的物质或能量交换所吸收。大自然是博大的，大自然原本具有容纳人类释放的物质、能量的广大空间。

2. 释放。人类在生产生活活动中向大自然释放物质或能量。为冶炼钢铁燃烧煤炭，向大气排放二氧化碳；为享受美味佳肴，将厨余垃圾扔进小溪，这些都是对环境的释放，也都是对大自然容纳空间的占用。

3. 不堪负累。人类活动一直在向人类环境释放物质或能量，这种释放曾经是自然过程的一部分，或者可以被视为自然过程的一部分。"人烟"一词正说明人类的存续意味着一定强度的释放。"狼烟"则形象地说明组成政治国家的人们也离不开对大自然的物质或能量的释放。在人类发展的相当长的历史上，大气、海洋，甚至河流、湖泊等，一直担当天然净化器的角色。"海纳百川"不只是接受更多的水，而是接纳被人类活动沾染的水，是在纳川的同时也接纳被水携带来的各种人类释放物。大自然接纳人类释放的物质和能量是人类环境的重要功能。大自然接纳人类释放物质和能量的能力范围是人类生存发展的空间，是人类环境利益的重要方面。在人类发展的相当长的历史上，这个空间一直是"用之不竭"的。那时，人类活动的释放只是占用了这个空间的局部。即使认定那些释放已经是大自然的负累，这种负累也远没有达到让环境不堪承受的程度。放累型环境损害不是人类向大自然释放物质或能量的损害，而是人类向大自然的物质或能量的人为添加造成了大自然不堪负累。

（三）扰乱型环境损害

扰乱型环境损害是由人类活动扰动自然生态造成的生物多样性降低、生态平衡破坏等损害。这种损害的致害机理可以概括为"扰而乱"。

扰乱型环境损害也有若干事例。比如，外来物种入侵。人类把一种不属于原生态系统或生物群落的物种置于这个生态系统或生物群落的生境之中，外来物种与原有物种之间的竞争，尤其当外来物种对于原有物种具有某种竞争优势时，会造成原有生态系统的紊乱甚至崩溃。再如，生物多样性降低，这类损害也可统称为生态损害。

理解扰乱型环境损害需要注意以下几点：

1. 生态系统。笼统说来，人类的"周围情况"是一个活的世界。这个活的世界不仅存在生命，而且存在生命之间的联系、生命和由生命组成的系统与无机世界的联系。绿色植物（自养生物）利用太阳光进行光合作用，吸收无机物质，把无机碳（CO_2）固定，转化为有机碳（如葡萄糖、淀粉等），给地球创造有机物质。异养生物作为第二营养级生物通过摄食绿色植物获取能量。肉食动物（作为第三营养级或第四营养级生物）通过捕食植食性动物获取营养。肉食动物与植食性动物、绿色植物之间是生物与生物的联系。绿色植物吸收无机物质是生物世界与无机世界的联系。生物之间不仅存在营养关系，还存在"成境关系""助布关系"。在一定的自然区域内，存在营养关系、成境关系、助布关系的不同生物种构成生物群落。生物群落内的生物往往是多样的。不同的生物群落内因生长形式（如森林、灌木丛、草地、沼泽等）和结构（空间结构、时间组配和种类结构）、优势种、相对丰盛度、营养结构等不同而具有多样性。生物群落还会发生演替。

大自然这个活的世界是经亿万年演化而成的世界。这个世界上的生态系统、生物群落自然地保持稳定，维持平衡，进行有规律的演替等。比如，具有稳定的产草量的草原上生长、延续着相对确定的草食性动物物种，这些物种保持着相对稳定的种群数量，这些相对确定的种和相对稳定的生物数量为一种或若干种肉食性动物提供食物。生态系统是稳定的自然系统，是处于动态平衡之中的自然系统。

2. 搅扰。在一定意义上，人类是地球生态系统的组成部分。扰乱型环境损害说的不是以人类为构成成分的生态系统的损害，而是人类以外的生态系统，是作为人类这一"中心事物"的环境的生态系统的损害。对这种生态系统，对这个"活的世界"，人类是外来者，是只对生态系统的某个环节加以利用不参与生态系统的其他过程的外来者，是只从这个世界获利不给这个世界积极反馈的外来者。在这个意义上，人类对一定生态系统或生物群落的涉足就是对作为人类环境的这个"活的世界"的搅扰。由人类活动造成的生物入侵就是最典型的搅扰。

3. 紊乱。处于动态平衡中的生态系统、生物群落具有一定的抗搅扰能力，甚至具有很强的抗搅扰能力。"野火烧不尽，春风吹又生"的诗句反映了生物世界抗搅扰能力的强大。在马群中选择几匹纯色的马给皇家卫队拉车，不会对草原生态系统造成破坏。从湖里捞出几条金色鲤鱼给王祥的继母治病，不会改变湖泊里的生物群落结构。但当人类的搅扰超出生态系统或生物群落的抗搅扰能力的极限时，比如，草原上的鹰被大量捕杀、藕塘里被植入水葫芦等，平衡就会被失衡取代，有序就会变成无序，稳定就会变成变动不居,"活的世界"的活力就会减弱,就会变成病残的世界,比如发生草原鼠害、莲藕等水生植物无法正常生长,甚至使一些物种、生态系统等消失。扰乱型环境损害说到底就是人类的搅扰活动超出生态系统或生物群落的抗搅扰能力极限时造成的生物世界的病残甚至"活的世界"的某些局部的消失。

"活的世界"是人类环境的重要方面。人类从这个世界获取绿色植物,如海带、韭菜、菊花;获取植食性动物,如兔、羊、海蜇等;获取肉食性动物,比如鲸鱼、虎、鳄鱼等。那些经常性地被人类获取的生物就是人类的生物资源。而某些取竭型环境损害就是人类从这个活的世界获取生物资源造成的。人类还从这个活的世界获得其他好处。比如呼吸绿色植物产生的氧气,人类活动产生的二氧化碳等气体被绿色植物吸收。绿色植物吸收二氧化碳等气体的能力构成人类活动的排放空间。某些放累型环境损害在一定程度上可以说是由人类过度利用这个"活的世界"的容纳能力造成的。人类生存繁衍于由多种生态系统构成的"周围情况"中。扰乱型环境损害是对生态系统的损害,是对作为人类"周围情况"的"活的世界"的损害,即生态损害。①

(四)移易型环境损害

移易型环境损害是人类活动改变大自然原有的物理形态、空间结构等造成自然地理环境变迁,丧失或部分丧失原有功能的损害。这种损害的致害机理是"移易而衰减"。

移易型环境损害也有很多事例。比如,因搬走海洋沿岸水下砂石造成海岸侵蚀,因开山取石造成泥石流,因提取近岸地下水造成海水入侵,因挖掘河堤、河床泥沙造成河流改道等等。这类损害也可以统称之为自然地理环境损害或气候与地理地质不利变化。

理解移易型环境损害需要注意以下几点:

1. 物理状况。人类环境是大自然亿万年演化形成的表现在空间形态,海陆关系,海气关系,水、气运动及降水分布,季节周期变化,气候等方面稳定的物理形态。大自然稳定的物理形态是生命发生的基础,是不同类型的

---

① 显然,这里所定义的生态损害不是"生态型"损害,不是因环境损害而引起的人身财产损失那种看起来与环境有关,从而,按一些学者的理解也可以说与生态有关的损害。

生态系统、生物群落生成、演替的自然根据，是各种生物资源繁盛不衰的前提性条件。像不同国家矿产资源的赋存是大自然运行的结果一样，不同地区可供人类开发利用的诸如风力资源、水利资源等自然资源的状况是更广大的自然运行的客观状态，生物群落、生态系统在不同地区的分布、多样性等是物理性的自然条件先行决定了的。

2. 移。本意是移动，这里表达改变，指物理性改变。移动也是一种改变——位置的改变。人类活动常常对自然实施移动或其他形式的物理改变。把水从地下抽到地面上来，把山上的石头拉到山下来，用水坝改变水流的方向或提升水位，等等，都是物理性改变。京杭大运河建设工程联通不同水系，今人填海造地、围堰成塘也是对环境的改变。对大自然的许多物理性改变都是必要的。人类文明进步需要通过改造环境来实现，而用以实现人类文明进步的改造包括对人类环境的物理性改变；人类文明进步以人类改造环境能力的提高为条件，而支持人类文明进步的改造环境的能力包括对人类环境实施物理性改变的能力。

人类活动对环境的"移"在给人类带来福利的同时，往往会产生改造活动追求目标之外的结果。海底挖沙、在海岸附近区域提取地下水、释放氟利昂、割草伐木等就是可能带来有意追求目标之外的结果的改造。

3. 易。易也是改变，但这个改变与"移"所表达的改变不同。移是人类活动直接引出的改变：海底挖沙将水下海沙移走、在海岸附近区域将地下水提出、从河道将河沙挖出运走、释放氟利昂等消耗臭氧层物质使之进入大气层，将地表的草木挖掘出砍伐掉等等，都是人类活动直接引起的改变，可以称"一度改变"。"一度改变"会引发另外的改变，且往往都是在人类有意追求的目标之外的改变。移走海沙会造成局部海岸形态的改变，包括海岸坍塌；在海岸附近区域将地下水提出会引起海水入侵；释放氟利昂等消耗臭氧层物质使之进入大气层会造成臭氧在大气中的浓度降低，臭氧层变薄，甚至出现空洞；割草伐木造成大地植被残破。与"一度改变"相对称，这类改变可以叫"二度改变"。"二度改变"都是有害的改变，都是环境损害。

海岸侵蚀是环境损害。植被残破使易于受风雨侵蚀的地表丧失保护层是环境损害。臭氧层出现空洞这种变化使原来被拦截在平流层的太阳紫外线直射大地（可以概括为太阳紫外线无拦截直射）也是环境损害。这些环境损害的发生都有一个共同的特点，那就是：损害的发生一般都是人类活动与自然过程共同作用的结果。以海岸侵蚀为例。取走海沙改变海岸形态，这是人类活动的影响；海浪冲击，海岸泥沙运动，这是自然过程。两者共同作用，出现海岸坍塌的结果。再以太阳紫外线无拦截直射为例。释放消耗臭氧层物质使臭氧层出现空洞，这是人类活动的结果；太阳紫外线辐射，这是自然过程。在人类活动改变了臭氧层对太阳紫外线辐射这个自然过程的影响（拦截）之后，出现的结果就是太阳紫外线直射大地。（更多的太阳紫外线辐射会使被照射的人畜得皮肤癌等疾病的概率提高）

三、环境损害的发生及其实质

人类是环境的产物。环境供养人类生存繁衍，给人类走向繁荣提供根基。人类的存续和发展不能不利用环境，人类利用环境、改造环境的活动不能不对环境造成这样那样的影响。人类依赖自己的环境，人类的一切文明成果的创造都离不开大自然的无私给予。然而，人类却用自己的行为损害了自己的环境。

（一）环境损害的发生

环境损害不是自然灾变，不是大自然演化出现的对人类生存繁衍不利的状态。环境损害实质上是人类活动对环境造成的损害。这种损害是在人类的自身生产和科学技术进步这两方面都取得了巨大的发展，从而拥有或掌握了改造环境的巨大力量之后才出现的。具体说来，就是在世界上发生了工业革命之后出现的。[1]

---

[1] 不少教科书都考查过原始社会时期、农牧业社会时期等的"环境问题"。把这种考查当作与工业革命以来的环境问题的对照，对正确认识环境问题是有益的，但我们应当明确，那时的所谓环境问题与今天的环境问题有着本质的不同。对那时的所谓环境问题，人类完全可以置之不理，因为它们对人类的生存和发展的影响都是局部的和暂时的、非根本性，而今天的环境问题是对人类的生存和发展构成严重威胁的且绝对无法逃避的问题。

在工业革命之前之所以没有发生环境损害，是因为那时的人类还没有能力对自身环境造成严重损害，就像那时的人类还没有能力为自身的生存发展大规模高强度地利用自然环境一样。工业革命以前的人类虽然也曾造成局部的水土流失、草原产草量降低、洪水泛滥等自然灾害，但那时造成的此类影响的范围一般都不大，持续的时间一般都不长。一方面，人类有条件采用转移居住地等方式避开灾害；另一方面，大自然的自我修复能力一般都可以使这些灾害的自然方面得到修复。

环境损害之所以发生在工业革命之后，是因为拥有"以无数方法和在空前的规模上改造其环境的能力"[①]的人类有能力大规模高强度改变人类环境。环境损害在空间上是广泛的，在时间上是长期的和持续的，在深度上是多层面、多向度的。

（二）环境损害的实质

环境损害实质上是自然的有限的环境承受能力与人类活动无限的影响力的矛盾激化的结果。

人类的地球开发活动和认识地球及其所在的空间世界的科学研究，使人类越来越充分地认识到，人类生活的空间和宇宙中适合人类生活的空间是有限的，它有一个并不十分巨大的可计算的量。一定国家、一定民族的人民对本国、本民族事务的管理，在本国、本民族家庭中的生产生活，使他们越来越清醒地认识到，国土或其他意义上的生活场域提供的或生产的物质财富，为人民的利用提供的或储备的空间都是有限的。放大一点说，世界上并不存在取之不尽用之不竭的财富，也不存在无边际限制的活动空间。利用环境的某种条件或便利从事某种生产的人们，研究相关生产及其所利用的条件或便利的科学家们，对环境可能提供的条件或便利的有限性，可以用越来越精确的数字来表达。人类具有无限的创造力，工业文明证明了这一点。把人类的无限创造力用于对大自然的开发，就必然发生人类的无限的开发能力与大自然的有限的承受开发影响的能力（承受力）之间的矛盾。我们可以把这

---

① 《人类环境宣言》第 1 条。

个矛盾概括为无限开发力与有限承受力矛盾。这个矛盾,在人类发展的漫长历史的昨天、前天,一直是潜在的;而在工业文明发生之后,则变成了现实的冲突。环境损害之所以发生在工业文明之后,是因为到这个时期,人类的无限创造力得到了发挥,而人类创造力的发挥促成了"无限开发力与有限承受力矛盾"的爆发。从环境损害发生的这一机理上来看,环境损害实际上是人类的无限的开发能力与大自然的有限的承受力之间矛盾激化的结果。土地资源损害、海域资源损害等本质上就是人类开发活动穷尽有限空间的损害。环境可以接纳自然过程以外的物质输入,可以承受自然过程以外的物质提取,但当输入或提取超出环境可容纳或可承受的极限时,污染、资源减少这类的环境损害就难以避免了。自然生态系统具有抗干扰能力,也可以说是应对人类活动影响的能力,但自然生态系统的这种能力是有限的。当人类活动对环境的干扰超出了自然生态系统的抗干扰能力的极限时,生态损害就必然发生。自然地理环境对工业文明时代之前的人类来说是稳定的自然状态。人类的改易自然地理的活动超出环境维持其原有环境功能所必需的自然地理状貌时,结果就是自然地理环境损害。

人类今天面对的环境损害显然不只是局部的自然环境出现的某些破损,而是全局性的和多样的损害。这种损害的严重性在于,它或它们已经构成对人类生存和发展的威胁。这种威胁的可怕在于,越来越多的环境损害表现出越来越明显的全球性特点。全球变暖、上述臭氧层空洞等,都是全球性环境损害。环境损害的全球性对人类来说是这样一种环境危机——在空间上,人类既无世外桃源,在地球上也找不到新的可以避风的港湾;在时间上,救治已经发生的环境损害,防止再发生新的环境损害,或防止环境损害规模的进一步扩大,已经刻不容缓,因为普遍的迫在眉睫的危机意味着已经没有可以用来换取救治环境损害的时间的空间资源。

面对这样的危机,人类必须采取非常的积极应对措施,必须从战略上而不是战术上做出应对的安排,实施应对的行动。

参考文献：

1.《人类环境宣言》。

2. 徐祥民、刘卫先：《环境损害——环境法学的逻辑起点》，《现代法学》2010 年第 4 期。

思考题：

1. 试述环境保护法中的环境与一般人类环境的不同？

2. 什么是环境损害，环境损害是怎么发生的？

3. 世界"八大公害"包括哪些事件，你最了解的是哪一个事件？

第二章　环境保护

环境保护是由环境损害引起的。从起点上来看，首先，没有环境承受能力极限限制就没有环境损害。其次，没有环境损害就没有环境保护。环境保护是为了防治环境损害而实施的，是解决人类生存繁衍或生存发展与环境极限之间矛盾的行动。这一行动已经成为人类社会发展的一个重要方面，国家和国际社会制定发展政策和发展规划所不能忽视的重要内容。本章主要学习：（一）环境保护的概念及相关基础知识；（二）环境保护的责任主体和环境保护的义务。

第一节　环境保护的概念、任务和实质

环境损害的复杂性决定了应对环境损害的环境保护不是一项简单的工作或建设事项。为了认识环境保护使命的特殊性，我们先来了解环境保护的概念和主要任务。

一、环境保护的概念

在人类社会发展的相当长的历史时期内，人类只是自然环境的享受者。环境损害发生之后，环境保护的担子便自然地压到人类肩头。随着时间的推移，这副担子还呈现出越来越重的变化趋势。

环境保护作为一个明确的概念，最早是在1972年联合国人类环境会议

上正式提出来的。会议通过的《人类环境宣言》在对人类所遇到的环境问题以及环境、资源、人口等的关系作了认真分析的基础上，发表了"保护和改善"人类环境的人类宣言。① 从此之后，环境保护这一术语被广泛接受和使用，一些国家和地区还在《宣言》的指导和鼓舞下为解决本国或本地区的环境问题，采取了环境保护措施，制定了环境保护规划等。

环境保护的基本内涵是防治环境损害。它包括两层含义：一方面"防损害"。"防"环境"损害"意为不让环境受损害或避免环境遭受更大的损害。这与《人类环境宣言》"保护与改善"提法中的保护相当——保护，使之不受损害。另一方面，"治损害"。"治"环境"损害"就是救治环境已经发生的"损害"。这与《人类环境宣言》"保护与改善"提法中的"改善"相当——经过治把"害"除掉或使之变轻。

二、环境保护的基本任务

与环境损害的四种类型相适应，环境保护的任务，也可以说是环境损害防治的任务，也有四个方面，即污染损害防治、资源损害防治、生态损害防治、自然地理环境损害防治。

（一）资源损害防治

资源损害属于取竭型环境损害，在表现形态上是资源存量减少或可再生资源产量降低的损害。防治资源损害总的任务是化解人类对资源的需求和资源的供给能力之间的矛盾。防治资源损害这一环境保护任务的基本要求是满足人类生存和发展对资源的需求。反过来说，防治资源损害应当使人类生存发展不因资源短缺而受阻碍。

---

① 《人类环境宣言》六："为了这一代和将来的世世代代，保护和改善人类环境已经成为人类一个紧迫的目标。这个目标将同争取和平、全世界的经济和社会发展这两个既定的基本目标共同和协调地实现。""共同信念"1："人类……负有保护和改善这一代和将来的世世代代的环境的庄严责任。""共同信念"24："各国应保证国际组织在保护和改善环境方面其协调的、有效的和能动的作用。"

(二) 污染损害防治

在诸多环境损害中，最先被社会大众普遍觉察到的是环境污染这种损害。环境污染包括水体污染、大气污染、土壤污染、固体废物污染等种类。污染损害属于放累型环境损害。污染损害防治包括预防对环境造成污染损害和治理已经造成的污染损害两个方面。

(三) 生态损害防治

生态损害笼统说来属于扰乱型环境损害。生态损害防治的任务是阻止或减少人类活动对生态系统的搅扰、救治已被扰乱的生态。

生态损害防治任务的类型决定于搅扰活动的类型。对生态系统造成搅扰的活动有什么类型，生态损害防治的任务也便应当有什么类型。比如，生物入侵是由人为引种或不意带入等方式将外来物种带入本地，对本地生态系统造成危害的现象。① 在这个事例中，搅扰生态系统的人类活动是引入外来物种。与之相应，防治的任务就是防止引入可能对本地生态系统有危害的外来物种和治理已经发生的外来物种入侵两项。

(四) 自然地理环境损害防治

自然地理环境损害大致属于移易型环境损害。自然地理环境损害防治的任务是阻止或减少人类活动对自然地理环境的改变、恢复被改变了的自然地理环境、防止被改变了的自然地理环境对人类带来危害。

自然地理环境损害防治任务的类型决定于改变自然地理环境的活动类型。自然地理环境损害是二度改变，而造成自然地理一度改变的活动，也就是造成引起自然地理环境不利变化的那种改变的活动，是自然地理环境损害防治的入手处。比如，要避免海岸侵蚀这种自然地理环境损害的发生，需要对在近岸海域水下挖取砂石的活动实施禁止或限制。再如，为了防止发生海水入侵这种环境损害，必须对近岸地下水提取活动，不管是以饮用或灌溉为目的的取水，还是为工业生产抽取卤水等资源的活动，提出节制的要求。

---

① 生物入侵从形成原因上看有人为引入和自然传入两种类型，本书只讨论由人为引入造成的入侵。

三、环境保护的实质

世界各国系统地开展环境保护，以环境保护法诞生为标志，已经有半个多世纪的历史。在这段历史上，国际社会和有关国家召集了许多环境保护会议，如第一次人类环境会议；发布了许多环境保护宣言，如《人类环境宣言》《阿拉伯联盟环境与发展宣言》、发展中国家环境与发展部长级会议《北京宣言》等；缔结了许多国际环境保护公约，如《保护臭氧层维也纳公约》《联合国气候变化框架公约》《生物多样性公约》《联合国防治荒漠化公约》等；制定了许多环境保护法，如美国的《国家环境政策法》、英国的《清洁大气法》、德国的《环境监测法》、日本的《环境影响评价法》等。环境法学应当研究这些会议、《宣言》《公约》、法律等，学习环境法学应当了解这些会议、《公约》等，但是，学习环境法学、研究环境法学更应通过了解或研究这些《宣言》《公约》等揭示、认识环境保护的实质。

世界各国采取的保护环境的具体方法和手段是多种多样的。比如，工程技术手段。人工增殖放流、植树造林、燃煤企业使用的脱硫技术等都是经常被使用的用于保护环境的工程技术手段。再如，经济手段。比如，以发放补贴的方式鼓励企业节能降耗，为离开自然保护区的居民提供安家费等，都是运用经济手段实现环境保护的目标。又如，行政管理手段。用发放许可证的方式促使取水企业、渔业捕捞企业、排污企业等在生产规模、工艺流程、经营管理等方面执行有利于环境保护的标准或采取保护环境所需要的措施等都是环境保护的或有利于环境保护的行政管理手段。这些方法、手段都是环境法学学习、研究的对象，但是，环境法学研究需要回答什么样的方法、手段才更符合环境保护的需要，环境法学学习应当将对此类方法、手段的看法建立在对环境保护实质的认识的基础之上。

为了更好地掌握上述《宣言》《公约》，学习环境法的制度、法律原则、行为规范，包括了解上述方法、手段，回答环境保护法实施中的问题等，应当对环境保护的实质有充分的认识。

(一) 人类"明智地"使用"改造其环境的能力"

环境保护的任务来自已经发生和将要发生的环境损害，而环境损害是人类活动单独造成的或人类活动与自然过程共同作用造成的，在这个意义上，环境保护不过是人类收拾自身活动造成的残局。

环境损害是在人类具备了"以无数方法和在空前规模上"改造其环境的能力之后才发生的。人类改造其环境能力的提高与环境损害的发生之间这一历史联系可以用来说明，在人类还不具备"以无数方法和在空前规模上"改造其环境的能力时，环境损害必然不发生；但不能用来说明，在人类具备了"以无数方法和在空前规模上"改造其环境的能力之后，环境损害必然发生。《人类环境宣言》第三条关于人类如何使用其改造自然的能力的那段话告诉我们，上述历史联系只能支持一个否定可能模态判断——在人类具备了"以无数方法和在空前规模上"改造其环境的能力之后，环境损害不必然发生。

《人类环境宣言》对人类如何使用其改造自然的能力提出了两种可能的方案。这两种可能的方案出现在下面这段话中："在现代，人类改造其环境的能力，如果明智地加以使用的话，就可以给各国人民带来开发的利益和提高生活质量的机会。如果使用不当，或轻率地使用，这种能力就会给人类和人类环境造成无法估量的损害。"①

这一"宣言"告诉我们，人类可以"明智地"使用"改造其环境的能力"，也可以"轻率地"使用"改造其环境的能力"。这是关于人类如何使用其能力的两种不同的方案，也是人类在对自然世界的关系上的两种截然不同的选择。如果选择前者，人类将收获"开发的利益和提高生活质量的机会"；如果选择后者，等待人类的将是"无法估量的损害"。既然存在结果迥异的两种选择，人类取得强大的"改造其环境的能力"这是事实，这一结果，只能支持环境损害不必然发生这一否定可能模态判断。也就是说，在人类具备了"以无数方法和在空前规模上"改造其环境的能力之后，环境损害也可能

---

① 《人类环境宣言》第3条。

不发生。

在逻辑上，人类具备了"以无数方法和在空前规模上"改造其环境的能力不必然引发环境损害，但人类显然不能满足于这个"不必然"的结论，而应寻求不发生环境损害的办法。具备了"以无数方法和在空前规模上"改造其环境的能力的人类怎样才能将环境损害可能不发生变成环境损害不发生，甚至必然不发生呢？《人类环境宣言》已经把答案告诉我们："明智地"使用"改造其环境的能力"。如果人类能够"明智地"使用"改造其环境的能力"，就可以避免环境损害的发生，就可以使已经发生的环境损害得到救治。环境保护不是别的什么，就是人类"明智地"使用"改造其环境的能力"的实践。

(二) 维护环境共同体的环境利益

保护环境的任务有多种多样，包括污染损害防治、资源损害防治、生态损害防治、自然地理环境损害防治等，它们所要实现的目标具有共同的特点，即维护或恢复自然的环境状态或其原有的品质。污染损害防治是要让水保持或恢复自然原有的清，让空气保持或恢复自然原有的纯等；资源损害防治是要让人类的周围世界在不可再生资源的种和量上始终不匮乏，让人类环境中的各种可再生资源都保持历久不衰的再生能力和稳定的产量；生态损害防治是要让供养人类的自然世界保持旺盛的活力，包括物种丰富、生物群落千姿百态、生态系统健康，等等；自然地理环境损害防治是要保持和恢复经大自然亿万年演化形成的适合人类生存发展的自然地理，比如稳定的水文条件、气象条件，处于平衡状态的海岸、河道、山体，有规律的季节变化、温度变化等等。这些任务的共同特点之一是对大自然"复旧"，而不是创造适合不同个体需要的新品。"复旧"一词反映了环境保护与不加约束的开发、建设等相比截然不同的特点。所谓"明智地"使用"改造其环境的能力"就是既要开发、建设，又要确保不严重脱离环境之"旧"；既要利用环境、改造环境，又要确保环境不失其"本色"。环境保护就是要让在人类开发破坏之下严重脱离原来状态的环境恢复"旧"貌，就是要使环境保持或恢复其"本色"。

环境之"旧",对于人类的环境需求来说,是一种巨大的利益。数百万年,人类就是在这种环境下繁衍生息;数万年来,人类就是在这种环境下创造了辉煌的人类文明。环境无疑是巨大的利益,无与伦比的巨大利益。环境保护之复环境之"旧"就是维护环境养育人类、支持人类创造文明成果的能力这种利益。

这种利益,是人类环境给予人类的,是人类的环境利益。环境保护实质上就是保护人类的环境利益,就是保护具体的国家、具体地区和具体的保护者所在的环境共同体的环境利益。

理解环境保护的实质是维护环境共同体的利益这一判断,需要建立以下三个基本概念:

1. 环境单元。环境单元是人类"中心事物"生存繁衍所依的由水文、地质等地理连续性,风、气等自然力,生物习性等规定的自然整体。

按地理特性,环境单元主要有三种类型:第一种,由水文、地质等地理连续性规定的自然整体。江河流域,湖泊、区域海及其所在流域,山区、丘陵区、平原区、湿地区等区域,属于这种类型的环境单元。自然形成的森林地区、草原地区,人类较少涉足的苔原地区等,也都属于这种类型的环境单元。第二种,由风、气等自然力规定的自然整体。湿润区、半湿润区、半干旱区、干旱区四类气候区是这种自然整体的典型。出现在我国的沙尘暴肆虐区、雾霾区,北欧等地区的酸雨区等,都以这类自然整体为环境基础。第三种,由生物习性等规定的自然整体。鱼类洄游区、鸟类迁徙区、陆生动物活动区等都属于这类自然整体。

环境单元是以人类"中心事物"为中心的地理单元,这种地理单元以其某种自然条件支持人类生存繁衍。人类环境概念中的"周围情况"一般都是一定"环境单元"的情况。

2. 环境利益。环境利益就是以人类为尺度的自然环境的良好状态或品质。

直观地说来,环境利益就是清洁的水、再生能力强储量大的渔业资源、多姿多彩的生物世界和厚实的臭氧层,是PM2.5含量小于10的空气,处于健康阈的草原，健康的生态系统。这里提到的"清洁""再生能力强储量大""多姿多彩"等都是自然环境的状态或品质。说"清洁的水""再生能力强储量大的渔业资源"等是环境利益，是因为：其一，它们具有对人类的有用性。比如石油对人类具有提供热能的有用性。再如，干净的水对人类有解渴的有用性。其二，它们可以给人类带来满足，使人类获得收益，对人类具有收益性。比如，再生能力强储量大的渔业资源让人类捕捞到更多的鱼虾，使捕捞者获得更多的蛋白质。再如，厚实的臭氧层使人类免受强烈太阳紫外线的辐射。

需要明确，环境利益是人类在人与自然关系中的利益，而不是人们通过加工、生产或交换获得的利益；是大自然给予人类的利益，而不是人类创造出来的利益。

3. 环境共同体。环境共同体是处于一定环境单元中享受环境给予的恩惠，其行为又会给环境单元带来影响的人们构成的利益共同体。

处于同一环境单元中的自然人、法人、其他组织等同受来自同一环境单元的大自然的荫蔽，而其行为又会对环境单元造成影响，且往往都是消极的影响，这些主体构成一个环境利益共同体。

环境共同体是人的共同体。构成共同体的"人"包括处于同一环境单元中的所有自然人、法人和其他人的组织。所有处于同一环境单元之中，蒙受环境荫蔽，其行为会对环境带来影响的主体都是环境共同体成员。

环境共同体是利益共同体。共同体成员共享的环境利益和保护共享的环境利益的使命是结成共同体的推动力。

需要强调，环境利益是环境共同体的利益，而不是具体的个人的利益。共同体成员共享的利益是环境共同体的利益。

第二节 环境保护的主体与环境保护的义务

环境保护就是人类"明智地"使用"改造其环境的能力"，人类对其改造环境的能力的"明智"使用如何变成人们日常生产生活中的行动呢？环境保护是维护环境共同体环境利益的事业，人们采取怎样的行动才能完成这项事业呢？首先，要把人类对其改造环境的能力的使用控制在"明智"的范围之内，完成维护环境共同体利益的事业，必须依靠法律。其次，用来控制人类"明智"地使用改造环境的能力，帮助人们完成维护环境共同体利益的法的设计必须贯彻以下两项基本原则：第一，广泛设定环境保护责任主体；第二，普遍设定环境保护义务。我国近年来的环境法建设贯彻了这两项原则。

一、环境保护主体

环境保护既不是企业间的竞争谋利，也不是个人的维权行动，而是维护环境共同体环境利益的事业。这项事业的本质决定了，处于环境共同体中的所有成员，都应成为环境保护的参加者，都是环境保护的责任主体。

环境保护主体，在我国，主要有以下几类：

（一）个人（自然人）

所有的个人都处在这样那样的环境单元中，都利用环境单元给予人类好处，又都因自身的消费或其他活动给环境带来影响，比如消费鱼虾对渔业资源的丰度造成影响、倾倒生活垃圾污染水源，等等。不管是对防止渔业资源衰退，还是对恢复水源原有的清洁，处在同一环境单元之中的所有的个人，都负有责任。

个人，或者说自然人，是环境保护的主体。我国《环境保护法》第六条规定，一切个人"都有保护环境的义务"。这一规定明确了个人作为环境保护主体的地位。

（二）企事业单位、社会组织

一切企业事业单位、社会组织都以个人为必要元素，都离不了自然人的运作，因而其存在和运行都不能不利用环境，都会给环境带来影响。一般来说，各种企业事业单位、社会组织的生产行为、组织活动都需要利用环境，都会给环境带来影响。这些企业事业单位、社会组织与自然人一样，都是环境消费者，都是环境共同体成员，因而都有维护共同体环境利用的责任。

一切企事业单位的生产、管理及其他形之于外的活动，都会给环境带来一定的影响。企业活动对环境的影响更为突出。以排放污染物为例。从行业的角度看，可以把污染分为工业污染、农业污染、运输业污染、商业污染等类型。从这一划分中可以看出，不管是工业企业，还是农业企业、运输企业、商业企业，都需要排放污染物，利用环境的纳污空间，都会给环境带来影响，包括造成环境不堪负累，出现水污染、大气污染等环境损害。企业单位因对环境施加的影响大，是特殊的环境保护主体。

事业单位中有专门从事环境保护的单位，比如中国环境科学研究院、中国社会科学院生态文明研究所等；社会组织中有专门从事环境保护的社会组织，比如中华环保联合会、中国生物多样性保护与绿色发展基金会（中国绿发会），这些事业单位、社会组织，按照其章程或其他组织规范，是职业性环境保护主体。

我国《环境保护法》第六条规定，一切单位"都有保护环境的义务"。该条中的"单位"包括各种企业事业单位和社会组织。

（三）基层群众性自治组织

我国城市居民和农村村民依照《城市居民委员会组织法》和《村民委员会组织法》组建了许多城市居民委员会、村民委员会，也就是城市居民自治组织、农村村民自治组织。这些基层群众性自治组织也是环境保护主体。

居民委员会、村民委员会也需要利用环境，从而成为相关环境共同体的成员，而且担当着与环境保护相关的责任和义务。

先来看居民委员会与环境保护相关的职责与义务。《城市居民委员会组织法》规定，居民委员会的任务之一是"宣传宪法、法律、法规和国家的政策"，"教育居民履行依法应尽的义务"（第3条第1项）。居民委员会应当宣传的"宪法、法律、法规和国家的政策"包括宪法关于保护环境的规定、环境保护法律法规和国家环境保护政策。居民委员会的另一项任务是"办理本居住地区居民的公共事务和公益事业"（第3条第2项）。根据各地制定的生活垃圾管理法规规章的规定，与生活垃圾管理的相关事项，比如《浙江省生活垃圾管理条例》规定的"生活垃圾源头减量和分类相关工作"（第4条第

2款),就是居民委员会所在地的公共事务。居民委员会有责任在当地政府和街道办事处的指导下做好对这项公共事务的管理工作。根据《城市居民委员会组织法》的规定,"居民委员会是居民自我管理、自我教育、自我服务的基层群众性自治组织"(第2条第1款)。城市居民的"自我管理"应当包括对采用节煤、节电的生活用品的管理。而这些管理是环境保护法的要求。比如,《清洁生产促进法》就要求各级人民政府"鼓励公众购买和使用节能、节水、废物再生利用等有利于环境与资源保护的产品"。城市居民的"自我教育"应当包括环境保护教育。《环境保护法》规定:"公民应当增强环境保护意识,采取低碳、节俭的生活方式,自觉履行环境保护义务。"(第6条第3款)城市居民的自我教育应当包括环境保护意识教育、低碳节俭生活方式教育、环境保护意识教育等。

再来看农村村民委员会与环境保护相关的职责与义务。根据《村民委员会组织法》第8条的规定,"村民委员会依照法律规定,管理本村属于村农民集体所有的土地和其他财产,引导村民合理利用自然资源,保护和改善生态环境。"不管是"合理利用自然资源",还是"保护和改善生态环境",都是环境保护事务。与居民委员会一样,村民委员会也有"宣传宪法、法律、法规和国家的政策"(《村民委员会组织法》第9条)包括环境保护法律和政策的任务。村民委员会是"村民自我管理、自我教育、自我服务的基层群众性自治组织"(《村民委员会组织法》第2条)。与城市居民委员会的工作一样,村民委员会开展的村民"自我管理""自我教育"也包括环境保护的内容。村民委员会比居民委员会担当的公共事务更多,责任也更大,相应地与环境保护相关的责任也更大。比如,按照《上海市生活垃圾管理条例》的规定,村民委员会应当对生活垃圾的"分类投放"担当"管理责任人"(第25条第2项)。

(四)地方各级政权机关和各级民族自治地方政权机关

地方各级政权机关、各级民族自治地方的政权机关,包括权力机关、政府和其他国家机关,都是环境保护的主体。首先,一切国家机关都是由人来运作的组织。地方各级政权机关、各级民族自治地方政权机关的人控特性决定了，它们都需要利用环境，因而也一定属于某种或多种环境共同体。其次，许多国家机关的运行都需要利用环境，都会影响环境。这些机关会因其利用环境、影响环境而成为环境共同体成员，负有对环境共同体的责任。

与前项所述有关，我国法律对国家机关明确规定了多种环境保护责任或义务。其中包括以下几种类型的责任和义务：

第一，消费清洁产品的义务。比如，《清洁生产促进法》第16条规定："各级人民政府应当优先采购节能、节水、废物再生利用等有利于环境与资源保护的产品。"

第二，地方各级人民政府对本行政区环境质量的责任。《环境保护法》第6条第2款规定："地方各级人民政府应当对本行政区的环境质量负责。"

第三，地方各级政府环保职能部门对环保相关事务领域实施管理的权力和责任。比如，《防沙治沙法》第19条规定："沙化土地所在地区的县级以上人民政府水行政主管部门，应当加强流域和区域水资源的统一调配和管理，在编制流域和区域水资源开发利用规划和供水计划时，必须考虑整个流域和区域植被保护的用水需求，防止因地下水和上游水资源的过度开发利用，导致植被破坏和土地沙化。"

第四，制定适用于本行政区的环境保护地方性法规的权力和职责。根据我国《立法法》的规定，"省、自治区、直辖市的人民代表大会及其常务委员会根据本行政区域的具体情况和实际需要，在不同宪法、法律、行政法规相抵触的前提下"，可以制定环境保护"地方性法规"；"设区的市的人民代表大会及其常务委员会根据本市的具体情况和实际需要，在不同宪法、法律、行政法规和本省、自治区的地方性法规相抵触的前提下"，可以就"环境保护"方面的"事项制定地方性法规"（第72条）。

（五）国家

国家作为环境保护的主体具有双重意义。一方面，国家作为国际关系的主体参与国际环境事务，是国际环境关系中的主体；另一方面，国家作为一个国家的政治代表和公共管理机关，担当组织、规划、实施环境保护的任务，是国内环境保护事务的主体。作为环境保护主体的国家，在国家内部指的是整个政权，而不只是国家环境保护主管机关；在国际关系中是指由一定地域和人口构成的且有统一的公共权力机关管理其公共事务的实体。

国家是最重要的环境保护主体。这是因为：对内，它既可通过行政权的行使推动环境保护工作，又可以通过立法的手段为环境保护工作建章立制，规范个人、企事业单位、地方政府的环境行为；对外，它可以参与国际环境保护事务，代表国家履行保护环境的责任。

我国《宪法》对中国国家作为环境保护主体的地位有明确规定。1982年修订的《中华人民共和国宪法》第9条第2款规定："国家保障自然资源的合理利用，保护珍贵的动物和植物。禁止任何组织或者个人用任何手段侵占或者破坏自然资源。"第26条规定："国家保护和改善生活环境和生态环境，防治污染和其他公害。"按照这些规定，中华人民共和国是环境保护主体。

（六）国际组织

国际组织，不管是环保国际组织还是非环保国际组织，都是环境保护的主体。

一方面，所有的国际组织，与一国的国家机关等组织一样，都是环境的利用者，其成员的行为或其组织体的行为都会对环境造成影响，因而，都有保护环境的责任。

另一方面，专门的国际环境组织按其章程或其他组织规则承担环境保护职责，具有环境保护功能。比如全球环境基金（GEF）。该组织以与国际机构、社会团体及私营部门合作协力解决环境问题为宗旨。再如，世界自然基金会（WWF）。这个以中国大熊猫为徽标的组织将自己的使命确定为遏止地球自然环境恶化，创造人类与自然和谐相处的美好未来，保护世界生物多样性等。

二、环境保护义务

对改造环境的能力的"明智"使用实际上就是接受自然约束的使用。接受自然约束的"明智"的环境利用、环境改造的活动，只能是附条件的利用、附条件的改造。具体的利用环境、改造环境的活动，必须在接受限制的条件下展开；具体的利用者、改造者只能在接受限制的条件下开展其利用环境、改造环境的活动。这种限制，对于具体的利用活动、改造活动来说，都是额外附加的义务。对于具体的环境利用者、改造者来说，都是被施加的义务。环境保护义务就是对利用和改造人类环境的活动附加的限制。人类"明智地"利用环境在公共政策和法律上就落实为普遍的环境保护义务。所谓普遍的环境保护义务主要表现在以下几个方面：

(一) 环境保护义务主体十分普遍

我国《环境保护法》第6条规定："一切单位和个人都有保护环境的义务。"这是对一切社会主体普遍设定义务。对这一普遍施加义务的规定，《环境保护法》没有设置任何例外，没有做任何排除性安排。

(二) 环境法广泛设定义务规范

环境法，不管是具有环境保护基本法形式特征的《环境保护法》，还是适用于污染损害防治、资源损害防治等环境保护事务领域的单行环境保护法，都广泛设定义务规范。

先来看《环境保护法》的例子。该法第四章《防治污染和其他公害》共有13条。在这13条中出现"应当""不得""禁止""严禁"等的规定31次，平均每条出现此类规定2.4次。如："县级以上人民政府应当建立环境污染公共监测预警机制，组织制定预警方案"（第47条第2款）；"实行排污许可管理的企业事业单位和其他生产经营者应当按照排污许可证的要求排放污染物；未取得排污许可证的，不得排放污染物"（第45条第2款）；"禁止将不符合农用标准和环境保护标准的固体废物、废水施入农田"（第49条第2款）；"严禁通过暗管、渗井、渗坑、灌注或者篡改、伪造监测数据，或者不正常运行防治污染设施等逃避监管的方式违法排放污染物"（第42条第3款）。

再来看单行环境保护法设定义务的事例。《野生动物保护法》共58条，除去《总则》《附则》外共有48条。在规定具体行为规范的这48条中，16条在《法律责任》章（第42条至第57条），属于该法的罚则。罚则条数占规定具体行为规范的条数的三分之一（16/48）。《水土保持法》共有58条，除《总则》《附则》章外，规定具体行为规范的章节共有49条，其中12条是罚则。罚则条款占规定具体行为规范总条数的四分之一（12/49）。如此大的罚则设置比例说明，相关法律的具体行为规范中义务性规范一定不会少。

（三）与开发利用自然环境相关的法律普遍设置环境保护义务条款

除被学界明确划归环境保护法范围的法律之外，越来越多与开发利用自然环境有关的法律设置了越来越多的条款规定环境保护义务。以下是几个事例：

1.《农业法》。《农业法》是以"发展农业生产力，推进农业现代化，维护农民和农业生产经营组织的合法权益，增加农民收入，提高农民科学文化素质，促进农业和农村经济的持续、稳定、健康发展"（第1条）为目的的法律。该法不仅规定国家"维护和改善生态环境"（第4条）的政策，宣示"保护农业生态环境"（第6条第2款）的国家意志，把"加强林业生态建设，实施天然林保护、退耕还林和防沙治沙工程"（第16条第3款）规定为"农业生产"（第三章）应当担当的任务，而且在多个条款规定环境保护义务。比如，该法《农业资源与农业环境保护》（第八章）第59条规定："各级人民政府应当采取措施，加强小流域综合治理，预防和治理水土流失。从事可能引起水土流失的生产建设活动的单位和个人，必须采取预防措施，并负责治理因生产建设活动造成的水土流失。"根据这一规定，各级人民政府有"采取措施，加强小流域综合治理，预防和治理水土流失"的责任，"从事可能引起水土流失的生产建设活动的单位和个人"有"采取预防"水体流失"措施"的义务和"治理因生产建设活动造成的水土流失"的义务。再如，同章第62条第2款规定："禁止围湖造田以及围垦国家禁止围垦的湿地。已经围垦的，应当逐步退耕还湖、还湿地。"根据这一规定，一切单位和个人都有不"围湖造田"不"围垦国家禁止围垦的湿地"的义务，而已经围垦该条规定的"湖"或"湿地"的单位或个人有"逐步退耕还湖、还湿地"的义务。

2.《港口法》。《港口法》是用来规范"港口管理"，"维护港口的安全与经营秩序，保护当事人的合法权益，促进港口的建设与发展"（第 1 条）的法律。该法规定的环境保护义务至少有以下 8 项：

(1) 港口规划"合理利用岸线资源"和与相关环境保护规划或有环境保护内容的规划相衔接、相协调义务。《港口法》第 7 条第 1 款规定："港口规划应当""体现合理利用岸线资源的原则"，"并与土地利用总体规划、城市总体规划、江河流域规划"等"发展规划以及法律、行政法规规定的其他有关规划相衔接、协调"。

(2) 规划环评义务。《港口法》第 7 条第 2 款规定："编制港口规划应当组织专家论证，并依法进行环境影响评价。"该款规定的环境影响评价属于规划环境影响评价。

(3) 使用深水岸线和非深水岸线的报批义务。《港口法》第 13 条规定："在港口总体规划区内建设港口设施，使用港口深水岸线的，由国务院交通主管部门会同国务院经济综合宏观调控部门批准；建设港口设施，使用非深水岸线的，由港口行政管理部门批准。"

(4) 项目环评义务。《港口法》第 15 条第 2 款规定："建设港口工程项目，应当依法进行环境影响评价。"该款规定的是项目环境影响评价。

(5) 港口建设项目主体工程与环境保护设施"三同时"义务。《港口法》第 15 条第 3 款规定："港口建设项目的安全设施和环境保护设施，必须与主体工程同时设计、同时施工、同时投入使用。"

(6) 港口建设使用土地和水域遵守相关环保法义务。《港口法》第 16 条第 3 款规定："港口建设使用土地和水域"的应当依照"有关土地管理、海域使用管理、河道管理"等"法律、行政法规"的规定"办理"。

(7) 港口经营人遵守相关环保法义务。《港口法》第 26 条第 3 款规定："港口经营人应当依照有关环境保护的法律、法规的规定，采取有效措施，防治对环境的污染和危害。"

(8) 维护港口水域环境义务。《港口法》第 37 条第 3 款规定："禁止向港口水域倾倒泥土、砂石以及违反有关环境保护的法律、法规的规定排放超过规定标准的有毒、有害物质。"

3.《建筑法》。《建筑法》是为"加强对建筑活动的监督管理，维护建筑市场秩序，保证建筑工程的质量和安全，促进建筑业健康发展"（第1条）而制定的法律。该法除对建筑许可（第二章）、建筑工程发包与承包（第三章）、建筑工程监理（第四章）等做了系统的规定之外，在"建筑安全生产管理"一章中也对建筑施工企业规定了保护环境义务。其第41条规定："建筑施工企业应当遵守""环境保护"方面的"法律、法规的规定"，对"施工现场的各种粉尘、废气、废水、固体废物以及噪声、振动对环境的污染和危害"采取"控制和处理"措施。

其他一些与开发利用自然环境有关的法律法规也都有环境保护义务设定。

参考文献：

1. 徐祥民：《告别传统，厚筑环境义务之堤》，《郑州大学学报》2002年第2期。

2. 徐祥民、辛帅：《从环境问题到环境危机——不断深化的认识和渐次暴露的严重性》，《中国环境法学评论》（2012年卷），科学出版社2012年版。

3. 徐祥民：《习近平整体环境观指导下的环境法和环境法学理论建设》，《浙江工商大学学报》2021年第5期。

思考题：

1. 试析环境保护的实质。

2. 为什么说环境保护义务就是对利用和改造人类环境活动附加的限制？

3. 普遍设定环境保护义务这一法律设计原则指什么？你理解的环境保护义务有哪些？

第三章 环境法及其产生与发展

环境法是在保护环境现实需要的推动下出现的一个法律部门，是作为环境法学研究对象的一个法律部门。环境保护的实践必然推动环境法的发展。为了确保环境保护目标的实现，国家和国际社会也一定会建设环境法并使之尽可能地完善。学习环境法学应当从认识环境法开始，应当了解环境法与环境保护实践、环境保护的需要之间的关系。

本章的主要任务是学习环境法学科中关于环境法的一些基础知识，其中包括：（一）环境法的概念和特点；（二）环境法的产生与发展；（三）我国环境法的产生与发展。

第一节 环境法的概念与特点

环境法是人类法律知识体系中的一项新知识。作为立法的环境法所包含的知识是人类法律知识体系中的一个新的分支。尽管这个知识分支的体系还不够完整，有些具体知识还不够确定，各知识点之间的联系还不够紧密、妥帖，但这个知识体系的轮廓已经形成，重要知识点已经具备，相关知识点之间的联系已经建立。一个叫作环境法的崭新的法律知识体系正在走向成熟。

一、环境法的概念

环境法,也称环境保护法。一些著作中的环境资源法或环境资源保护法、环境与资源法或环境与资源保护法等,都可以简称为环境法或环境保护法。一些国家制定的称为生态法或生态保护法的立法和一些学者著述的生态法或生态保护法,实质上都是环境保护法,从而也都可以简称为环境法。

环境保护法,是调整环境损害防治和生态文明建设中环境使用者与环境管理者之间、不同环境使用者之间和不同环境管理者之间关系的法,简单说就是关于防治环境损害建设生态文明的法。

这一概念主要包括"功能"和"关系"两个方面的含义。

(一) 从功能上认识环境法

如果说刑法的基本功能是打击犯罪[1],民法的基本功能是调整民事关系[2],行政法的基本功能是规范行政权力运行,那么,环境法的基本功能是"防治环境损害"。从功能上看,环境法是既不同于刑法、民法,也不同于行政法的一种法律。

环境法是由环境损害引发的一个法律部门,是以应对环境损害为基本使命的一个法律部门。从立法的目的性上看,环境保护法必须担当的任务是防治环境损害。在这个意义上,我们可以说环境法的基本任务是防治环境损害。环境法,作为一国法律体系中的一个法律部门,同其他法律部门一样,有其自身独特的功能。就像刑法具有打击犯罪的功能,民法具有调整民事关

---

[1] 《中华人民共和国刑法》第2条给刑法规定的"任务"是"用刑罚同一切犯罪做斗争",其次才是"保卫国家安全""保卫人民民主专政的政权"等。在"用刑罚同……犯罪做斗争"与"保卫国家安全"等之间,是手段和目的的关系,即以"用刑罚同……犯罪做斗争"这一手段实现"保卫国家安全"等的目的。这一关系也可以转换为直接目的与间接目的的关系——制定《刑法》的直接目的是打击犯罪,简介目的(也可以说是最终目的)是"保卫国家安全"等。以实现这些直接的和间接的目的为使命的刑法被赋予的基本功能或首要功能是打击犯罪。

[2] 《中华人民共和国民法通则》第1条规定:"为了保障公民、法人的合法的民事权益,正确调整民事关系,适应社会主义现代化建设事业发展的需要……制定本法。"该条中的"调整民事关系"就反映了民法的基本功能。

系的功能一样，环境法具有防治环境损害的功能。

防治环境损害是建设生态文明的基本法律方法。环境法的防治环境损害的功能同时也就是建设生态文明的功能。在这个意义上可以说，环境法是具有防治环境损害建设生态文明功能的法。

按照我国《环境保护法》第1条的规定，环境法的功能包括"保护和改善环境，防治污染和其他公害，保障公众健康，推进生态文明建设，促进经济社会可持续发展"。

(二) 从关系上认识环境法

如果说民事活动处理民事主体之间的关系中，民法的基本功能是调整种类众多、覆盖领域广泛、发生频繁的民事关系，那么，刑法、行政法等法律部门功能的实现也需要处理各种关系。刑法要实现打击犯罪的功能，需要处理犯罪人（常常需要先谨慎地称其为犯罪嫌疑人）与被害人、犯罪人与国家之间的关系。行政法规范行政权力运行的功能通过处理行政机关与行政相对人之间关系、上下级行政机关的关系等形式实现。环境法防治环境损害功能的实现也需要处理环境使用者与环境管理者之间、不同环境使用者之间和不同环境管理者之间的关系。从法律运行的角度看，民法、刑法、行政法中都有独特的社会关系类型，而环境法中的关系，或环境法要处理的关系，从总体上看，与民法、刑法、行政法都不同。

以民事法律关系（民法处理的关系）为模型，学者们习惯于把由行政法调整的关系称为行政法律关系，把刑法调整的关系称为刑事法律关系。按照这种归类法，我们也可以把环境法中的社会关系称为环境法律关系。

有学者把环境法中的关系解释为"在开发、利用、保护和改善环境"过程中所发生的社会关系。这一解释失之过宽。在"开发、利用"环境中形成的或存在的关系多种多样，并不都是环境法律关系。比如，在矿产资源勘探开发中形成的矿产所有人、探矿人、采矿人等之间的关系是民事关系。再如，在以河流落差形式存在的水能资源开发中形成的水电站设计者、所有人、使用人、电能用户等之间的关系是民事关系，在水能资源开发利用管理中形成的水电开发使用管理部门与上述所有人、使用人等之间的关系是行政法律关系。只有为防治环境损害而建构的关系和在环境损害防治中发生的关系才是环境法律关系。从所调整关系的角度看,环境法是调整环境使用者与环境管理者之间关系、不同环境使用者之间和不同环境管理者之间关系的法,是调整为防治环境损害而建构的关系和在环境损害防治中发生的关系的法。

二、环境法的一般特点

与刑法、民法、行政法等法律部门相比较,环境法具有以下几个特点:

(一) 产生晚

与刑法、民法、行政法等法律部门相比,环境法最明显的特点是产生晚。环境法产生于20世纪五六十年代。可以把美国1969年的《国家环境政策法》(National Environmental Policy Act)[1]的颁布看作是环境法产生的标志。如果把春秋时期郑国子产铸刑书[2]为中国成文刑法产生的标志,那么,环境法产生的时间比刑法晚大约2500年(前536—1969年)。如果以属于罗马法的《优士丁尼法典》的颁布[3]为民法产生的标志,环境法产生的时间比民法晚大约1400年(529—1969年)。如果以《自由大宪章》(拉丁文 Magna Carta,英文 Great Charter)[4]为宪法产生的标志,环境法产生的时间比宪法晚大约750年(1215—1969年)。如果以法国1873年布兰科案[5]为现代行政法产生的标志,环境法产生的时间比行政法晚大约100年(1873—1969年)。[6]

---

[1] 1969年12月31日美国国会通过,1970年1月1日美国总统尼克松签署生效。

[2] 《左传·昭公六年》"三月,郑人铸刑书"。昭公六年为公元前536年。

[3] 公元528年2月13日起编,公元529年4月7日公布。参见 [意] 彼德罗·彭梵得《罗马法教科书》,黄风译,中国政法大学出版社1992年版,第1页。

[4] 公元1215年6月15日(一说1213年)英王约翰签署。

[5] 权限裁判法院裁决:"对就职于公共服务机构的员工(公务员)造成他人损失的,国家可以承担责任,但该责任不能由调节私人之间问题的《民法典》之原则规定。该责任即不是普通的也不是绝对的责任,它有自己的特别规则。这些规则由公共服务的需要和协调国家权利及私人权利的必要性来决定。行政法院对此具有唯一的管辖权。"

[6] 如果以《唐六典》(成书于开元二十六年,即738年)成书为行政法产生的标志,则环境法产生的时间比行政法晚大约1200年。

在当代各国的法律体系中，经济法算是资格最浅的了。如果以德国 1896 年《反不正当竞争法》为现代经济法产生的标志，环境法产生的时间比经济法晚 73 年（1896—1969 年）。

（二）体系庞大

与刑法、民法、宪法等古老的法律部门相比，环境法的另一个特点是体系十分庞大。1997 年修订的《中华人民共和国刑法》共有总则、分则两编，其中总则编设"刑法的任务、基本原则和适用范围""犯罪""刑罚""刑罚的具体运用"和"其他规定" 5 章；分则编设"危害国家安全罪""危害公共安全罪""破坏社会主义市场经济秩序罪""侵犯公民人身权利、民主权利罪""侵犯财产罪""妨害社会管理秩序罪" 6 章，两编共 11 章，两编加附则共 452 条。

环境法比传统法律部门的体系要庞大得多。大致说来，环境法除总则性规定外，有两大干枝。一个是事务法干枝，另一个是手段法干枝。事务法干枝和手段法干支可再分为若干个分支，而有些分支还可再分为若干细支。（详见第五章）

（三）边界交叉多

民法与刑法之间可以清晰地划出一道分界线。比如，刑法的法律责任是刑事责任，承担责任的方式是刑罚，而民法的法律责任是民事责任，承担民事责任的方式包括停止侵害，排除妨碍，消除危险，返还财产，恢复原状，修理、重作、更换，继续履行，赔偿损失，支付违约金，消除影响、恢复名誉，赔礼道歉等民事责任承担方式。人们可以根据责任承担方式的不同轻易地把民法和刑法分开。民法和行政法之间也可以清晰地划出一条界线。民法调整的是平等主体之间的关系，而行政法调整的是行政主体与行政相对人之间的关系。人们可以根据法律关系类型的不同轻易地把民法和行政法分开。刑法和行政法，虽然有学者将它们都列入公法，因而有学者所说的公法的某些共同性，二者的界限也不难找到。违法刑法应承担的是刑事责任，以刑罚为责任承担方式，违法行政法应承担行政责任，以警告、罚款、没收违法所得等财产、责令停产停业、暂扣或者吊销许可证等证照、拘留等行政处罚和警告、记过、记大过、降级、撤职、开除等行政处分为责任承担方式。依据责任承担方式的不同，人们可以把刑法和行政法区分开。

环境法与其他法律部门之间的界限不像上述民法与刑法、民法与行政法、刑法与行政法之间那样清晰。或者说，使用常用的划分法律部门的方法不容易给环境法与其他法律部门尤其是相关度较高的法律部门划出分明的界限。环境法与多个法律部门之间都有某些交叉。

比如，环境法规定的作为不利后果的法律责任与行政法的法律责任或法律责任承担方式几乎完全相同。以我国《行政处罚法》和《海洋环境保护法》为例。（见表 3–1）

表 3–1：《行政处罚法》与《海洋环境保护法》法律责任承担方式对照表

序号	行政处罚法	海洋环境保护法	同	异
1	警告	警告	✓	
2	罚款	罚款	✓	
3	没收违法所得、没收非法财物	没收违法所得	✓	
4	责令停产停业	责令停止生产（责令停业、责令停止项目运行、责令停止使用、责令停止施工、责令停产整治、责令关闭）	✓	
5	暂扣或者吊销许可证、暂扣或者吊销执照	暂扣许可证、吊销许可证	✓	
6	行政拘留			✓
7	法律、行政法规规定的其他行政处罚	责令采取补救措施、责令限制生产、责令限期改正、责令停止违法行为（责令关闭入海排污口）（责令船舶退出中国管辖海域）、恢复原状	✓	
合计			6	1

我国《行政处罚法》共设定行政处罚 7 类，《海洋环境保护法》的"法律责任"章规定的责任承担方式包括《行政处罚法》7 类行政处罚中的 6 类，应当说两者大致相同。

再如，经济法的主要约束对象是经济组织，环境法的主要约束对象是

"企业事业单位和其他生产经营者"①,两者十分相像。经济法在市场经济运行中扮演的基本角色是"干预"者,这与资本主义早期的"守夜人"政府观念背道而驰,而环境法对于经济活动,对市场的自身运动也不是旁观者,甚至对人的日常生活也要横挑鼻子竖挑眼,大概就是因为环境法与经济法之间存在许多的相似性。所以,在法学学科划分上,许多学者把环境法纳入经济法学;国家立法机关和行政机关在相关事务的处理上也将环境法归并在经济法旗下。

又如,环境法与刑法之间也存在一些"交集"。一些行为既被环境法宣布为违法行为,在达到某种严重程度时也成为刑法打击的对象。以我国《刑法》为例。《刑法》第六章"妨害社会管理秩序罪"第六节规定的是"破坏环境资源保护罪"。该节共有9条(第338—346条)。如果忽略应受刑法惩罚性这一点,那么,该节规定的行为都是相关环境法禁止或限制的行为。比如,"在禁渔区、禁渔期或者使用禁用的工具、方法捕捞水产品"(第340条),"猎捕、杀害国家重点保护的珍贵、濒危野生动物"(第341条),"未取得采矿许可证擅自采矿"(第343条)等,都是相关环境法禁止或严格限制的行为。②一些学者提出的"环境刑法"这个话题大概就是对《刑法》与环境法的"交集"的反映。

环境法与其他法律部门之间边界交叉多,这是事实。但是,存在这个事实并不等于环境法与其他法律部门无法区分。调整平等主体间关系的法是民法。用调整平等主体间关系这个标准可以把民法与其他法律区分开。具有

---

① 《中华人民共和国大气污染防治法》第三章"大气污染防治的监督管理"规定的责任主体,除相关国家机关及其责任人员外,主要是"企业事业单位和其他生产经营者"(第18条、第20条、第24条、第30条)。第25条规定的"重点排污单位",第19条规定的"排放工业废气"和"有毒有害大气污染物的企业事业单位""集中供热设施的燃煤热源生产运营单位",第27条规定的与"严重污染大气环境的工艺、设备和产品"直接相关的"生产者、进口者、销售者或者使用者",应该也可以归入"企业事业单位和其他生产经营者"。
② 《刑法》所做的"违反保护水产资源法规"(第340条)、"违反矿产资源法"(第343条)、"违反森林法的规定"(第344条)等的规定,更充分地反映了《刑法》与相关环境法在所规范的行为上的"重合"。

最高法律效力的法是宪法，用最高法律效力这个标准可以把其他法律规范从宪法中剥离出去。以刑罚作为保障手段的法是刑法，只有刑法才使用刑罚这一调整手段，凡使用刑罚的法律规范都属于刑法。用民法、宪法、刑法等自身的规定性可以将它们与其他法律部门划分开。同样，我们也可以用环境法的规定性将环境法与其他法律部门划分开。环境法独有的规定性就是防治环境损害，凡防治环境损害的法都是环境法。

（四）事务领域独特

法律是在国家和社会的强烈需求和推动下被创制或认可的，每一个被创制的法律部门都有其调整的专门事务领域。比如，社会生活中广泛存在平等主体之间的关系，以人身和财产为内容的关系，也就是平等主体之间的人身关系、财产关系。民法就是以这类关系为调整对象的法。民法调整的事务领域是平等主体之间的人身关系、财产关系的产生、变更、消灭。在平等主体之间的关系中有一种特殊的关系类型，即平等主体间的婚姻关系。婚姻法调整的事务领域是平等主体间婚姻关系的结成、解除等。再如，从行为与行为规范之间关系的角度看，刑法是以严重危害他人、社会或国家利益当受刑罚惩罚者的行为及其处理为规范对象的法，刑法调整的事务领域是违反禁止性最强之行为规范的行为及对此类行为的处理。又如，行政法调整的事务领域是政治国家中或具有政治国家特征的组织中以政权力量为后盾的管理者和承认管理权威的自然人、法人等被管理者之间关系及这些关系的处理等。

环境法也有其独特的事务领域。首先，环境法调整的社会事务领域是环境损害防治中发生的各种社会关系和各种社会事务。在一国的法律体系中，只有环境法专门调整环境损害防治中的社会关系。环境法调整的社会事务领域是环境损害防治中的社会关系。

其次，环境法调整的事务领域中的事务都是由环境损害防治引起的。民法调整的事务都是由平等主体间的人身关系、财产关系引起的，这些事务都与平等主体间的人身利益、财产利益相关联。属于民法范畴的婚姻法调整的事务都与婚姻当事人（有时也会涉及婚姻当事人的继承人等）的利益有关。

刑法调整的事务都涉及公民、法人、其他组织的重要利益，国家生活、社会生活必需的管理秩序、社会秩序，甚至国家的主权、安全、权威等。环境法调整的关系中的事务不属于这些类型。它们既不是由具体的公民、法人、其他组织的利益得失引起的，也不是由国家利益得失引起的，从本源上看也不是由国家管理秩序、社会秩序的维持或破坏引发的。环境法处理的事务都是由环境损害防治引起的事务。环境损害可以说是自然的损害。防治环境损害的事务领域也可以说是防治对自然的损害的领域。在这个意义上，环境损害防治法律关系是由环境损害引起，经国家（一般都是以立法的形式）建立的一种关系。环境法调整的事务领域中事务的形成大致需要经过以下过程：

发生环境损害——确认与环境损害有关的社会关系——确定调整相关社会主体之间关系的规则。

这个过程的起点是环境损害发生。

学者们还总结出环境法的其他一些特点，如综合性、科学技术性、公益性等。它们或者反映了环境法体系的某个侧面、环境法某个发展时期的状貌，或者反映了一定时期研究者对环境法的认识，都是环境法学知识体系的构成成分。

三、环境法的突出特点

与以往所有法律，包括各国的法律、各时代的法律相比，环境法最突出的特点是负有处理人与自然关系的使命。

环境损害的实质是自然的有限的环境承受能力与人类活动的无限的影响力之间矛盾激化的状态。这种状态的概括表达就是人与自然不和谐或人与自然关系（以下简称人天关系）紊乱。人天关系不和谐是最大的人类利益损害。环境法就是防治人天关系不和谐的法，就是实现人天关系和谐这一最大人类利益的法。以往的法律，不管是中国的还是外国的，是古代的还是近现代的，都没有这样的任务，也无须承担这样的任务。

环境保护，从处理人天关系的宏观角度看，就是为了实现人天关系和谐，避免可能出现的人天关系紊乱，或降低势必出现的人天关系不和谐的程度，"明智地"使用人类"改造其环境的能力"。环境法通过调整环境损害防治社会关系，确保或努力实现将人类"改造其环境的能力"控制在"明智"的范围内，实现人天关系和谐或降低人天关系不和谐的程度。

第二节　环境法的产生与发展

环境法产生于20世纪的五六十年代。

一、环境法的产生

环境法是在工业革命之后在人类开发利用大自然的范围、强度的不断加大的背景下产生的，是在工业最先发达起来的国家最先产生的。

（一）环境法产生的背景

可以用一句话概括环境法产生的背景：环境法产生于工业革命之后。

工业革命始于18世纪60年代，是资本主义生产实现从工场手工业向机器大工业过渡的阶段。它的早期特征是以机器取代人力，以大规模工厂化生产取代个体工场手工生产。工业革命开启的"机器时代"（the Age of Machines）和相继进入的电气时代引起了工农业生产的迅猛发展和科学技术水平的迅速提高，赋予人类"以无数方法和在空前规模上改造其环境的能力"[①]。就是在这一条件下，种类越来越多的环境损害，危害越来越大的环境损害相继发生。环境损害的大规模发生和广泛出现催生了以防治环境损害为使命的环境法。在工业革命发生后约200年，（18世纪60年代到20世纪五六十年代）环境法走进国家法律体系，逐渐发展成一个独立的法律部门。

（二）环境法产生于工业先发达起来的国家

环境法产生于工业革命之后，从工业发达国家，或者说是从工业最早

[①] 《人类环境宣言》第1条。

发达起来的国家产生。英国、荷兰、比利时、瑞典、德国、美国、日本等国家都是较早开展环境立法的国家，比较有代表性的是德国、瑞典、日本、美国。

德国于 1959 年通过《自然保护法》，于 60 年代末制定《水源管理法》《植物保护法》等法律；到 1972 年，又颁布了《环境基本法》。

瑞典于 1964 年制定《自然保护法》，于 1969 年制定《环境保护法》。进入 70 年代后又于 1971 年制定《禁止海洋倾废法》，于 1972 年颁布《机动车尾气排放条例》，于 1973 年颁布《有害于健康和环境的产品法》等法律法规。

日本于 1958 年制定《水质保护法》《工厂排水规制法》《下水道法》《关于水洗煤炭业的法律》等法律。进入 60 年代后，日本于 1962 年制定《煤烟法》（又名《煤烟排放管制法》）、《关于限制建筑物采用地下水法》，于 1965 年制定《防止公害事业团法案》[①] 和《关于整顿防卫设施环境法》等法律；到 1967 年，颁布《公害对策基本法》。[②]

美国于 1963 年制定《净化空气法案》（*Clean Air Act*），于 1965 年制定《水质法案》（*Water Quality Act*）、《机动车空气污染控制法案》（*Motor Vehicle Air Pollution Control Act*），于 1967 年制定《空气质量法案》（*Air Quality Act*）[③]，于 1969 年颁布《国家环境政策法》。

美国《国家环境政策法》的主要内容是宣示国家环境政策，设立环境质量委员会。该法表达了美国联邦国会的如下态度："联邦政府将与各州、地方政府以及有关公共和私人团体合作采取一切切实可行的手段和措施，包括财政和技术上的援助，发展和增进一般福利，创造和保持人类与自然得以共处与和谐中生存的各种条件，满足当代国民及其子孙后代对于社会、经

[①] [日] 桥本道夫：《日本环保行政亲历记》，中信出版社 2007 年版，第 64 页。
[②] 日本参议院于 1967 年 7 月 21 日通过该法。参见 [日] 桥本道夫《日本环保行政亲历记》，中信出版社 2007 年版，第 76 页。
[③] 廖红、[美] 克里斯郎革：《美国环境管理的历史与发展》，中国环境科学出版社 2006 年版，第 118—131 页。

济以及其他方面的要求。"① 该法要求总统"设立环境质量委员会"。这个委员会的主要责任是依照该法宣布的环境政策"评价""联邦政府的计划和活动","对国家的科学、经济、社会、美学与文化等方面的需要和利益"提出"清晰的认识","就促进环境质量的改善提出各项国家政策"。②

美国《国家环境政策法》是工业发达国家创立环境法的典型立法。

（三）国际环境法的产生

国际环境法也是产生于20世纪五六十年代。法国环境法学者亚历山大·基斯对此做过明确的判断和专门的说明。③

二、环境法的发展

环境法是一个后生的法律部门，人们甚至可以把它称为猛然闯入法律家族中的不速之客。然而，就是这个不速之客，诞生伊始，立即展现出不一般的发展态势。

从环境法产生到现在，历史不是很长，大约半个世纪。这大约半个世纪的环境法发展史，主要被以下几条线索所贯穿：

（一）多种单行环境法"对症"创制

如前所述，环境法是因发生了环境损害才出现在法律家族中的一个法律分支。它的诞生和发展都具有明显的应对环境损害之病症的特点。标志日本环境法诞生的代表性法律文件是《公害对策基本法》。这部法律和这部法律之前的《关于公用水域水质保护法》（1958年）、《关于限制工厂排水等法律》（1958年）、《防止公害事业团法案》等法律，这部法律之前的地方法律，如《大阪府煤烟防治条例》（1932年）、《东京都噪声防治条例》（1954年）、《神奈川县企业公害防治条例》（1951年）等，都具有明显的对"症"下药的特点。在美国，先《国家环境政策法》出现的是《清洁大气法》《清洁水法》《联邦环境杀虫剂控制法》《安全饮用水法》《有毒物质控制法》。这些法

---

① 《美国法典》第4331条。
② 《美国法典》第4342条。
③ [法] 亚历山大·基斯：《国际环境法》，张若思编译，法律出版社2000年版，第27页。

律也都具有明显的兵来将挡水来土掩的特征——大气环境受损害了，制定《清洁大气法》；水环境受损害了，颁布《清洁水法》；杀虫剂对环境对人畜等造成了损害，应之以《杀虫剂控制法》。英国的早期环境法的头疼医头足疼医足特点更加难以掩盖——制碱业给他人、社会造成了损害，对国家利益造成了影响，对环境产生了不利影响，于是对制碱业实施特别管理，制定《制碱业管理法》（1863年）；河流不能像往常那样给居民提供清洁的饮用水、给工农业生产提供具有生产资料价值的无害水源了，于是对河流采取保持水流清洁的行动，制定《河流污染防治法》（1876年）；一个以煤为基本能源的国家，处在以煤为基本能源的时代，工业生产燃烧煤炭先是引起工厂周围居民的不满，接踵而至的是街道、社区、整个城市的抗议，于是，国家不得不对煤烟管理有所作为，制定《煤烟防治法》（1913年）。

在环境法发展的半个世纪的历史上，这个法律部门大致保持了"对症"创制的特点。即使在一些国家制定了环境基本法或其他名称的关于环境保护一般原则、制度、体制等的法律之后，环境法的发展依然没有脱离"对症"创制轨道。与环境损害种类繁多相一致，沿着"对症"创制轨道前行的环境法的发展史留下的是种类繁多，名称各异的环境立法。如《安全饮用水法》（美国）、《有毒物质控制法》（美国）、《固体废物管理法》（德国）、《关于处理与清理废弃物品法》（日本）、《化学药品法》（德国）、《农药管理法》（日本）、《核能法》（德国、蒙古国等）、《可再生能源法》（德国）、《可再生能源义务法令》（英国）、《核安全法》（中国）、《原子能法》（美国）、《下水道法》（日本）、《关于水洗煤炭业的法律》（日本）、《水土保持法》（中国）、《噪声控制法》（日本）、《海洋污染防治法》（日本）、《关于农业用地土壤污染防治法》（日本）、《恶臭防治法》（日本）、《城市绿化法》（日本）等等，不一而足。

（二）国际法与国内法齐头并进

环境法作为人类法制文明中的一个法律类别，其早期的发展就是一个国际法与国内法齐头并进的法制建设过程。

在各国环境法突飞猛进地发展的同时，国际环境法这一国际法领域的新生事物也如雨后春笋迅速大量涌现。比如，20世纪50年代制订《国际鸟类保护公约》(1950年)、《保护北太平洋海豹临时公约》(1957年)、《保护北太平洋海狗临时公约》(1957年)、《公海生物资源捕捞和养护公约》(1958年)、《南极条约》(1959年)，60年代制订《关于莱茵河防治污染国际委员会的协定》(1963年)、《禁止在大气层、外层空间和水下进行核武器试验条约》(1963年)、《尼日尔河流域协定》(1963年)、《乍得湖流域开发公约和规约》(1964年)、《国际河流利用规则》(1966年)、《养护大西洋金枪鱼国际公约》(1966年)、《关于各国探索和利用包括月球和其他天体在内外层空间活动的原则公约》(1967年)、《非洲植物卫生公约》(1967年)、《国际干预公海油污事件公约》(1967年)、《欧洲水宪章》(1968年)、《养护自然和自然资源非洲公约》(1968年)、《在洗涤产品中限制使用某些去污剂的欧洲协定》(1968年)、《养护东南大西洋生物资源公约》(1969年)、《国际油污损害民事责任公约》(1969年)、《国际干预公害油污事故公约》(1969年)等国际环境法和与环境保护有关的国际法。

（三）可持续发展思想对环境法发展的影响巨大

根据1989年12月22日召开的第44届联合国大会第44/28号决议，联合国环境与发展会议（United Nations Conference on Environment and Development, UNCED），简称环发大会，于1992年6月3—14日在巴西里约热内卢召开。183个国家的代表团和联合国及其下属机构等70个国际组织的代表出席了会议，102位国家元首或政府首脑与会。会议通过了《关于环境与发展的里约热内卢宣言》(简称《里约宣言》《环境与发展宣言》，又称《地球宪章》)、《21世纪议程》和《关于森林问题的原则声明》3项文件。此次会议接受了由《我们共同的未来》最初系统阐述的可持续发展主张。

《我们共同的未来》，英文名为 *our common future*，是由挪威前首相格罗·哈莱姆·布伦特兰（Gro Harlem Brundtland）担任主席的世界环境与发展委员会向联合国提交的研究报告。1987年2月第八次世界环境与发展委员会通过，1987年3月第42届联大第187号决议通过，1987年4月正式发表。该书主要由"共同的关切""共同的挑战"和"共同的努力"三部分组成。它是第一次系统阐述可持续发展思想,且产生了广泛国际影响的著作。

可持续发展思想的影响在环发大会通过的《环境与发展宣言》中得到充分的反映。《宣言》确定的原则1宣布:"人类处于普受关注的可持续发展问题的中心。"原则4称:"为了实现可持续的发展,环境保护工作应是发展进程的一个整体组成部分,不能脱离这一进程来考虑。"原则8则发出号召:"为了实现可持续的发展,使所有人都享有较高的生活素质,各国应当减少和消除不能持续的生产和消费方式,并且推行适当的人口政策。"原则9进一步向世界各国发出"合作加强本国能力的建设,以实现可持续的发展"的号召。原则12则要求,"为了更好地处理环境退化问题,各国应该合作促进一个支持性和开放的国际经济制度"。设置这一原则的基本目标是使"所有国家实现经济成长和可持续的发展"。

可持续发展思想对环境法制建设发挥了重要的指导作用。这在国际环境法领域的表现尤其突出。一个显著的事例是,若干重要的国际环境法文件都是在这次接受可持续发展思想指导的全球会议上通过,或进入主权国家签署程序的,其中包括《联合国气候变化框架公约》《生物多样性公约》等。

三、早期环境法和前工业文明时代的环境资源相关法

在环境法诞生之前,在一些国家,主要是工业较发达的国家,曾经出现了一些与今天我们关心的自然环境有关的法律法规。一些学者称它们为早期环境法。例如,上文提到的英国于1863年制定的《制碱业管理法》,于1876年制定的《河流污染防治法》,于1913年制定的《煤烟防治法》;美国于1864年颁布的《煤烟法》,于1899年颁布的《河流与港口法》,于1912年颁布的《公共卫生法案》等。所谓早期环境法只能算是环境法的前身,它们还不是肩负防治环境损害使命的环境法。

在回顾和总结环境法发展的历史时,不少学者对古代历史上和近代历史上的一些与自然物的开发利用、释放废水废气等物质的生产生活活动等相关的法律文件或个别法律规范给予了关照,也有学者赋予它们古代环境法

之称。比如，不少教科书都提到所谓周代的环境法，提到古罗马法等古代、近代法律中的一些规定。在本书作者的著作中还曾提供过秦《田律》等资料。① 这些古代环境法或近代环境法基本上不具有保护环境或防治环境损害的精神内涵，它们只能算作是环境资源相关法。

第三节　我国环境法的产生与发展

我国环境法产生于 20 世纪 70 年代初。在以往近半个世纪的时间里，我国环境法大致经历了探索前进时期和绿色发展时期。

一、我国环境法的诞生

我国环境法产生于 20 世纪 70 年代初。我国环境法在 70 年代初诞生的重要背景是第一次人类环境会议的召开。

(一) 我国环境法产生的标志

我国环境法产生的标志是《关于保护和改善环境的若干规定（试行草案）》的颁布。

1973 年 8 月 5—20 日，我国第一次全国环境保护会议在北京召开，会议"拟定了《关于保护和改善环境的若干规定（试行草案）》"②。《关于保护和改善环境的若干规定（试行草案）》（以下简称《环保规定试行草案》）是在国家计划委员会主持下起草的③，它是第一次全国环境保护会议的重要成果，会后由国务院批转全国，因而具有一定的法律约束力。

《环保规定试行草案》除序言部分外共有 10 章，或 10 个部分。这 10 章依次是：(1) 做好全面规划；(2) 工业要合理布局；(3) 逐步改善老城市的

---

① 该项资料来自秦《田律》。该律规定："春二月，毋敢伐材木山林及雍堤水。不夏月，毋敢夜草为灰……"《睡虎地秦墓竹简》，文物出版社 1978 年版，第 26 页。
② 国家计划委员会《关于全国环境保护会议情况的报告》。
③ 第一次全国环境保护会议由国家计划委员会主持召开，作为会议文件的《关于保护和改善环境的若干规定（试行草案）》也应该是在国家计划委员会的主持下完成的。

环境;(4)综合利用,除害兴利;(5)加强对土壤和植物的保护;(6)加强水系和海域的管理;(7)植树造林、绿化祖国;(8)认真开展环境监测工作;(9)大力开展环境保护的科学研究工作,做好宣传教育;(10)环境保护所必需的投资、设备、材料要安排落实。从这10章的内容来看,《环保规定试行草案》虽然不像今天的立法那样规范,但它已经是一个比较全面系统地规范环境保护行为的文件。①

(二)我国环境法产生的背景

制定《环保规定试行草案》②和召开第一次全国环境保护会议的国际背景是第一次人类环境会议的召开。

1968年,根据瑞典的建议,第23届联合国大会通过决议,决定于1972年召开人类环境会议。这是人类历史上第一次有关保护环境的全球会议。1972年2月,联合国秘书长瓦尔德海姆邀请中国参加会议。1972年6月5日,联合国人类环境会议(后来被称为第一次人类环境会议)在瑞典斯德哥尔摩开幕,有110多个国家的1300多名代表参加了这次会议。我国政府组织了由燃料化学工业部副部长唐克任团长、国家计委副主任顾明任副团长的政府代表团参加会议。会议通过了《联合国人类环境会议宣言》(简称《人类环境宣言》,又称《斯德哥尔摩宣言》)。《宣言》确定了"保护和改善人类环境关系到各国人民的福利和经济发展,是人民的迫切愿望,是各国政府应尽的责任"等"共同信念",呼吁各国政府和人民为维护和改善人类环境,造福全体人民,造福后代而共同努力。

在人类环境会议的影响下,我国召开了第一次环境保护工作会议。

---

① 徐祥民:《中国环境法的雏形——〈关于保护和改善环境的若干规定(试行草案)〉》,载徐祥民主编《中国环境法学评论》,人民出版社2019年版,第3—35页。

② 国家计划委员会《关于全国环境保护会议情况的报告》说的是"拟定"。经过国务院批转之后,尤其是对这种有转发"实行"建议的文件,经过国务院批转之后,就被赋予了比国务院部委的强制力更强大的国家强制力,成为其法律效力位阶低于全国人民代表大会及其常务委员会所制定的法律的国家法律。基于这一认识,我们把《关于保护和改善环境的若干规定(试行草案)》看作是作为国家立法活动的"制定"所创造的法律产品应该不为过。

第一次全国环境保护会议指1973年8月5日到20日在北京举行的全国环境保护工作会议。它是我国历史上第一次以环境保护为主题的全国性会议。此次会议之后，我国又召开过多次全国性的环境保护工作会议。按照对历次全国环境保护会议的排序，这次会议有第一次全国环境保护会议之称。这次会议是我国全国性环境保护历史的开端，也是环境保护正式成为一项国家政务的标志。

第一次全国环境保护会议的重要成果是通过了《环保规定试行草案》。会后，国务院以国发〔1973〕158号文件将该文件批转全国。

《环保规定试行草案》是在人类环境会议的影响下制定的。同时，我们也应当注意到，制定《环保规定试行草案》也是我国治理污染和处理其他环境问题的客观需要。正如我国第一次全国环境保护会议的《会议情况报告》所说的那样，我国"保护和改善环境工作"虽然"成绩很大"，但也不得不承认："问题"也"不少"。其中的"问题"包括"在工业的发展中，有害的废水、废气、废渣越来越多，对自然环境造成了污染"，但不限于此。《会议情况报告》展示的"初步调查"是："我国一些主要河流、湖泊、海湾和不少城市的水源，都受到了不同程度的污染。许多工业城市和工业区，空气污浊，有害物质增多。不少企业，职业病患者有所增加。此外，农业由于大量使用某些化学农药，许多农副产品中含有过量的农药残毒。有些地区不适当地开垦草原、围湖造地、采伐森林，也破坏了自然环境。"[①] 为了处理此类环境问题，我国也需要制定相应的环境保护法。

此外，北京官厅水库污染治理则对第一次环境保护会议的召开提供了直接的推动力。官厅水库是北京重要的水源地。自1971年起，官厅水库水质明显恶化。1972年，国家计委、建委向国务院提出《关于官厅水库污染情况和解决意见的报告》，建议成立官厅水源保护小组，采取紧急治理措施。

---

① 国家计划委员会《关于全国环境保护会议情况的报告》，载曲格平、彭近新主编《环境觉醒——人类环境会议和中国第一次环境保护会议》，中国环境科学出版社2010年版，第307页。

国务院当即批转了该报告，同意报告提出的建议，并强调随着我国工业的发展，必须更加重视防治污染，特别是对于关系到人民身体健康的水源和空气污染问题，应尽快组织力量进行检查治理。① 如此具体的污染防治任务，在与人类环境会议精神实现对接之后，召开环境保护会议研究防治污染的对策就是势在必行的了。

二、我国环境法制建设探索前进时期

我国环境法制建设的探索前进时期大致经过了40年，即从1973年到2003年。这个时期开始的标志，也就是我国环境法诞生的标志是《环保规定试行草案》的实施。这个时期结束的标志，也就是我国环境法制建设绿色发展时期开始的标志是国务院于2005年12月3日做出的《关于落实科学发展观，加强环境保护的决定》（国发〔2005〕39号）。

（一）我国环境法制建设探索前进时期的几个重要历史事件

我国环境法制建设的探索前进时期，除第一次全国环境保护会议做出的立法贡献外，全国人大实施了一次对环境保护具有重大影响的修宪，国家立法机关、国务院及其相关部委办局制定了大量环境保护法律法规规章等。在这些修宪、立法、其它建章立制活动中，对我国环境保护事业和我国环境法制建设具有重大影响的有6项。（以下称我国环境法制建设探索前进时期"六大环境法制建设活动"）。其中包括：

1. 全国人大修改《宪法》确立保护环境基本国策。1978年3月5日，中华人民共和国第五届全国人民代表大会第一次会议通过对《中华人民共和国宪法》的修正案。修正后的《宪法（1978）》第11条第3款规定："国家保护环境和自然资源，防治污染和其他公害。"这一规定将环境保护上升为基本国策。

2. 全国人大常委会原则通过《环保法（试行）》。1979年9月13日，中华人民共和国第五届全国人民代表大会常务委员会原则通过《中华人民共和

---

① 参见金瑞林《环境法学》，北京大学出版社2002年版，第32页。

国环境保护法（试行）》（全国人民代表大会常务委员会令第二号）（以下简称《环保法（试行）》）。这是我国第一部由国家立法机关审议通过的环境保护法律。

《环保法（试行）》共有总则、保护自然环境、防治污染和其他公害、环境保护机构和职责、科学研究和宣传教育、奖励和惩罚、附则等7章33条。该法自公布之日起实施。

3. 全国人大常委会颁布《海环法（1982）》。1982年8月23日，第五届全国人民代表大会常务委员会第二十四次会议通过《中华人民共和国海洋环境保护法》（以下简称《海环法（1982）》）。这是我国由国家立法机关正式颁布实施的第一部环境保护法。

《海环法（1982）》共设总则、防止海岸工程对海洋环境的污染损害、防止海洋石油勘探开发对海洋环境的污染损害、防止陆源污染物对海洋环境的污染损害、防止船舶对海洋环境的污染损害、防止倾倒废弃物对海洋环境的污染损害、法律责任和附则等8章48条。该法自1983年3月1日起生效。

4. 全国人大常委会颁布《环保法（1989）》。1989年12月26日，第七届全国人民代表大会常务委员会第十一次会议通过《中华人民共和国环境保护法》（以下简称《环保法（1989）》），1989年12月26日中华人民共和国主席令第二十二号公布该法。这是我国正式颁布的第一部以环境保护法命名的综合性环境保护法。

《环保法（1989）》共设总则、环境监督管理、保护和改善环境、防治环境污染和其他公害、法律责任、附则等6章47条。该法自公布之日（1989年12月26日）施行。

5. 全国人大常委会颁布《清洁生产法（2002）》。2002年4月29日，第九届全国人民代表大会常务委员会第二十七次会议通过《中华人民共和国清洁生产促进法》（以下简称《清洁生产法（2002）》），当日以中华人民共和国主席令第72号公布。该法的颁布标志着我国的污染防治进入新时期。

表 3-2：我国环境法制建设探索前进时期"五大环境法制建设活动"简表

序号	环境法制建设活动	时间
1	国务院批转《环保规定试行草案》	1974 年 2 月 28 日（印发）
2	全国人大修改《宪法》确立保护环境基本国策	1978 年 3 月 5 日
3	全国人大常委会原则通过《环保法（试行）》	1979 年 9 月 13 日
4	全国人大常委会颁布《海环法（1982）》	1982 年 8 月 23 日
5	全国人大常委会颁布《海环法（1982）》	1982 年 8 月 23 日
6	全国人大常委会颁布《清洁生产法（2002）》	2002 年 4 月 29 日

（二）我国环境法制建设探索前进时期的主要成就

我国环境法制建设探索前进时期的主要成就可以概括为一句话，即构建了一个由两大"方阵"、十余支"队伍"组成的环境法部门。

在大约 40 年的时间里，在环境保护实际需要的推动下，我国全国人民代表大会及其常务委员会制定了一系列环境法律，发布了与环境保护有关的其他一些有法律约束力的文件，国务院及其各部委基于全国人大及其常务委员会的授权和法律赋予的权力制定了一系列环保法规和环保政府规章，这些法律、法规、规章形成了包含环境保护事务法系统和环境保护手段法系统两大"方阵"，拥有包括污染损害防治法、资源损害防治法、生态损害防治法、自然地理环境损害防治法、环境影响评价法、环境标准法、环境监测法、环境信息公开法、环境许可法、环境教育法等十余支"队伍"在内的一个繁荣的环境法法律部门。[1]

三、我国环境法制建设绿色发展时期

我国环境法制建设的绿色发展时期，就是我国在科学发展观和绿色发展理念指导下开展环境法制建设的时期。这个时期起始于 2003 年，其标志

---

[1] 环境法体系的主要部分就是我国环境法制建设的探索前进时期建立起来的两个"方阵"、十几支"队伍"。参见徐祥民主编《中国环境法制建设发展报告》（2010 年卷），人民出版社 2013 年版，第 55—107 页。

是"十六届三中全会"提出树立和落实科学发展观。中共中央国务院印发《生态文明体制改革总体方案》(2015年9月11日中共中央政治局通过)、第十二届全国人民代表大会第四次会议做出的《关于国民经济和社会发展第十三个五年规划纲要的决议》以及《中华人民共和国国民经济和社会发展第十三个五年规划纲要》、习近平在中国共产党第十九次全国代表大会上所作的《决胜全面建成小康社会　夺取新时代中国特色社会主义伟大胜利》的报告等重要文件，使这个时期的特点更加突出。

(一) 我国环境法制建设绿色发展时期的几个重要历史事件

1. 十六届三中全会提出树立和落实科学发展观。2003年10月11—14日，中国共产党第十六届中央委员会第三次全体会议（简称十六届三中全会）在北京举行。中共中央总书记胡锦涛在此次会议上发出"树立和落实全面发展、协调发展、可持续发展的科学发展观"的号召，提出"坚持在开发利用自然中实现人与自然的和谐相处，实现经济社会可持续发展"[1]。这些号召是十六届三中全会的科学发展口号的核心内容。会议通过的《中共中央关于完善社会主义市场经济体制若干问题的决定》对"完善社会主义市场经济体制的目标和任务"的规定包括五个"统筹"，即"按照统筹城乡发展、统筹区域发展、统筹经济社会发展、统筹人与自然和谐发展、统筹国内发展和对外开放的要求"，其中的一个统筹是"统筹人与自然和谐发展"[2]。

2. 国务院发布《环境保护决定（2005）》。十六届三中全会之后，科学发展观迅速成为党和国家事业发展的指导思想。为"全面落实科学发展观"[3]，国务院于2005年12月3日发布《关于落实科学发展观，加强环境保护的决定》（国发〔2005〕39号，以下简称《环境保护决定（2005）》）。这

---

[1] 胡锦涛：《树立和落实科学发展观》，载中共中央文献研究室编《十六大以来重要文献选编》（上），中央文献出版社2011年版，第483—484页。
[2] 《中共中央关于完善社会主义市场经济体制若干问题的决定》第一章"我国经济体制改革面临的形势和任务"。
[3] 《国务院关于落实科学发展观加强环境保护的决定》（国发〔2005〕39号）"引言"。

是一份专门的规定了约束性指标①的环境保护决定。

《环境保护决定（2005）》共有充分认识做好环境保护工作的重要意义、用科学发展观统领环境保护工作、经济社会发展必须与环境保护相协调、切实解决突出的环境问题、建立和完善环境保护的长效机制、加强对环境保护工作的领导等6章32条。

《决定》要求各省、自治区、直辖市人民政府和国务院各有关部门按照该决定的精神，"制订措施，抓好落实"，要求"环保总局""会同监察部监督检查"该决定的"贯彻执行情况"。②

3. 全国人大通过《"十一五"规划纲要》。2006年3月14日，第十届全国人民代表大会第四次会议通过《中华人民共和国国民经济和社会发展第十一个五年规划纲要》（以下简称《"十一五"规划纲要》）。这是第一个在科学发展观指导下制定的国民经济和社会发展五年规划纲要。

《"十一五"规划纲要》设"全面贯彻落实科学发展观"一章（第二章），宣布"以科学发展观统领经济社会发展全局"，提出"坚持以人为本，转变发展观念、创新发展模式、提高发展质量"，"把经济社会发展切实转入全面协调可持续发展的轨道"等要求。③ 该章提出的"推动发展的政策导向"之一是"立足节约资源保护环境推动发展，把促进经济增长方式根本转变作为着力点，促使经济增长由主要依靠增加资源投入带动向主要依靠提高资源利用效率带动转变"④。《"十一五"规划纲要》第六篇"建设资源节约型、环

---

① 《决定》在"环境目标"一节规定："到2010年，重点地区和城市的环境质量得到改善，生态环境恶化趋势基本遏制。主要污染物的排放总量得到有效控制，重点行业污染物排放强度明显下降，重点城市空气质量、城市集中饮用水水源和农村饮水水质、全国地表水水质和近岸海域海水水质有所好转，草原退化趋势有所控制，水土流失治理和生态修复面积有所增加，矿山环境明显改善，地下水超采及污染趋势减缓，重点生态功能保护区、自然保护区等的生态功能基本稳定，村镇环境质量有所改善，确保核与辐射环境安全。""到2020年，环境质量和生态状况明显改善。"
② 《国务院关于落实科学发展观加强环境保护的决定》（国发〔2005〕39号）"结语"。
③ 《中华人民共和国国民经济和社会发展第十一个五年规划纲要》，人民出版社2006年版，第8—9页。
④ 《中华人民共和国国民经济和社会发展第十一个五年规划纲要》，人民出版社2006年版，第10页。

境友好型社会"设专章规定"发展循环经济"(第二十二章)、"保护修复自然生态"(第二十三章)、"加大环境保护力度"(第二十四章)、"强化资源管理"(第二十五章)、"合理利用海洋和气候资源"(第二十六章)等环境保护事务或与环境保护有关的事务。①

《"十一五"规划纲要》在"促进区域协调发展"篇(第五篇)设"推进形成主体功能区"一章(第二十章)。该章规定:"根据资源环境承载能力、现有开发密度和发展潜力,统筹考虑未来我国人口分布、经济布局、国土利用和城镇化格局,将国土空间划分为优化开发、重点开发、限制开发和禁止开发四类主体功能区,按照主体功能定位调整完善区域政策和绩效评价,规范空间开发秩序,形成合理的空间开发结构。"②

4. 党的十七大把"建设生态文明"列为"实现全面建设小康社会奋斗目标的新要求"。2007年10月15日,中国共产党第十七次全国代表大会在北京召开。胡锦涛同志在题为《高举中国特色社会主义伟大旗帜,为夺取全面建设小康社会新胜利而奋斗》的报告中提出的"实现全面建设小康社会奋斗目标的新要求"之一是建设生态文明。(我们可以称之为党的十七大全面建设小康社会的生态文明目标)党的十七大报告提出的要求包括:建设生态文明,基本形成节约能源资源和保护生态环境的产业结构、增长方式、消费模式。循环经济形成较大规模,可再生能源比重显著上升。主要污染物排放得到有效控制,生态环境质量明显改善。生态文明观念在全社会牢固树立。③

根据党的十七大报告,科学发展观含义之三是"坚持全面协调可持续发展"。党的十七大报告指出:"要按照中国特色社会主义事业总体布局,全

---

① 《中华人民共和国国民经济和社会发展第十一个五年规划纲要》,人民出版社2006年版,第42—50页。
② 《中华人民共和国国民经济和社会发展第十一个五年规划纲要》,人民出版社2006年版,第37页。
③ 胡锦涛:《高举中国特色社会主义伟大旗帜 为夺取全面建设小康社会新胜利而奋斗》,载《十七大以来重要文献选编》(上),人民出版社2013年版,第16页。

面推进经济建设、政治建设、文化建设、社会建设,促进现代化建设各个环节、各个方面相协调,促进生产关系与生产力、上层建筑与经济基础相协调。坚持生产发展、生活富裕、生态良好的文明发展道路,建设资源节约型、环境友好型社会,实现速度和结构质量效益相统一、经济发展与人口资源环境相协调,使人民在良好生态环境中生产生活,实现经济社会永续发展。"①

5. 全国人大常委会颁布《循环经济促进法》。全国人民代表大会常务委员会第四次会议于2008年8月29日通过《中华人民共和国循环经济促进法》,中华人民共和国主席令第四号公布。这是中国共产党建立科学发展观并用科学发展观指导党和国家各项事业以来新制定的第一部环境保护法,是我国环境法体系中的一部重要法律。

《循环经济促进法》共设总则、基本管理制度、减量化、再利用和资源化、激励措施、法律责任和附则等7章58条。《循环经济促进法》自2009年1月1日起施行。

6. 中共中央国务院发布《生态文明体制改革方案》。2015年4月25日中共中央、国务院提出《关于加快推进生态文明建设的意见》(中发〔2015〕12号)。在此基础上,中共中央和国务院又制定了《生态文明体制改革总体方案》。该《方案》于2015年9月11日由中共中央政治局审议通过,后以中共中央国务院的名义印发。(见《国务院公报》2015年第28号)

《生态文明体制改革总体方案》以建立"系统完整的生态文明制度体系"②为改革目标,为这项改革提出了包括"发展和保护相统一的理念""绿水青山就是金山银山的理念""自然价值和自然资本的理念""空间均衡的理念""山水林田湖是一个生命共同体的理念"等在内的"生态文明体制改革的理念"。③

---

① 胡锦涛:《高举中国特色社会主义伟大旗帜 为夺取全面建设小康社会新胜利而奋斗》,载《十七大以来重要文献选编》(上),人民出版社2013年版,第12页。
② 《生态文明体制改革总体方案·引言》。
③ 《生态文明体制改革总体方案》第一章"生态文明体制改革的总体要求"。

《生态文明体制改革总体方案》共设"生态文明体制改革的总体要求""健全自然资源资产产权制度""建立国土空间开发保护制度""建立空间规划体系""完善资源总量管理和全面节约制度""健全资源有偿使用和生态补偿制度""建立健全环境治理体系""健全环境治理和生态保护市场体系""完善生态文明绩效评价考核和责任追究制度""生态文明体制改革的实施保障"等10章56条。

《生态文明体制改革总体方案》对"完善"环境保护"法律法规"设计了"方案"。《方案》提出："制定完善自然资源资产产权、国土空间开发保护、国家公园、空间规划、海洋、应对气候变化、耕地质量保护、节水和地下水管理、草原保护、湿地保护、排污许可、生态环境损害赔偿等方面的法律法规，为生态文明体制改革提供法治保障。"①

7. 党的十九大将绿色发展理念明确为新时代中国特色社会主义思想的有机组成部分。中国共产党第十九次全国代表大会于2017年10月18日在北京召开。在这次大会上，习近平总书记宣布"中国特色社会主义进入了新时代"，中国共产党"形成了新时代中国特色社会主义思想"。② 党的十九大报告提出"新时代坚持和发展中国特色社会主义的'基本方略'"。其中第四项"基本方略"是"坚持"以"绿色"为五大要素之一的"新发展理念"。《报告》指出："发展是解决我国一切问题的基础和关键，发展必须是科学发展，必须坚定不移贯彻创新、协调、绿色、开放、共享的发展理念。"③

党的十九大报告提出的新时代坚持和发展中国特色社会主义的第九项"基本方略"是"坚持人与自然和谐共生"。《报告》强调："建设生态文明是中华民族永续发展的千年大计。必须树立和践行绿水青山就是金山银山的理念，坚持节约资源和保护环境的基本国策，像对待生命一样对待生态环

---

① 《生态文明体制改革总体方案》第54条。
② 习近平：《决胜全面建成小康社会　夺取新时代中国特色社会主义伟大胜利——在中国共产党第十九次全国代表大会上的报告》，人民出版社2017年版，第19页。
③ 习近平：《决胜全面建成小康社会　夺取新时代中国特色社会主义伟大胜利——在中国共产党第十九次全国代表大会上的报告》，人民出版社2017年版，第21—22页。

境，统筹山水林田湖草系统治理，实行最严格的生态环境保护制度，形成绿色发展方式和生活方式，坚定走生产发展、生活富裕、生态良好的文明发展道路，建设美丽中国，为人民创造良好生产生活环境，为全球生态安全作出贡献。"①

8. 全国人大修改《宪法》，丰富保护环境基本国策内容和环境法制建设指导思想。第十三届全国人民代表大会第一次会议于 2018 年 3 月 11 日通过《中华人民共和国宪法修正案》。此次修正在宪法序言第七自然段中，将"在马克思列宁主义、毛泽东思想、邓小平理论和'三个代表'重要思想指引下"修改为"在马克思列宁主义、毛泽东思想、邓小平理论和'三个代表'重要思想、科学发展观、习近平新时代中国特色社会主义思想指引下"，增加"科学发展观、习近平新时代中国特色社会主义思想"；在"自力更生，艰苦奋斗"前增写"贯彻新发展理念"；将"推动物质文明、政治文明和精神文明协调发展，把我国建设成为富强、民主、文明的社会主义国家"修改为"推动物质文明、政治文明、精神文明、社会文明、生态文明协调发展，把我国建设成为富强民主文明和谐美丽的社会主义现代化强国，实现中华民族伟大复兴"（可称"《宪法》修正案第三十二条生态文明建设相关内容增改"）。

（二）我国环境法制建设绿色发展时期的成就和前景展望

我国环境法制建设的绿色发展时期才刚刚开始。

这个时期环境法制建设的突出成就是确立了新的可以概括为绿色发展思想的环境法制建设指导思想。

我国环境法制建设进入绿色发展时期的指导思想，亦即作为环境法制建设指导思想的绿色发展思想，是由中国共产党的第十七次、十八次、十九次全国代表大会确立，得到《宪法》确认的科学发展、绿色发展思想，建设生态文明、建设美丽中国思想，实现人与自然和谐和构建人类命运共同体的

---

① 习近平：《决胜全面建成小康社会　夺取新时代中国特色社会主义伟大胜利——在中国共产党第十九次全国代表大会上的报告》，人民出版社 2017 年版，第 23—24 页。

思想（详见第四章）。

在绿色发展思想的指引下，我国的环境法制建设已经取得巨大成就。比如，第十二届全国人民代表大会常务委员会第八次会议于 2014 年 4 月 24 日修订通过的《中华人民共和国环境保护法》把"推进生态文明建设"设为立法目的，做了一系列有利于推进生态文明建设的制度安排。

随着对绿色发展思想的贯彻，在以后的岁月里，我国环境法制建设将取得更大成就。

参考文献：

1.《里约环境与发展宣言》。

2. 徐祥民：《中国环境法的雏形——〈关于保护和改善环境的若干规定（试行草案）〉》，载徐祥民主编《中国环境法学评论》，人民出版社 2019 年版。

3. 徐祥民：《中国环境法制建设发展报告（2010 年卷）》第一章、第二章，人民出版社 2013 年版。

4. 徐祥民主编：《常用中国环境法导读》第一章"《中华人民共和国环境保护法》导读"，法律出版社 2017 年版。

思考题：

1. 为什么环境法先从工业发达国家产生？
2. 谈谈环境保护事务法分支与环境损害种类的关系。
3. 我国环境法制建设探索前进时期的主要成就有哪些？

第四章 我国环境法的指导思想

环境法的指导思想是制定环境法，确定环境法的原则、制度、规范，选择环境保护措施等的指导思想，包括贯穿于环境法体系的和具体环境立法的，对环境法的原则、制度、措施、规范等的确立产生或具有影响的理论学说观点看法等。我国环境法的指导思想经历了一个长期的探索提升的过程。今天，我国已经形成了先进的环境法指导思想。

本章的学习任务包括：（一）我国环境法指导思想的形成和发展；（二）习近平生态文明思想的主要内容。

第一节 我国环境法指导思想的形成发展

我国环境法的建设发展已经告别第一个时期——探索前进时期，进入绿色发展时期。与环境法建设的阶段性相一致，我国环境法的指导思想也发生了巨大的变化。从理论和实践相互作用的角度看，也可以说是环境法指导思想的发展变化推动我国环境法实现了从探索前进时期跃进到绿色发展时期的进步。

一、朴素环境保护思想在我国环境法建设起步阶段发挥了重要指导作用

环境保护是由工业文明带来的以环境污染为典型的环境损害引发的现代事务和人类事业。我国的"环境觉醒"（曲格平先生语）也是被环境污染促发的。起初，发生在日本等资本主义国家的严重污染和在我国一些大中城

市陆续传来的水污染、大气污染等的坏消息引起周恩来、李先念等党和国家领导人对环境问题的警觉。而第一次人类环境会议的召开则给我国领导人和有关部门了解世界各国的环境状况和开展环境保护的情况、省察我国的环境状态提供了极为重要的机会。

另一方面，由工业污染促发的"环境觉醒"与对一个古老而又一直保持着旺盛的社会活力的伟大国家在长期发展中积累起来的资源减少等自然环境问题的思考实现结合，给在起点上是来自域外的环境保护观点提供了与本土的自然环境状况相结合的机会，使我国党和国家领导人、有关部门、学界等对环境保护的思考一开始就具有中外结合、现代问题与历史沉淀结合的特点。

我国最初出现的环境保护思想就是以西方国家以污染防治为中心的环境保护理论与实践为借鉴，以解决我国面临的由工业生产带来的环境污染和作为民族发展之负面沉淀的资源不足、国土绿化程度低、水土流失严重等问题为中心的朴素思想。

(一) 朴素环境保护思想的主要内容

朴素环境保护思想的主要内容包括两个方面：

1. 应对环境污染的思想。在第一次人类环境会议之前，我国党和国家领导人对发生于西方资本主义国家的环境污染，尤其是由污染引起的公害事件就已经有所了解。在我国发生了包括北京官厅水库水污染等事件之后，党和国家领导人对我国与工业化发展有直接关系的环境污染问题也逐渐重视起来。对资本主义国家严重污染的了解和对我国逐渐增多的污染事件的重视两者的结合，使我国党和国家领导人、相关部门形成了一项重要的思想成果，大致说来就是：资本主义国家的工业污染不可避免，社会主义中国的污染问题可以化解。周恩来总理的一段话表达了这一思想："资本主义国家解决不了工业污染的公害，是因为他们的私有制，生产无政府主义和追逐最大利润。我们一定能够解决工业污染，因为我们是社会主义计划经济，是为人民服务的。"[①]

---

① 顾明：《周总理关心环保事业》，载《中国环境保护行政二十年》编委会编《中国环境保护行政二十年》，中国环境科学出版社1994年版，第344页。

我国是社会主义国家，社会主义国家是为人民服务的，不是为私人资本追求利润服务的。社会主义制度应当解决环境污染问题。后来曾任全国人大常委会委员长的万里同志有一段话表达了社会主义制度在本质上应当克服环境损害的思想。他说："保护环境是关系到国民经济发展和造福子孙后代的大问题。保护不保护环境，治理不治理环境污染，是为人民兴利除害，还是听任'三废'污染环境、危害人民，这是对人民的态度问题"，是对我们是否真正为人民服务的"重大考验"。[1]

社会主义制度要求解决环境污染问题，社会主义国家也具有解决环境污染问题的制度优越性。不以追求利润为目的，一切从人民利益出发，为了人民的利益可以阻止污染的发生、减少污染或采取措施降低污染之类不利影响，这是社会主义制度的优越性。

发挥社会主义制度的优越性，我国党和国家领导人、相关部门的同志们想出了解决污染问题的办法。大致说来就是靠管理，靠以为人民服务为宗旨的管理。通过加强管理避免污染的发生、减少污染物排放、降低环境污染之类的危害。

周恩来总理在会见英国《星期日泰晤士报》记者苏利克利·格林时说："我们不能再走资本主义工业化的老路，要少走，不走弯路。"[2] 这是个基本态度——不走后来被概括为"先污染后治理"的资本主义工业化老路。而避开那条老路的办法就是加强管理。1983年12月31日，时任国务院副总理的李鹏同志在第二次全国环境保护会议上明确宣布："只要认真地去管，严格地管，许多问题就能很快解决。"[3] 1986年6月5日，李鹏副总理在世界环境日种植"和平树"仪式上发表讲话，提出营造"清洁、优美、舒适的生产

---

[1] 万里：《保护环境，造福于民》，载《万里环境保护文集》，中国环境科学出版社1998年版，第10页。
[2] 顾明：《周总理关心环保事业》，载《中国环境保护行政二十年》编委会编《中国环境保护行政二十年》，中国环境科学出版社1994年版，第343页。
[3] 李鹏：《环境保护是我国的一项基本国策》，载李鹏《论环境保护》，中国环境科学出版社1997年版，第10页。

生活环境"的愿望。讲话坚信，"只要发挥社会主义制度的优越性，采取正确的方针政策，加强科学管理"，"就一定能够达到这个目的"。①

通过管理实现社会主义制度优越性，防止环境污染这一思想的核心内容有以下几点：

首先，确立预防为主方针。中央领导曾谈道："控制环境污染最有效的方法应该是实施'预防为主'的方针，而不是在污染发生之后再去处理"，"预先防止污染的发生才是积极的"。②

其次，化害为利。周恩来总理曾明确指出："我们要除三害，非搞综合利用不可。我们要积极除害，变'三害'为'三利'。以后搞炼油厂要把废气统统利用起来，煤也一样，各种矿石都要综合利用。"③ 这"综合利用"是变工业"三废"为"三利"的重要途径。中共中央对此也给予了充分肯定。在《中共中央关于开展增产节约运动的指示》（1970年5月29日）中，中央有"综合利用大有文章可做"④ 的指示。在《国务院批转国家计委、国家建委关于官厅水库污染情况和解决意见的报告》（1972年6月12日）中，中央有"综合利用很重要，要注意"⑤ 的指示。第一次全国环境保护会议编制的会议《简报》第2期明确宣布："开展综合利用，是发展生产、消除污染的有效途径。"⑥

---

① 李鹏：《愿子孙后代在和平美好的环境中茁壮成长》，载李鹏《论环境保护》，中国环境科学出版社1997年版，第66—67页。
② 曲格平：《梦想与期待：中国环境保护的过去与未来》，中国环境科学出版社2007年版，第33页。
③ 顾明：《周总理关心环保事业》，载《中国环境保护行政二十年》编委会编《中国环境保护行政二十年》，中国环境科学出版社1994年版，第343页。
④ 转引自曲格平、彭近新主编《环境觉醒——人类环境会议和中国第一次环境保护会议》，中国环境科学出版社2010年版，第235页。
⑤ 转引自曲格平、彭近新主编《环境觉醒——人类环境会议和中国第一次环境保护会议》，中国环境科学出版社2010年版，第235页。
⑥ 全国第一次环境保护工作会议《简报》第2期《综合利用是发展生产消除污染的有效途径》，载曲格平、彭近新主编《环境觉醒——人类环境会议和中国第一次环境保护会议》，中国环境科学出版社2010年版，第275页。

第三,"三同步"和"三统一"。李鹏同志在第二次全国环境保护会议上的讲话对如何处理经济建设和环境保护之间的关系做了大段论述,阐述了"三同步"和"三统一"思想。他说:"我们主张,要把环境污染和生态破坏解决于经济建设的过程之中,使经济建设和环境保护同步发展。通过环境保护工作,创造一个使人们能够更好地工作和生活的良好环境。同时,通过环境来保证和促进经济建设的发展。概括起来说,就是经济建设、城乡建设和环境建设要同步规划、同步实施、同步发展,做到经济效益、社会效益、环境效益的统一。这是我国环境保护的基本方针。"①

第四,"三同时"。国务院副总理李先念同志在第一次全国环境保护会议上阐述了"三同时"的要求。他说:"新建企业,要把'三废'治理措施安排上,和主体工程同时设计、同时施工、同时投产。否则不准开工,不准投产。要在建设中就把消除'三废'污染问题解决好,不要等建设完了以后再去解决,这要作为基本建设的一条纲领。"②

2. 解决长期发展积累起来的环境问题的思想。在环境污染趋于严重的历史条件下,在把西方国家发生的环境公害当作资本主义毒瘤来加以防范的政治氛围中,防治污染成为党和国家领导人、相关部门、相关专家学者环境保护思考的核心主题。不过,我国实际存在且也已呈现出恶化趋势的其他环境问题没有被防治污染的主题所掩盖。

解决长期发展积累起来的环境问题的思想主要涉及以下领域:

第一,绿化祖国,植树造林。1982年3月11日,国务院副总理万里在全民义务植树绿化首都动员大会上的讲话指出:"由于我国森林面积小,覆盖率低,水土流失严重,生态平衡的状况越来越差。这种落后状况,已经严重地影响到国土质量、经济建设和人民生活。为了扭转这种局面,必须采取

---

① 李鹏:《环境保护是我国的一项基本国策》,载李鹏《论环境保护》,中国环境科学出版社1997年版,第5—6页。
② 《李先念副总理讲话》,载曲格平、彭近新主编《环境觉醒——人类环境会议和中国第一次环境保护会议》,中国环境科学出版社2010年版,第242页。

有效措施治理国土,发展林业。这是国家的一项根本大计。"①

第二,保护耕地。万里副总理在兖石铁路建设座谈会上的讲话就谈道:"土地是个大问题","严格控制用地,这是国家的一项大政策"。"设计每一个项目,都要考虑如何占用最少的土地,得到最高的经济效益"。"一定要千方百计节约用地"。"铁路建设、各项基本建设,都不能违背节约每一寸土地的国策"。②

第三,尊重自然规律,保持生态平衡。1982年8月到1986年8月,万里副总理先后在四次谈话中谈到尊重自然规律,保持自然平衡问题。首先,他承认,"从生态平衡看,我们对环境的认识还很不够。"③ 其次,他注意到,"生态环境与我国的社会主义建设有着非常密切的关系。从某种意义上说,它决定着我们建设质量的好坏和速度的快慢。"再次,他主张尊重自然规律,保持生态平衡。他提出,要"把保持生态平衡作为一项重要原则,来指导我们的经济工作"。他还谈道:"我国的现代化建设是在一定的自然环境和社会经济条件下进行的,一切经济工作的成效,既受经济规律的制约,又受自然规律的制约。维护生态平衡实际上是尊重自然规律的问题。"④

第四,防治水土流失。早在1955年3月,中共中央就曾转发王化云的《关于进一步开展水土保持工作的总结报告》,将"黄河流域水土保持工作"判定为"根治黄河最根本的办法",要求陕西、山西、甘肃、河南、河北、内蒙古等地"采取因地制宜的水土保持措施"。⑤ 此后,党中央和国务院一直坚持防治水土流失的政策。万里同志在中央绿化委员会第三次会议上的讲

---

① 万里:《全民义务植树,绿化祖国,造福子孙后代》,载《万里环境保护文集》,中国环境科学出版社1998年版,第10页。
② 万里:《严格控制占用耕地》,载《万里环境保护文集》,中国环境科学出版社1998年版,第17—18页。
③ 万里:《会见由丹麦环境大臣克里斯琴麦克斯坦森率领的丹麦环境与能源代表团时的谈话》(1982年11月11日),载《万里环境保护文集》,中国环境科学出版社1998年版,第25页。
④ 万里:《在全国生态经济平衡科学讨论会暨中国生态经济学会成立大会上的讲话》(1984年2月20日),载《万里环境保护文集》,中国环境科学出版社1998年版,第25—26页。
⑤ 徐祥民主编:《中国环境法全书》第2卷,人民出版社2014年版,第1183页。

话提到的西北"干旱、半干旱和水土流失严重的地区""草灌先行"的绿化方针和"封山育林、封沙育草"①的措施等，实际上都反映了保持水土的需要。第一次全国环境保护会议期间交流的环境保护经验有山西河曲县巡镇公社曲峪大队"植树造林，山村巨变"。该村创立的基本经验可以概括为："土不下山水不出沟"②。其中"土不下山"是我国长期开展水土保持工作取得的重要经验。③

第五，保护动物。1985年11月15日，李鹏副总理在接见英国塔维斯托克侯爵时的谈话中谈道："中国有很多种类的动物。我们正在进行大规模的经济建设，目前还没有更多的力量投入动物保护这项工作。我们已经认识到这项工作的重要性，也取得了一定的成绩。"他说的成绩包括建立丹顶鹤自然保护区、为大熊猫解决食物短缺问题、发现朱鹮等。李鹏副总理此次谈话的主题可以概括为一句话："保护动物是很重要的。"④

第六，珍惜不可再生资源，保护和增殖可再生资源。1987年5月22日，万里副总理为《中国自然保护纲要》写的《序言》对保护资源环境给予了高度重视。《序言》确认一个由资源禀赋与社会繁荣、经济建设需要之间关系决定的不利情况——一方面，"从总体上来说，我国地大物博"；另一方面，"按人均占有量计算，许多重要的自然资源，如耕地、森林、水、某些重要矿藏等资源，均低于世界大多数国家"。这与我国"大规模的经济开发"，同"现代化建设的要求很不适应"。《序言》坦言，"建国以来，我国人民在开发利用和保护自然资源，维护和改善自然生态环境方面做出了巨大的努力，取得了很大的成就"，但同时也发生了"指导思想失误"和一些"开发利用不

---

① 万里：《种树种草，治山治水，利国利民》，载《万里环境保护文集》，中国环境科学出版社1998年版，第44—46页。
② 曲格平、彭近新主编：《环境觉醒——人类环境会议和中国第一次环境保护会议》，中国环境科学出版社2010年版，第420页。
③ 《国务院关于黄河中游地区水土保持工作的决定》，载徐祥民主编《中国环境法全书》第2卷，人民出版社2014年版，第1265—1267页。
④ 李鹏：《保护动物是很重要的》，载李鹏《论环境保护》，中国环境科学出版社1997年版，第57—58页。

当、严重破坏自然资源的事情"。考虑到这两个方面的情况,《序言》表达了对"乱占耕地""盲目开矿"等加强"控制"的愿望,并就可再生资源和不可再生资源分别提出"认真保护,不断增殖"和"合理开发和利用"的要求。①

（二）朴素环境保护思想中的环境保护法制建设思想

朴素环境保护思想的突出特点之一是主张用法律手段保护环境。比如,作为国务院副总理的李鹏同志在全国城市环境保护工作会议闭幕式（1985年10月13日）上的讲话提出:"加强环境管理,要从人治走向法治。"虽然"省长的作用、市长的作用""很大","但是光靠人治还不行,还得靠法治,得有一套管理制度。国家有环境保护法,还有专门的单项法规,各个省、市可以根据国家的基本法,制定地方的保护环境法规、条例、细则,作出具体的规定,使我们的工作有法可依,有章可循。"② 再如,万里同志在为《中国自然保护纲要》题写的《序言》也主张,"为了做好自然保护事业,应……大力加强自然保护的法制建设,把自然保护的原则、方针和政策制度化、法律化,以国家强制力量确保自然保护工作的顺利实施。"③

（三）朴素环境保护思想对环境法制建设的指导作用

朴素环境保护思想,包括其中的用法律手段保护环境的思想,对我国环境法最初的建设发挥了重要的指导作用。

一方面,不管是作为中国环境法诞生标志的《环保规定试行草案》之后的环境保护立法,还是《环保规定试行草案》通过之前的用于保护环境的或与环境保护相一致的立法,比如1963年国务院发布的《关于黄河中游地区水土保持工作的决定》、1964年国务院水土保持委员会发布的《关于水土保持设施管理养护办法（草案）》等,都是在朴素环境保护思想指导下建立的。

---

① 万里:《经济建设必须与自然保护协调发展》,载《万里环境保护文集》,中国环境科学出版社1998年版,第100—101页。
② 李鹏:《城市环境保护要突出综合整治》,载李鹏《论环境保护》,中国环境科学出版社1997年版,第54页。
③ 万里:《经济建设必须与自然保护协调发展》,载《万里环境保护文集》,中国环境科学出版社1998年版,第101—102页。

另一方面，朴素环境保护思想凝聚在我国环境法最初建设时期有代表性的立法中。《环保规定试行草案》和《环保法（试行）》都是我国环境法最初建设的有代表性的法律，它们都是在朴素环境保护思想指导下建立的。比如，《环保规定试行草案》和《环保法（试行）》都接受在由"应对环境污染的思想"和"解决长期发展积累起来的环境问题的思想"构成的朴素环境保护思想指导下确立的"环保三十二字方针"。

《环保规定试行草案》在序言部分提出"贯彻执行'全面规划，合理布局，综合利用，化害为利，依靠群众，大家动手，保护环境，造福人民'的方针"的要求，《环保法（试行）》第4条将用这32字表述的方针确定为"环境保护工作的方针"。该法第4条规定："环境保护工作的方针是：全面规划，合理布局，综合利用，化害为利，依靠群众，大家动手，保护环境，造福人民。"

二、可持续发展主张推动我国环境法迅速发展

由《我们共同的未来》等著作系统阐述的可持续发展思想于20世纪80年代后期影响中国。1988年7月，世界环境与发展委员会访华团的来访对《我们共同的未来》及其主张在我国的传播发挥了重要作用。[①] 1992年的联合国环境与发展会议让世界各国接受同一个口号——可持续发展，也在更大的范围内向中国传播了可持续发展主张。国务院总理李鹏在联合国环境与发展大会首脑会议上的发言确信："保护生态环境，实现持续发展，已经成为世界紧迫而艰巨的任务。"他还向大会提出了"经济发展必须与环境保护相协调"等中国"主张"。[②] 环境与发展会议闭幕之后，外交部、国家环保局向党中央国务院提交了《关于出席联合国环境与发展大会的情况及有关对策的报告》。《报告》提出我国环境与发展十大政策。其中第一条政策是"实施

---

① 于光远：《我与环保》，载《中国环境保护行政二十年》编委会编《中国环境保护行政二十年》，中国环境科学出版社1994年版，第356页。
② 李鹏：《在联合国环境与发展大会首脑会议上的发言》，载李鹏《李鹏论可持续发展》，中国电力出版社2010年版，第229—231页。

持续发展战略"①。1994年3月25日,由国家计委等部门联合参与编制的《中国21世纪议程》经由国务院第16次常务会议讨论通过。《议程》在"序言"中宣布:"必须努力寻求一条经济、社会、环境和资源相互协调的、既能满足当代人的需求而又不对满足后代人需求的能力构成危害的可持续发展的道路"。《议程》的第二章、第三章的标题都使用了"可持续发展"这一词汇。第二章为"中国可持续发展的战略与对策",第三章是"与可持续发展有关的立法与实施"。从这些内容可以看出,《议程》既是中国对环境与发展大会承诺的履行,也是中国接受可持续发展战略的宣言。根据该宣言,我国应当全面实施可持续发展战略。1996年3月5日,李鹏总理在第八届全国人大第四次会议上所作《关于国民经济和社会发展"九五"计划和二零一零年远景目标纲要的报告》就有"实施""可持续发展战略"的明确表达。② 同年7月15日,在第四次全国环境保护会议上的讲话中,李鹏总理把会议的"中心议题"界定为"部署跨世纪的环境保护工作,落实《国民经济和社会发展'九五'计划和二零一零年远景目标纲要》确定的关于环境保护的任务,全面贯彻环境保护……基本国策,努力实施可持续发展战略,促进经济发展和社会全面进步"。③ 9月26日,李鹏总理在会见中国环境与发展国际合作委员会第一届第五次会议部分外方代表时的讲话中确认,"可持续发展"是"中国指导经济社会发展的总体战略",是经《中国二十一世纪议程》和《国民经济和社会发展'九五'计划和二零一零年远景目标纲要》"确定"的发展战略。④

---

① 《中国环境保护行政二十年》编委会编:《中国环境保护行政二十年》,中国环境科学出版社1994年版,第457—458页。
② 李鹏:《关于国民经济和社会发展"九五"计划和二零一零年远景目标纲要的报告》,载中共中央文献研究室编《十四大以来重要文献选编》(中),中央文献出版社2011年版,第720页。
③ 李鹏:《实施可持续发展战略,确保环境保护目标实现》,载李鹏《李鹏论可持续发展》,中国电力出版社2010年版,第299—300页。
④ 李鹏:《可持续发展是中国指导经济社会发展的总体战略》,载李鹏《李鹏论可持续发展》,中国电力出版社2010年版,第316页。

可持续发展是中国在"转变发展战略"①后确定的"指导经济社会发展的总体战略",也是法制建设,尤其是环境法建设的指导思想。李鹏总理在会见中国环境与发展国际合作委员会第一届第四次会议外方代表时的讲话,在明确"坚持可持续发展战略"的基础上,向外方代表介绍了"进一步加强环境法制建设"的中国政府立场。他提出:"今后要进一步加快立法步伐,尽快完善环境保护法律、法规体系。"②按李鹏总理的说法,在我国确定了可持续发展战略之后,一方面,环境法制建设得到了加强;另一方面,更多的环境法律法规或与环境保护相关的法律法规被打上了可持续发展的烙印。《土地管理法(1986年)》等立法目的条的修改对后者是有力说明。(见表4–1)

表4–1：若干法律法规贯彻可持续发展主张修改立法目的条情况简表

法律法规名	贯彻可持续发展主张前		贯彻可持续发展主张后	
	制定(修改)年	相关条款内容	修改年	修改后条款内容
海洋环境保护法	1982	第一条：为了保护海洋环境及资源，防止污染损害，保护生态平衡，保障人体健康，促进海洋事业的发展，特制定本法。	1999	第一条：为了保护和改善海洋环境，保护海洋资源，防治污染损害，维护生态平衡，保障人体健康，促进经济和社会的可持续发展，制定本法。
水污染防治法	1984	第一条：为防治水污染，保护和改善环境，以保障人体健康，保证水资源的有效利用，促进社会主义现代化建设的发展，特制定本法。	2008③	第一条：为了防治水污染，保护和改善环境，保障饮用水安全，促进经济社会全面协调可持续发展，制定本法。

---

① 李鹏：《可持续发展是中国指导经济社会发展的总体战略》，载李鹏《李鹏论可持续发展》，中国电力出版社2010年版，第316页。

② 李鹏：《中国政府关于环境与发展问题的立场》，载李鹏《李鹏论可持续发展》，中国电力出版社2010年版，第269—230页。

③ 尽管这时中国共产党已经提出科学发展观，我国发展的指导思想实际上已经发生变化，但可持续发展主张的持续影响依然强劲。

续表

法律法规名	制定（修改）年	贯彻可持续发展主张前 相关条款内容	修改年	贯彻可持续发展主张后 修改后条款内容
土地管理法	1986	第一条：为了加强土地管理，维护土地的社会主义公有制，保护、开发土地资源，合理利用土地，切实保护耕地，适应社会主义现代化建设的需要，特制定本法。	1998	第一条：为了加强土地管理，维护土地的社会主义公有制，保护、开发土地资源，合理利用土地，切实保护耕地，促进社会经济的可持续发展，根据宪法，制定本法。
大气污染防治法	1987	第一条：为防治大气污染，保护和改善生活环境和生态环境，保障人体健康，促进社会主义现代化建设的发展，制定本法。	2000	第一条：为防治大气污染，保护和改善生活环境和生态环境，保障人体健康，促进经济和社会的可持续发展，制定本法。

三、我国环境法制建设绿色发展时期的指导思想

我国环境法制建设告别探索前进时期进入绿色发展时期的理论原因是新的环境法制建设指导思想的形成和发展。我国环境法制建设绿色发展时期的指导思想是由科学发展观、绿色发展理念和与其紧密联系的生态文明建设思想等构成。

（一）科学发展观、绿色发展理念思想中关于环境法建设的重要论述提出或形成

1. 科学发展观。2003 年 10 月 14 日，胡锦涛总书记在题为《树立和落实科学发展观》的讲话中指出："树立和落实全面发展、协调发展和可持续发展的科学发展观，对于我们更好地坚持发展才是硬道理的战略思想具有重大意义。树立和落实科学发展观，这是二十多年改革开放实践的经验总结，是战胜非典疫情给我们的重要启示，也是推进全面建设小康社会的迫切

要求。"① 这一讲话宣布了"科学发展观"的正式诞生。后来，科学发展观在国家发展建设上的指导地位得到十六届三中全会的充分肯定。（参见第三章"十六届三中全会提出并要求树立和落实科学发展观"）

按照胡锦涛等党和国家领导人的阐述，科学发展观是我国执政党"从新世纪新阶段党和国家事业发展全局出发提出的重大战略思想"②，"是发展中国特色社会主义必须坚持和贯彻的重大战略思想"③，是"运用马克思主义的立场、观点、方法认识和分析社会主义现代化建设的丰富实践，深化对经济社会发展一般规律认识的成果"④，"是对党的三代中央领导集体关于发展的重要思想的继承和发展"，"是同马克思列宁主义、毛泽东思想、邓小平理论和'三个代表'重要思想既一脉相承又与时俱进的科学理论"。⑤

2. 建设生态文明。"建设生态文明"的建设任务最初由党的十七大提出。党的十七大报告根据我国发展建设的需要提出的五项"新的更高要求"中的第五项要求是"建设生态文明"（参见第三章"党的十七大全面建设小康社会的生态文明目标"）。党的十七大报告指出：我们要"建设生态文明，基本形成节约能源资源和保护生态环境的产业结构、增长方式、消费模式。循环经济形成较大规模，可再生能源比重显著上升。主要污染物排放得到有效控制，生态环境质量明显改善。生态文明观念在全社会牢固树立。"⑥

---

① 胡锦涛：《树立和落实科学发展观》，载《胡锦涛文选》第2卷，人民出版社2016年版，第104页。
② 胡锦涛：《在中央人口资源环境工作座谈会上的讲话》，载《十六大以来重要文献选编》（上），人民出版社2008年版，第849—850页。
③ 胡锦涛：《高举中国特色社会主义伟大旗帜　为夺取全面建设小康社会新胜利而奋斗》，载《十七大以来重要文献选编》（上），人民出版社2013年版，第10页。
④ 胡锦涛：《在中央人口资源环境工作座谈会上的讲话》，载《十六大以来重要文献选编》（上），人民出版社2008年版，第849—850页。
⑤ 胡锦涛：《高举中国特色社会主义伟大旗帜　为夺取全面建设小康社会新胜利而奋斗》，载《十七大以来重要文献选编》（上），人民出版社2013年版，第10页。
⑥ 胡锦涛：《高举中国特色社会主义伟大旗帜　为夺取全面建设小康社会新胜利而奋斗》，载《十七大以来重要文献选编》（上），人民出版社2013年版，第627—628页。

（二）绿色发展对可持续发展的超越

可持续发展本质上是经济发展，也就是可持续的经济发展。绿色发展不是经济发展的下位概念，而是与经济发展并列的一种新的发展概念。经济发展，可持续发展也一样，追求"财富""增长"和"物质繁荣"。绿色发展的内涵要丰富得多。《中共中央关于制定国民经济和社会发展第十三个五年规划的建议》把绿色发展称为"生产发展、生活富裕、生态良好的文明发展道路"①。这种发展是关于"生产发展、生活富裕、生态良好"②的上升性变化。绿色发展有三项内涵，即（1）"生产发展"；（2）"生活富裕"；（3）"生态良好"。对于绿色发展概念来说良好环境是内在的，即绿色发展包含良好环境。而对于可持续发展概念来说，良好环境是外在的，即良好环境是为经济发展服务的。经济发展概念本身并不包含良好环境这一含义。

环境，包括良好环境都是发展概念之外的另外一个概念、另外一种事物。而在绿色发展思想中，"保护生态环境"是"发展的题中应有之义"。③环境保护是绿色发展的内容，环境质量的恢复和高标准的环境质量的维护是绿色发展的要求。绿色发展理论的突出贡献就在于把对自然环境的维护或恢复作为发展的任务和目标，而不是把它当成发展的基础或实现发展的条件。

第二节　习近平生态文明思想的主要内容

党的十八大以来的一些重要文献，如《〈十三五规划建议〉说明》《在省部级主要领导干部学习贯彻党的十八届五中全会精神专题研讨班上的讲话》《决胜全面建成小康社会　夺取新时代中国特色社会主义伟大胜利》《宪法修

---

① 《中共中央关于制定国民经济和社会发展第十三个五年规划的建议》，人民出版社2015年版，第9页。

② 习近平：《决胜全面建成小康社会，夺取新时代中国特色社会主义伟大胜利——在中国共产党第十九次全国代表大会上的报告》，人民出版社2017年版，第24页。

③ 习近平：《保护生态环境应该而且必须成为发展的题中应有之义》，载《习近平谈治国理政》（第2卷），外文出版社2017年版，第392页。

正案（2018）》《在深入推动长江经济带发展座谈会上的讲话》《推动我国生态文明建设迈上新台阶》《在黄河流域生态保护和高质量发展座谈会上的讲话》等，集中表达了习近平生态文明思想，《习近平生态文明思想学习纲要》对其进行了科学总结。

一、"山水林田湖草是不可分割的生态系统"

习近平总书记多次提到，山水林田湖或山水林田湖草沙，是不可分割的生态系统。这些话既是对自然环境系统性的发现，也包含了对开展环境保护的一般要求——"系统防治"，就是在环境损害防治上采取符合环境系统特性的系统的防治手段。2014年3月14日，习近平总书记在中央财经领导小组第五次会议上的讲话指出："生态是统一的自然系统，是各种自然要素相互依存而实现循环的自然链条。""山水林田湖是一个生命共同体"[1]。环境不是某种要素，也不是多种要素的各自存在。按《生态文明体制改革总体方案》的分析，环境是由分布于"山上山下、地上地下、陆地海洋以及流域上下游"的多种"要素"组成的"系统"。保护具有系统性特点的环境，必须尊重、顺从环境的系统性。包括"统筹考虑自然生态各要素、山上山下、地上地下、陆地海洋以及流域上下游，进行整体保护、系统修复、综合治理"[2]。

适应环境的系统性特点，其活动对特定环境系统产生影响的所有主体、所有地区、所有部门应一起参与对特定环境系统的保护，在对特定环境系统的保护上采取协调行动。按照环境的系统性特点，把与特定环境系统保护和利用相关事项交给一个部门管理，比分散给多个部门管理更加有效。在制定全面深化改革方案时习近平同志就谈道："如果种树的只管种树、治水的只管治水、护田的单纯护田，很容易顾此失彼"。而"由一个部门负责领土范围内所有国土空间用途管制职责，对山水林田湖进行统一保护、统一修

---

[1] 习近平：《在中央财经领导小组第五次会议上的讲话》，载中共中央文献研究室编《习近平关于社会主义生态文明建设论述摘编》，中央文献出版社2017年版，第55—56页。

[2] 《生态文明体制改革总体方案》，《人民日报》2015年9月22日。

复"①，就既可以在采取环境保护措施时避免顾此失彼，又便于协调相关主体的行动。

二、"有多少汤泡多少馍"

习近平总书记在谈生态系统的整体防治环境损害，就是在环境损害防治上采取符合环境整体性特点的防治手段。习近平总书记在谈论环境保护时常说的一句话是"算整体账"②。他要算的"整体账"中的"整体"的重要内涵是作为自然对象的环境的整体。长江流域是一个整体，黄河流域是一个整体，地处青海的"三江源"地区与以这里为重要源头的黄河、长江、澜沧江三大流域分别构成三个流域整体。流域的整体性就是环境的整体性，就是人类环境的整体特性的一种表现形式。保护环境就是保护以整体形式存在的环境。对客观上具有整体性的环境实施保护必须树立整体观。在省部级主要领导干部学习贯彻党的十八届五中全会精神专题研讨班上，习近平总书记就对与会的"省部级主要领导干部"提出要"在生态环境保护上"树立"整体观"③的要求。

环境具有整体性，所有的环境客观上都表现为一定的环境单元。环境的这一特性要求环境保护工作必须首先把环境当作整体来对待。比如，处于同一环境单元中的不同地方、不同部门必须采取一致的或彼此协调的行动。习近平总书记对处于"长江经济带"上的"地区""城市"等提出的"从整体出发""形成整体合力"④的要求就是希望众多的地区、单位在长江流域环境保护上采取一致的或彼此协调的行动。

---

① 习近平：《关于〈中共中央关于全面深化改革若干重大问题的决定〉的说明》，《理论学习》2013年第12期。
② 《习近平在云南考察工作时强调：坚决打好扶贫开发攻坚战，加快民族地区经济社会发展》，《人民日报》2015年1月22日；习近平：《推动我国生态文明建设迈上新台阶》，《求是》2019年第3期。
③ 习近平：《在省部级主要领导干部学习贯彻党的十八届五中全会精神专题研讨班上的讲话》，人民出版社2016年版，第19页。
④ 《习近平在深入推动长江经济带发展座谈会上的讲话》，《人民日报》2018年6月14日。

环境具有整体性，具有整体性的环境一定具有有限性。所有的环境单元的环境承载力都一定是有限的。保护环境必须首先接受环境的有限性，对环境做有限的利用。"有多少汤泡多少馍"① 就是要求对环境做有限利用。实行总行为控制制度，比如习近平总书记提到过的"用水总量管理"控制②，对"承载能力减弱的区域""实行优化开发"③ 等，都是希望用通过控制总行为的办法将人类活动对环境的影响控制在环境的"承载能力"极限之内。

三、提高生态环境专业治理水平

习近平总书记关心党领导生态文明建设的能力和水平建设，提出提高生态环境治理专业水平的要求。④ 这些要求反映了总书记科学防治环境损害、科学开展生态文明建设的一贯思想。在深入推动长江经济带发展座谈会上的讲话中，习近平总书记指出："我讲过'长江病了'，而且病得还不轻。治好'长江病'，要科学运用中医整体观，追根溯源、诊断病因、找准病根、分类施策、系统治疗。这要作为长江经济带共抓大保护、不搞大开发的先手棋。要从生态系统整体性和长江流域系统性出发，开展长江生态环境大普查，系统梳理和掌握各类生态隐患和环境风险，做好资源环境承载能力评价，对母亲河做一次大体检。要针对查找到的各类生态隐患和环境风险，按照山水林田湖草是一个生命共同体的理念，研究提出从源头上系统开展生态环境修复和保护的整体预案和行动方案，然后分类施策、重点突破，通过祛风驱寒、舒筋活血和调理脏腑、通络经脉，力求药到病除。"⑤ 不管是"追根溯源、诊

---

① 习近平：《在黄河流域生态保护和高质量发展座谈会上的讲话》，《求是》2019年第20期。
② 习近平：《在十八届中央政治局第六次集体学习时的讲话》，载中共中央文献研究室编《习近平关于社会主义生态文明建设论述摘编》，中央文献出版社2017年版，第45页。
③ 习近平：《在中央城镇化工作会议上的讲话》，载中共中央文献研究室编《十八大以来重要文献选编》（上），中央文献出版社2016年版，第600页。
④ 中共中央宣传部、中华人民共和国生态环境部：《习近平生态文明思想学习纲要》人民出版社2022年版，第23—25页。
⑤ 《习近平在深入推动长江经济带发展座谈会上的讲话》，《人民日报》2018年6月14日。

断病因、找准病根""开展长江生态环境大普查，系统梳理和掌握各类生态隐患和环境风险，做好资源环境承载能力评价，对母亲河做一次大体检"，还是"分类施策、系统治疗"，"祛风驱寒、舒筋活血和调理脏腑、通络经脉"，都是要运用科学技术手段，都是科学施治。

习近平总书记这段话提到的科学技术手段包括"环境大普查""生态隐患和环境风险"调查（"系统梳理和掌握"）、"环境承载能力评价"、制定"生态环境修复和保护整体预案和行动方案"。这些科学技术手段都应当成为我国环境损害防治工作采用的手段。

四、"把保护放在优先位置"

习近平总书记对环境保护、生态文明建设重要性的认识集中表达为"生态优先"[1]。比如，在阐述对长江共抓大保护，不搞大开发时，他要求坚持生态优先。再如，在中央全面深化改革领导小组第三十五次会议讨论海域和无居民海岛使用管理时，习近平总书记谈道，"对需要严格保护的海域、无居民海岛"，就应按照"保护优先"的方针，划入保护范围，"严禁开发利用"。[2]

习近平总书记"把保护放在优先位置"[3]的科学依据是人类环境利益的许多方面"没有替代品，用之不觉，失之难存"[4]。因为重大环境利益"用之不觉，失之难存"，所以，当环境保护和经济社会发展的需要两者之间发生矛盾时，应当将环境保护放在优先位置。在长江流域的发展建设上做出"共抓大保护，不搞大开发"的选择就是对"环保优先"方针的贯彻。

---

[1] 中共中央宣传部、中华人民共和国生态环境部：《习近平生态文明思想学习纲要》，人民出版社2022年版，第66页。

[2] 《习近平主持召开中央全面深化改革领导小组第三十五次会议》，《人民日报》2017年5月24日。

[3] 中共中央国务院：《关于加快推进生态文明建设的意见》，载《十八大以来重要文献选编》（中），中央文献出版社2018年版，第486页。

[4] 《习近平在省部级主要领导干部学习贯彻党的十八届五中全会精神专题研讨班上的讲话》，《人民日报》2016年5月10日。

贯彻环境保护优先方针的重要措施是作规划。习近平总书记在深入推动长江经济带发展座谈会上的讲话中提到的"按照主体功能区定位,明确优化开发、重点开发、限制开发、禁止开发的空间管控单元"①,实际上就是运用规划手段将环境保护事项"优先"安排在包括"主体功能区定位"在内的规划中。

五、"地球是人类的共同家园"

习近平总书记清楚地注意到"人类只有一个地球,地球是全人类赖以生存的唯一家园"。地球是人类的共同家园,在地球家园的建设上,人类是利益共同体。在环境保护上,人类也构成所在环境单元的环境共同体。环境共同体成员需要共同承担环境损害防治任务,协调一致地开展环境损害防治工作。

习近平总书记在全国生态环境保护大会上的讲话中提到的人类命运"共同体"②就是环境共同体。已经遭受损害和有被损害之虞的人类环境都是具体的环境单元。既受相关环境单元荫蔽,其行为对环境单元又具有不利影响的人群是一个环境共同体。环境共同体成员应当一起采取行动防止所处环境单元遭受新的或更大损害,医治其已经遭受的损害。习近平总书记为防治全球气候变化向世界各国发出的"同舟共济"③的号召就是要求全球气候变化命运共同体的成员们为共同体的利益采取一致行动。习近平谈道:"面对生态环境挑战,人类是一荣俱荣、一损俱损的命运共同体,没有哪个国家能独善其身。唯有携手合作,我们才能有效应对气候变化、海洋污染、生物保护等全球性环境问题,实现联合国 2030 年可持续发展目标。只有并肩同行,才能让绿色发展理念深入人心、全球生态文明之路行稳致远。"④

---

① 《习近平在深入推动长江经济带发展座谈会上的讲话》,《人民日报》2018 年 6 月 14 日。
② 习近平:《推动我国生态文明建设迈上新台阶》,《求是》2019 年第 3 期。
③ 习近平:《推动我国生态文明建设迈上新台阶》,《求是》2019 年第 3 期。
④ 习近平:《共谋绿色生活,共建美丽家园——在二〇一九年中国北京世界园艺博览会开幕式上的讲话》,《人民日报》2019 年 4 月 29 日。

环境共同体共同应对环境损害的必要制度措施是实行生态补偿。① 这里说的生态补偿是环境共同体对共同体内部那些为保护所处环境单元做出贡献甚至牺牲的个体或行政区、国别的补偿。

六、保护环境必须依靠制度、依靠法治

习近平总书记要求"用最严格制度最严密法治"保护环境，为防治环境损害设定禁限，通过严格执行禁限措施预防环境损害的发生，治理已经发生的环境损害。

在全国生态环境保护大会上的讲话中，习近平总书记提出，要"用最严格制度最严密法治保护生态环境"，要"让制度成为刚性的约束和不可触碰的高压线"②。不管是"刚性的约束"，还是"不可触碰的高压线"，作为"最严格制度最严密法治"，首先表现为尺度，以禁止和限制为基本内容的尺度。

环境保护中使用的最有效的禁限措施是建立保护区。制划"生态红线"是我国广泛使用的环境损害防治禁限措施。习近平总书记对建立环境保护区（也称生态保护区）、使用"生态红线"制度等，都给予了高度的重视。

七、对生态文明建设实行责任制，做到"真追责、敢追责、严追责"，"终身追责"

习近平生态文明建设思想的重要内容之一是建立领导干部生态建设责任制，且严格问责。"严问责"中的问责是对问责、追责等的统称，具体指对负有环境损害防治管理责任的领导干部和职能部门工作人员问责。

问责的前提是赋责，或施加责任。根据环境保护是国家大政的前提性

---

① 党的十九大报告第九章"加快生态文明体制改革，建设美丽中国"有"建立市场化、多元化生态补偿机制"（习近平《决胜全面建成小康社会　夺取新时代中国特色社会主义伟大胜利——在中国共产党第十九次全国代表大会上的讲话》，人民出版社2017年版，第52页）的要求。

② 《习近平在全国生态环境保护大会上强调：坚决打好污染防治攻坚战，推动生态文明建设迈上新台阶》，《人民日报》2018年5月20日。

判断，处于环境保护岗位和与环境损害防治有关的领导地位或管理岗位的领导干部和工作人员，应当承担保护环境防治环境损害的责任。环境保护法和其他相关法律应当明确规定他们的责任。

在赋责的前提下，严问责就是让未能履行职责的有责者接受处罚。习近平总书记提出："要建立科学合理的考核评价体系，考核结果作为各级领导班子和领导干部奖惩和提拔使用的重要依据。对那些损害生态环境的领导干部，要真追责、敢追责、严追责，做到终身追责。"①

八、"有效防范生态风险"，守住环境"底线"

对环境保护面临的任务的性质，习近平总书记有充分的认识。2013年5月24日，习近平总书记在十八届中央政治局第六次集体学习时明确指出："我们的生态环境问题已经到了很严重的程度"②。在中央财经领导小组第五次会议上的讲话中，他把环境损害称为"河川之危""生存环境之危""民族存续之危"。③ 面对严重的环境问题，习近平总书记一再强调要"有效防范生态风险"，坚决守住环境"底线"。习近平总书记在青海考察时向当地党政领导同志提出的要求就是"坚决守住生态底线"④。

守环境"底线"的基本方法是划定环境保护红线并严守之。在十八届中央政治局第四十一次集体学习时的讲话中，习近平总书记提到"生态功能保障基线、环境质量安全底线、自然资源利用上线三大红线"⑤。这"三大红线"都是环境保护红线或"生态红线"（可称"三大生态红线"）。

---

① 《习近平在全国生态环境保护大会上强调：坚决打好污染防治攻坚战，推动生态文明建设迈上新台阶》，《人民日报》2018年5月20日。

② 习近平：《在十八届中央政治局第六次集体学习时的讲话》，载中共中央文献研究室编《习近平关于社会主义生态文明建设论述摘编》，中央文献出版社2017年版，第99页。

③ 习近平：《在中央财经领导小组第五次会议上的讲话》，载中共中央文献研究室编《习近平关于社会主义生态文明建设论述摘编》，中央文献出版社2017年版，第53页。

④ 《习近平在青海考察时强调：尊重自然顺应自然保护自然，坚决筑牢国家生态安全屏障》，《人民日报》2016年8月25日。

⑤ 习近平：《在十八届中央政治局第四十一次集体学习时的讲话》，载中共中央文献研究室编《习近平关于社会主义生态文明建设论述摘编》，中央文献出版社2017年版，第37页。

九、生态文明建设是"国之大者"

习近平总书记把生态文明建设和环境保护看作是重大政治，要求各级党委政府把生态文明建设摆在全局工作的突出位置。在"五位一体"总体布局中，生态文明建设是其中一"位"，支撑这一"位"的环境保护不能不是国家的基本政治。保护环境是《宪法》确定的"基本国策"，执行基本国策的行动一定是国家的基本政治。在党的十九大报告中，习近平总书记把"建设生态文明"称为"中华民族永续发展的千年大计"[1]。在全国生态环境保护大会上的讲话中，习近平总书记强调："生态环境是关系党的使命宗旨的重大政治问题，也是关系民生的重大社会问题。"[2]

因为环境保护是国家的大政，所以，应当把环境保护纳入最重要的国家管理工具——国民经济和社会发展规划之中。因为环境保护是国家的大政，所以，应当为环境保护工作制定多年规划和当年规划，应当建立环境保护基本规划、专项规划等。

因为环境保护是国家的大政，所以，它应当成为党和国家有关机关及其工作人员的"政治责任"。在全国生态环境保护大会上，习近平总书记要求"各地区各部门""坚决担负起生态文明建设的政治责任"。他还进一步强调："地方各级党委和政府主要领导是本行政区域生态环境保护第一责任人，各相关部门要履行好生态环境保护职责，使各部门守土有责、守土尽责，分工协作、共同发力。"[3]

---

[1] 习近平：《决胜全面建成小康社会 夺取新时代中国特色社会主义伟大胜利——在中国共产党第十九次全国代表大会上的讲话》，人民出版社2017年版，第23页。

[2] 《习近平在全国生态环境保护大会上强调：坚决打好污染防治攻坚战，推动生态文明建设迈上新台阶》，《人民日报》2018年5月20日。

[3] 《习近平在全国生态环境保护大会上强调：坚决打好污染防治攻坚战，推动生态文明建设迈上新台阶》，《人民日报》2018年5月20日。

十、生态文化是中国特色社会主义文化的重要组成部分

习近平总书记曾指出："抓生态文明建设，既要靠物质，也要靠精神。"[①] 他把生态文化看作是中国特色社会主义文化的重要组成部分，要求建立健全以生态价值观念为准则的生态文化体系，弘扬生态文明主流价值观，倡导尊重自然、爱护自然的绿色价值观念，建设有利于协调人天关系，化解人天关系危机的文化。

党的十九大报告在部署"推进绿色发展"时提出，"倡导简约适度、绿色低碳的生活方式，反对奢侈浪费和不合理消费，开展创建节约型机关、绿色家庭、绿色学校、绿色社区和绿色出行等行动"[②]。这些都是对建设环保文化的要求。在 2019 年中国北京世界园艺博览会开幕式上的讲话中，习近平总书记提出，"我们应该追求热爱自然情怀。'取之有度，用之有节'，是生态文明的真谛。我们要倡导简约适度、绿色低碳的生活方式，拒绝奢华和浪费，形成文明健康的生活风尚。要倡导环保意识、生态意识，构建全社会共同参与的环境治理体系，让生态环保思想成为社会生活中的主流文化。要倡导尊重自然、爱护自然的绿色价值观念，让天蓝地绿水清深入人心，形成深刻的人文情怀。"[③]

参考文献：

1. 习近平：《推动我国生态文明建设迈上新台阶》，《求是》2019 年第 3 期。

2. 中共中央宣传部、中华人民共和国生态环境部：《习近平生态文明思想学习纲要》，人民出版社 2022 年版。

[①] 中共中央宣传部、中华人民共和国生态环境部：《习近平生态文明思想学习纲要》，人民出版社 2022 年版，第 93 页。

[②] 习近平：《决胜全面建成小康社会，夺取新时代中国特色社会主义伟大胜利——在中国共产党第十九次全国代表大会上的讲话》，人民出版社 2017 年版，第 51 页。

[③] 习近平：《共谋绿色生活，共建美丽家园——在二〇一九年中国北京世界园艺博览会开幕式上的讲话》，《人民日报》2019 年 4 月 29 日。

3. 徐祥民：《从立法目的看我国环境法的进一步完善》，《晋阳学刊》2014 年第 6 期。

4. 徐祥民：《绿色发展思想对可持续发展主张的超越与绿色法制创新》，《法学论坛》2018 年第 6 期。

思考题：

1. 试述习近平生态文明和环境法建设思想的主要内容。

2. 谈谈你对科学发展观、绿色发展理念、生态文明建设思想的理解。

第五章　环境法的体系

环境法体系就是环境法这个法律部门的内部结构体系。由于环境法是一个新生的法律部门，它自身还处在成长、完善的过程之中，因而我们还必须等待环境法建设的实践去慢慢描绘这个部门的完整形态。本章要探讨的环境法体系就是这个正处在不断完善过程中的法律部门的内部结构体系。

本章的主要任务是了解环境法体系。其中包括：（一）关于环境法体系的一般知识；（二）环境保护事务法；（三）环境保护手段法。

第一节　作为一个法律部门的环境法体系

对环境法的学习，从法律体系构成的角度来看就是对环境法部门的学习。因此，我们应当对这个法律部门的内部结构有清楚的认识。以往不少学者都对环境法体系进行过研究，在不少教科书中也都有对环境法体系的论述，但学界并没有对环境法体系的界定达成一致。现在，我们只能在法律体系一般知识的指导下，从环境法建设的现状和发展趋势上认识环境法体系。

一、环境法体系的概念及特征

对环境法体系的认识涉及对作为环境法体系上位概念法律体系的理解。要正确界定环境法体系必须先做"正本清源"的工作，厘清法律体系这个上位概念的含义。

法律体系不是一个对其界定已经形成定论的概念。为多数学者所接受的观点是把法律体系理解为"由一个国家的全部现行法律规范分类组合不同的法律部门而形成的有机联系的统一整体"[①]。

法律体系不同于立法体系，两者之间有明显的区别。立法体系也被称为法律渊源体系，它是指与国家立法体制相关联的，由各个有权机关以法定权限和程序制定的各种规范性法律文件所构成的整体。法律体系也称为法的体系、部门法体系，通常是指由一个国家现行的各个部门法构成的有机联系的统一整体。法律体系的基本因素是法律规范，而立法体系的基本因素是法律文件及其条文；法律体系是由法的部门、法律制度及法律规范等构成，而立法体系反映发布文件的国家机关的等级序列；法律体系以法调整的社会关系和调整的方法等的不同形成法律部门，而立法体系以立法权的高低形成法的不同位阶；法律体系建设的重点是形成相对完备的部门法，立法体系建设的重点是形成完整的法律渊源体系。

环境法体系是法律体系意义上的体系。作为一国法律体系中的一个特定法律部门的内部系统，它是由其所调整的社会关系领域和所运用的调整手段等所决定的呈横向展开状态的法律体系，是以法律规范、具体的法律制度等为构成要件组成的体系。

根据以上分析，我们可以给环境法体系如下定义：环境法体系是由为实现保护环境的目的而创制的和反映环境保护要求的法律规范等所构成的法律系统。

环境法体系具有如下特点：

1. 环境法体系是一国法律体系的组成部分。一国的法律体系由若干个部门法组成，环境法是现代国家法律体系中的法律部门之一。环境法部门自成一个体系，而这个体系又是国家的整个法律体系的组成部分。如果把一国的法律体系视为一个大系统，那么，环境法则是这个系统中的一个子系统。

2. 环境法体系主要是由现行的环境法律规范构成的系统。这个体系并

---

① 沈宗灵：《法理学》，高等教育出版社 1994 年版，第 324 页。

不十分关注规范的由来，因而在这个系统中既有国家立法机关创制的规范，也有地方国家机关建立的规范；既有出于立法权的行为准则，也有产生于司法活动的有约束力的法律原则、判例等。从理论上说，环境法体系不拒绝判例和习惯。判例法系国家在实践中承认判例和习惯的法律效力。

3. 环境法体系由为实现保护环境的目的而创制的和反映环境保护要求的法律规范构成。其创制的途径有立法（产生制定法）和判决（产生判例法），而在立法这种创制途径中，除制定法律法规之外，还包括缔结或参加国际条约。也就是说，环境法体系的构成成分的载体除国家有权机关制定的法律法规等法律文件和审判机关创制的判例之外，还有国家缔结或参加的国际条约。

4. 环境法体系的创立服务于保护环境的目的。这一目的来自调整环境社会关系的需要，归根结底来自防治环境损害的需要。国家有了保护环境的要求才创立了环境法部门。一般来说，国家保护环境的基本法律主张落实在《宪法》中。因此，环境法体系是以《宪法》关于保护环境的有关规定为指导原则，以环境基本法为主体的法律系统。在这个意义上，《宪法》的有关规定不是法律渊源上的最高权威，而是对于整个环境法体系的统帅。同样，环境基本法（如果国家制定了环境基本法的话）的所谓"基本"要表达的不是这一法律文件是否出于国家最高的立法机关，而是在环境法体系内部职能分工上负责设定国家环境法体系的基本框架，规定这个法律系统中的基本制度、基本原则等，或实际上完成了此类法律建造。

5. 环境法体系的形成反映环境社会关系和环境损害防治手段建设的状况。环境社会关系是为防治环境损害而结成的和在环境损害防治中发生的社会关系。环境社会关系的结成和实际发生、环境损害防治手段选择和系统化建设对环境法体系的形成和发展具有影响力。反过来，环境法体系的形成和发展也会推动环境社会关系的固化和相关环境损害防治手段系统化程度的提高。

一方面，环境保护的实际需要既推动社会关系的结成，也推动环境法的建设，而社会关系的结成和环境法建设两者是相互作用的。不管是环境社会关系的结成还是环境法的建设，都会对对方产生推动作用。

另一方面，环境保护的实际需要既推动环境损害防治手段的选择和系统化水平的提高，也推动环境法的建设，而环境损害防治手段建设和环境法建设两者也是相互作用的。环境损害防治手段建设和环境法建设都会对对方提出相应的要求，影响对方的建设和发展。

二、环境法体系的构成

环境法体系的构成是指环境法体系的内部构造。这是一个边界先定的论题。但是回答这个本身已划定了边界的论题，我们却面临两个方面的任务：一方面是对边界内的各项元素及其相互关系等进行分类处理，以找出环境法律体系的内部结构；另一方面是厘清边界，因为所谓环境法体系，其边界并不是这个概念本身就能说清楚的，尽管从逻辑上来看它是有明确边界的。

（一）环境法体系的两个子系统

如果说一国的法律是由若干部门法（有时也包括环境法）构成的法律系统，那么，环境法体系作为独立于其他法律部门之外的一个法律系统也由若干个子系统组成。环境法体系是由几个子系统组成呢？学界有不同的看法。比较传统的看法认为，环境法有两个子系统：一是环境污染防治法；二是资源保护法。有的学者认为，环境法体系由三个子法律部门构成，即污染防治法、自然资源法、生态保护法。还有的学者认为有四个子法律部门。这种看法是在三个子法律部门观点所说的污染防治法等三者之外再加上一个防灾减灾法。

本书认为，环境法体系这个大系统包括两个子系统：一是环境保护事务法系统；二是环境保护手段法系统。

环境保护事务法中的事务是指直接作用于防治对象或保护对象的具体环境事务。例如，在水污染防治工作中对水污染这一防治对象的防（如减少污水排放量）和治（如清除排入河流的油污）。再如，为了防治濒危物种灭绝采取禁止捕猎、实施人工繁育、建立保护区等方法对其实施保护。又如，为了防治荒漠化开展植树种草工作。环境保护事务法是关于直接作用于防治对象或保护对象的具体环境事务的性质、内容、参与主体、管理体制、工作程序、法律责任等的法。如规范污染防治事务的《水污染防治法》、规范资源损害防治事务的《矿产资源法》、规范生态损害防治事务的《野生动物保护法》、规范自然地理环境损害防治事务的《水土保持法》等。

环境保护手段法中的手段是指具有防治环境损害的功能，广泛应用于多种环境保护事务领域的系统方法。比如环境标准，既适用于污染防治领域，比如污染物排放标准、作为保护对象的环境的质量标准（比如海洋环境质量标准），也适用于资源损害防治、生态损害防治等领域，比如渔业资源可捕捞标准、自然保护区管理标准、草原载畜量标准、矿产资源开采回采率标准等。环境保护手段法是关于具有防治环境损害的功能，广泛应用于多种环境保护事务领域的系统方法的构造、适用范围、操作规范等的法律。在我国现行法中有以《清洁生产促进法》《循环经济促进法》为典型的环保引导激励和产业政策法，有规定于《水法》《水污染防治法》《渔业法》《海洋环境保护法》《自然保护区条例》等法律法规中的环境标准法，有可以适用于污染防治、资源损害防治、生态损害防治、自然地理环境损害防治各环境保护事务领域的《环境影响评价法》等。

（二）我国环境法的"4+5"体系

我国环境法的"4+5"体系是指由环境保护事务法系统中的"4"，即4个支系统和由环境保护手段法系统中的"5"，即5个支系统构成的体系。环境保护事务法系统的4个支系统是资源损害防治法系统、污染损害防治法系统、生态损害防治法系统和自然地理环境损害防治法系统；环境保护手段法系统的5个支系统是环保科学技术手段法系统、环保监督管控法系统、环保引导激励和产业政策法系统、环境强制保护和环保规划法系统、环保公众参与法系统。

环境保护法是反映为防治环境损害而结成的社会关系和在环境损害防治中发生的社会关系的法，对不同种类的环境社会关系的反映形成不同的法律分支。如对为防治污染而结成的社会关系或在污染损害防治中发生的社会关系的反映形成污染防治法分支，对为开展环境影响评价而结成的社会关系和在环境影响评价中发生的社会关系的反映形成环境影响评价法。同样，为防治环境损害而结成的社会关系和在环境损害防治中发生的社会关系可以划分为不同种类，而反映不同种类环境社会关系的法则可形成更小的系统。如在污染防治社会关系中可以分出海洋污染防治社会关系，而在海洋污染防治社会关系中又可分出海洋倾废管理社会关系、船源污染防治社会关系等。与之相应，污染防治法可以分出海洋污染防治法分支，在海洋污染防治法分支中又可分出陆源污染防治法、船源污染防治法、海洋倾废污染防治法、海洋工程污染防治法和海岸工程污染防治法等。

环境法体系的内部结构不是环境法律法规等法律文件的简单组合。环境法体系的子系统并不等于单行环境法律法规。说环境法体系的子系统之一是污染防治法，这并不意味着一定存在一个被命名为污染防治法的法律文件。反过来，国家虽然有废品回收法，我们也不一定把它提升为法律体系中的一个系统，更不必一定把它确定为环境法体系中的一个系统，因为废品回收说到底无非出于两个目的：一是防止废品污染环境；二是节约资源。在环境法体系中，服务于这两个目的的法律规范分别属于污染防治法和循环经济促进法。总之，环境法体系及其各子系统、支系统不等于被冠以某个称号的法律法规。当然，在各国立法中常见的《土地管理法》《森林管理法》等法律文件不等于环境法体系中的子系统。

（三）环境法体系建设中的"4有余，5不足"

"4有余，5不足"是说，作为环境保护事务法的4支队伍已经足够，而作为手段法的5支队伍似乎还不够。环境保护事务法4个支系统的"有余"主要表现为两点：第一，生物资源损害防治与生态损害防治之间界限不易划清；第二，自然地理环境损害防治法这个分支具有开放性，可以接纳可能出现的新的环境保护事务领域。环境保护手段法5个支系统的所谓"不足"主要表现在：第一，被归并在一个分支中的一些更小的法律分支具有"独立"倾向；第二，有些分支显然还处在生长过程中，或许将来会成为比现在已经比较成熟的那些分支更丰满的分支。

三、环境法是一个独立的法律部门

当我们通过解剖法律体系从中析解出环境法体系的时候，环境法取得了一个独立的法律部门的身份。环境法体系的内部结构也显示了环境法自成体系足以构成一个独立的法律部门的特点。那么，环境法究竟是否可以构成一个独立的法律部门呢？或者说，法治实践中产生的环境法是否具有构建独立法律部门的条件呢？我们认为，环境法可以构成一个独立的法律部门，具备构建独立法律部门的条件。从环境保护的需要来看，也有必要把环境法积极培育成独立的法律部门。

第一，环境法有特殊的立法目的。任何一个法律部门都是服从一个统一的立法目的而形成的法律规范体系。民法以维护公民、法人的人身权、财产权，调整平等主体间的人身和财产关系为目的或宗旨。刑法以保护国家、集体和个人的人身、财产和其他权益，打击犯罪为目的。环境法也有自己特殊的立法目的，那就是防治环境损害，也就是社会公众常说的保护环境。环境法是防治环境损害的法，环境法已形成"4+5"体系。

第二，环境法有特定的调整对象。所谓调整对象也就是特定的社会关系领域。沈宗灵先生指出，"划分部门法的标准主要是法律所调整的不同社会关系，即调整对象"，而不同"社会关系""实际上是指社会关系的不同领域"。[①] 环境法有自己特定的调整对象，这个调整对象是为防治环境损害而结成的和在环境损害防治中发生的社会关系，简称环境社会关系。

第三，环境法有独特的学理基础。任何一个法律部门都有自己的学理基础，而环境法更有其独特的学理基础。环境科学、生态科学构成了环境法独特的科学依据。在 21 世纪初由中国政府和中国执政党所提出的科学发展观和生态文明建设思想，作为习近平新时代中国特色社会主义思想之组成部分的习近平生态文明和环境法建设思想是环境法的学理基础，当然首先是中国环境法的学理基础。在这种学理基础上只能生长出环境法，不能产生其他

---

① 沈宗灵：《法理学》，高等教育出版社 1994 年版，第 326—327 页。

法律部门。与这个学理基础相适应的只有环境法，其他任何法律部门都缺乏这种适应性。

第四，环境法有特殊的人类需求的支撑。任何一个法律部门都是某种强烈的人类需求的产物。惩治犯罪的人类需求推动刑法的发展；维护婚姻、家庭关系的人类需求是婚姻家庭法长盛不衰，永不枯竭的动力。人类环境状况的不断恶化给人类提出了保护环境的历史任务。保护和改善环境既是具体的国家，也是全人类的共同需要。强烈而又普遍的保护环境的需要不仅会催生出保护环境的政策、培育起普遍的环境伦理，而且也必然影响到法治建设，创造出能够满足保护环境需要的法律。这种法律只能是环境法，其他任何一个法律部门都无法满足人类保护环境的需要。事实上，随着环境损害的逐步加剧，人类保护环境的任务越来越急迫，环境法作为一个独立的法律部门也正逐渐走向成熟。

四、环境法体系的边界

环境法是一个后起的法律子系统，是在刑法、民法等法律部门已经充分发达之后才突然出现的一个法律系统。由于诞生时曾借用成熟的法律部门的形式，这个法律系统难免给人以从其他法律部门夹缝中冒出来的感觉以及与其他法律部门彼此粘连，难分彼此的模糊印象。一些学者所说的环境私法、环境刑法等就是这种模糊印象引起的模糊概念。不过，学者笔下的环境私法、环境刑法等不是环境法，而是与环境有关联的民法和刑法或其它法。

1.一些学者所称的"环境私法""环境刑法"等不是环境法体系的组成部分。中国一些学者曾使用过"环境私法"这一概念。他们把处理"环境损害应适用之私法规范"，包括"侵权行为法、产品责任法、契约法、消费者保护法"等"可适用于环境损害之其他民事规范"都称为"环境私法"。[①] 这些"私法"都是传统民法体系中的内容，是民法为处理环境侵权等新兴民事纠纷而作出的反应，是为应对"因果关系之难题与举证责任之分配"，基

---

① 陈慈阳：《环境法总论》，中国政法大学出版社 2003 版，第 155—156 页。

于传统民法的"民事责任基础理论"而创造出来的民事"救治制度"和民事"请求权"。总之，是"民事法上之重要事项"①。

一些学者所称的环境刑法仍然是刑法。陈慈阳先生的《环境法总论》有专节论述"环境刑法"，另有学者出版专论环境刑法或环境犯罪的著作。刑法是国家设定罪名规定刑罚的法，不管罪名涉及的领域多宽，刑种多么繁多，进入这个领域的法律规范都属于刑法。打击环境犯罪的法律规范，不因涉及环境损害而变成环境刑法，就像打击杀人犯罪的法律规定不因涉及剥夺人生命的问题而变成生命刑法或生命权刑法，打击侵犯财产犯罪的法律规定不因涉及财产就称为财产刑法一样。

2. 环境法体系与其他法体系之间存在交叉。由于事务上的关联性、调整手段上的相同性或相近性，环境法体系和其他法体系之间存在着交叉。例如，作为环境损害防治手段法之分支的环境管控监督法（见本书第十章）与许可法和行政许可法之间、绿色采购法（环境法）与政府采购法之间、环境税法（见本书第十二章）与税法之间、环境规划法（见本书第十四章、十五章）与宏观调控法（经济法）之间、许可配额（如排污配额）交易法（环境法）与合同法（民法）之间、环境信息法（见本书第十六章）与政务公开法（行政法）之间，都存在交叉关系。这种交叉不影响环境法及有交叉关系的其他法律部门作为一个法律部门的独立存在。我们可以按照目的性（环境法以保护环境为目的）标准把相关法律规范纳入环境法体系，也可以以其他法律部门的特点为标准把它们列入另外的法律部门。

第二节　环境保护事务法

直接作用于防治对象或保护对象的具体环境事务有四类，即资源损害防治、污染损害防治、生态损害防治和自然地理环境损害防治。与此相一致，环境保护事务法系统也有四个支系统，即资源损害防治法系统、污染损

---

① 陈慈阳：《环境法总论》，中国政法大学出版社2003版，第169页。

害防治法系统、生态损害防治法系统和自然地理环境损害防治法系统。

一、资源损害防治法

资源损害防治法是为应对取竭型环境损害而制定的法。在环境法体系中，资源损害防治法，或资源损害防治法系统，是环境损害防治事务法系统中的一个支系统。

资源损害防治法是预防、减轻资源损害，恢复可再生资源再生能力，实现资源接续的法。

这个定义（资源损害防治法定义）中的预防是指对资源损害的预防，包括阻止可能造成资源损害的行为的发生，控制资源取用总行为，调节资源取用方法、强度、时段等，避免资源损害的发生。

资源损害防治法定义中的减轻是指对资源损害的减轻。包括阻止可能造成资源损害的行为的发生，控制资源取用总行为，调节资源取用方法、强度、时段等，减轻资源损害强度。

资源损害防治法定义中的恢复可再生资源再生能力是对资源损害的一种救治。

资源损害防治法定义中的资源接续是指当一种资源或一定品味的资源限于枯竭或存在枯竭危险时，用另外种类的资源或品味不同的资源替代或部分代替这种资源或这种品味的资源，实现对社会的资源供给。

二、污染损害防治法

污染损害防治法，或污染防治法，是为应对放累型环境损害而制定的法。在环境法体系中，污染损害防治法，或污染损害防治法系统，是4个环境损害防治事务法分支中的一个。

污染损害防治法，即通常所说污染防治法，是预防和治理环境污染的法。

这个定义（污染损害防治法定义）中的预防指在污染尚未发生时防止污染的发生。比如，运用环境影响评价手段阻止可能造成环境污染的建设项目开工建设，以避免环境污染的发生。我国《环境影响评价法》就具有预防新建项目污染环境的功能。再如，禁止污染物排放以防止因相关污染物的排放而造成污染。我国《水污染防治法》大量使用的污染物排放禁止就具有这样的预防功能。例如，《水污染防治法》第 37 条规定："禁止向水体排放、倾倒工业废渣、城镇垃圾和其他废弃物。"这一规定的有效实施就可以对因"向水体排放、倾倒工业废渣、城镇垃圾和其他废弃物"而污染环境的情况发挥预防作用。

污染损害防治法定义中的治理是指对已经发生的环境污染的治理和对已经排出的污染物的处理。例如，在土壤污染发生后对受污染土壤实施"修复"。这种"修复"就是对已经发生的污染的治理。我国《土壤污染防治法》第四章规定了对受污染土壤的"修复"制度。再如，在海洋受到溢油污染时采取"机械回收""消油剂"除油等措施消除污染。这些措施都是用于对已经发生的污染实施治理的措施。又如，在城市中对生产生活排放的污水实施集中处理。这种集中处理无疑是对已经排出的污染物的处理。我国《水污染防治法》第 49 条有"集中处理""城镇污水"的要求。

水污染控制学所研究的污水物理处理、生物处理、厌氧生物处理等都是对已经排除的污染物的处理。①

三、生态损害防治法

生态损害防治法，也称生态保护法，是为应对扰乱型环境损害而制定的法。在环境法体系中，生态损害防治法，或生态损害防治法系统，是与资源损害防治法、污染防治法等并列的一个环境损害防治事务法分支。

生态损害防治法是预防和治理生态损害的法，是调整为防治生态损害而结成的或在生态损害防治中发生的社会关系的法。

这个定义（生态损害防治法定义）中的"预防"和"治理"与资源损害防治法定义中的"预防"和"治理"一样，前者用于避免尚未发生的环境

---

① 参见高廷耀、顾国维、周琪主编《水污染控制工程》（下册），高等教育出版社 2015 年版。

损害，后者用于处理已经发生的环境损害。具体来说，生态损害防治法定义中的预防指采取措施避免生态损害的发生。比如，各种防止生物入侵的措施都具有预防生态损害的功能。

生态损害防治法定义中的治理指采取措施减轻生态损害强度、避免生态损害扩大、恢复生态环境质量等。例如，我国《野生动物保护法》规定的"对濒危野生动物实施抢救性保护"（第17条）具有避免已经陷入"濒危"状态的动物物种走向灭绝的功能。再如，实施我国《自然保护区法》，促进被保护物种种群繁衍，可以使相关物种脱离濒危状态。

我国已经制定了一些用来防治生态损害的法和具有防治生态损害功能的法，其中包括《野生动物保护法》《海岛法》《草原法》《种子法》《野生植物保护条例》《自然保护区条例》《野生药材资源保护管理条例》等。（详见本书第八章）

四、自然地理环境损害防治法

自然地理环境损害防治法，是为应对移易型环境损害而制定的法。在环境法体系中，自然地理环境损害防治法，是与资源损害防治法、污染防治法、生态损害防治法并列的一个环境损害防治事务法分支。

自然地理环境损害防治法，是为防治气候环境、气象环境、地理环境、地质环境等自然地理环境损害而制定的和具有防治自然地理环境损害功能的法。

与资源损害防治法、污染防治法、生态损害防治法的定义都包含预防和治理两项内容一样，自然地理环境损害防治法的上述定义（自然地理环境损害防治法定义）中的"防治"也包含预防和治理两个方面的内容。自然地理环境损害防治法定义中的"预防"的基本含义是防止气候环境等自然地理环境不利变化的发生。比如，执行《海洋环境保护法》的规定，禁止采挖或要求行为人合理采挖海岸沙石可以避免海岸侵蚀这种自然地理环境损害的发生。

自然地理环境损害防治法定义中的"治理"的基本含义是减缓已经发

生的自然地理环境损害的恶化趋势、减轻已经发生的自然地理环境损害，或改善自然地理环境状况。《联合国气候变化公约》的最高追求（"最终目标"）是减缓全球气候这一自然地理环境损害的恶化趋势——"将大气中温室气体的浓度稳定在防止气候系统受到危险的人为干扰的水平上"（第2条）。依据《保护臭氧层维也纳公约》对"改变或可能改变臭氧层而造成不利影响"的"某些人类活动""加以控制、限制、削减或禁止"，可以减轻因"改变臭氧层"带来的"不利影响"这种自然地理环境损害。执行我国《退耕还林条例》和关于退耕还草的法律法规等，可以使已经遭受损害的自然地理环境得到改善。

我国已经制定了用于防治自然地理环境损害防治的和具有防治自然地理环境损害功能的若干法律。《水土保持法》《防沙治沙法》《草原法》《土地管理法》和国务院《地质灾害防治条例》等都属于用于自然地理环境损害防治的和具有防治自然地理环境损害功能的法。（详见本书第九章）

第三节　环境保护手段法

环境保护手段法是对以某种科学技术或其他专门方法为支撑的或在较为复杂的程序、机制下运作的较为成熟的环境保护手段的立法表达。这类法的发达程度受制于环境保护手段的成熟程度。以某种科学技术或其他专门方法为支撑的或在较为复杂的程序、机制下运作的环境保护手段越成熟，对这种手段做立法表达的要求越强烈，环境保护手段法越发达。反过来，环境保护手段的成熟程度与相关立法的扶持推动有直接关系。规范相关环境损害防治手段运用的立法，位阶越高、规范越细密，相关环境损害防治手段就越成熟、程序越严整、机制越稳定。

在环境保护实践和环境立法的相互促进下，我国的环境保护手段法系统已经形成环保科学技术手段法、环保管控监督法、环保引导激励和产业政策法、环境强制保护和环保规划法、环保公众参与法等5个分支。

一、环保科学技术手段法

环境保护是处理人天关系的人类事业。人天关系，归根结底是人类去适应自然规律的关系。人类处理这种关系，也就是适应自然规律，不能不讲究科学、运用符合自然规律的科学技术。环保科学技术手段法就是关于运用科学技术手段处理人天关系的法。

环境保护技术手段法是关于具有防治环境损害的功能，能广泛应用于多种环境保护事务领域的科学技术手段的技术特点、效力范围、运用程序、管理机关、相关主体间关系等的法。

环境保护技术手段法中的科学技术手段是具有防治环境损害的功能，能够广泛应用于多种环境保护事务领域的科学技术手段。环境标准就是这样一种科学技术手段。它既能运用于污染防治领域，也能运用于资源损害防治、生态损害防治等领域。（详见本书第十章）

二、环保管控监督措施法

环境损害防治不是一项可以让具体的社会个体得利的活动，环境损害防治目标的实现一般来说总是需要社会个体做出某种牺牲。社会个体利益与环境利益之间的这种冲突规定了环境保护事业的基本特点——政府或其它公共机关推动。环保管控监督措施法就是政府或其它公共机关运用控制管理监督等手段推动环境损害防治工作的法。

环保管控监督措施法是指规范政府或其它公共管理机关对具有环境损害防治功能的管理、控制、监督等手段运用的法，是环保管控监督措施法是政府或其它公共管理机关以防治环境损害为目的运用控制、管理、监督等手段的职权、适用范围、运用程序，以及控制、管理、监督等手段的性质特征等的法。

这一定义（环保管控监督措施法定义）中的"管理"指以防治环境损害为目的和具有防治环境损害功能的行政性管理，比如登记管理。土地登记有利于掌握土地资源量和土地资源使用情况，对土地登记信息的掌握有利于制定土地资源损害防治决策。对征收土地资源税费，土地登记信息更是重要的管理工具。再如，固定污染源排污登记有利于实现"固定污染源环境管理全覆盖"（生态环境部《关于印发〈固定污染源排污登记工作指南（试行）〉的通知》，环办环评函〔2020〕9号）。

环保管控监督措施法定义中的"控制"是指运用政府行政管理权对那些对环境具有或可能具有不利影响的行为的控制，包括允许或不允许实施，允许实施时应具备的条件以及在一定环境单元内允许实施的总行为。我国多种污染防治法和《渔业法》《森林法》《水法》等规定的总行为控制制度是防治环境损害的最有代表性的控制手段。我国近年实行的对环境影响评价文件的"区域限批"显示了环境影响评价在环境损害防治中的"控制"功能。

环保管控监督措施法定义中的监督，也就是人们常说的监督检查，是指有权的机关对负于环境保护义务或职责的个人、组织、机关等的监督检查。近年来我国实行的环保督察是一种功能强大的环保监督。（详见本书第十一章）

三、环保引导激励措施法

环境利益是不会独属于任何具体个人的人类利益。环境保护所要实现的人类环境利益在本质上是以一定环境单元为自然地理保障的环境共同体的利益。这种利益不会给任何具体的个人带来独属于他的好处，但却需要环境共同体的成员为其实现而有所付出，包括有所克制意义上的付出。因为环境利益是环境共同体的利益，这种利益可以唤起共同体成员为共同体做贡献的自觉。为了实现这种利益，环境共同体应当设法调动共同体成员为共同体做贡献的积极性。环保引导激励措施法就是关于调动环境共同体成员为保护环境做贡献甚至做牺牲的措施或手段、方法的法。

环保引导激励措施法是指规范引导激励环境行为人实施有利于保护环境的行为、不为或少为对环境具有或可能具有不利影响的行为的相关措施之运用的法和引导激励企业等主体开展有利于保护环境的生产销售活动、停止或减少对环境具有或可能具有不利影响的生产销售活动的产业政策和其它调节工具的内容、适用范围、适用程序、管理主体等的法。

这个定义（环保引导激励措施法定义）中的"引导"主要是以光明美好为目标的引导；"激励"包括对激励对象给予的肯定、赞赏、支持、帮助以及经济收益意义上的激发鼓励，也包括否定、反对、惩罚性的激励（即人们所说的负激励）；产业政策和其它调节工具是以实现引导激励为目的的政策和其它调节工具。例如，"对从事清洁生产研究、示范和培训，实施国家清洁生产重点技术改造项目"者"给予资金支持"（《清洁生产促进法》31条）。再如，对"依法利用废物和从废物中回收原料生产产品的"企业给予"税收优惠"（《清洁生产促进法》第33条）。又如，对"生产和销售"国家限制的"一次性消费品"者实施"限制性的税收和出口"政策。（《循环经济促进法》第28条）

环保引导激励措施法定义中的被引导、激励对象主要包括三类：（一）环境共同体全体成员，比如全体公民。所有公民都可以为"节约资源"（《循环经济促进法》第10条）有所作为。环保引导激励措施法以所有公民为引导激励的对象。（二）企业。环保引导激励措施法定义中包括产业政策在内的措施的引导激励对象主要是企业。比如《循环经济促进法》规定的"餐饮、娱乐、宾馆等服务性企业"（第26条），生产过程中产生"粉煤灰、煤矸石、尾矿、废石、废料、废气等工业废物"的企业（第30条）等。（三）特别贡献者。主要是由于在环境单元中的特定地位而需要为环境共同体利益做出牺牲的主体。如处于河流上游的人们为维护全流域水资源质量而放弃传统耕作方式或改变生活方式的人们，环境共同体对他们的激励措施是给予补偿。此即环境保护实践中越来越多地使用的生态补偿。（详见本书第十二、十三章）

四、环境强制保护和环保规划法

环境保护需要构建环境法律关系，环境法赋予环境法律关系主体以职责、义务、收益机会等无疑能对保护环境发挥作用，但是，各国环境保护的实践、全球性环境损害防治事务的执行都说明，靠常规性地赋予权利设定义务和对已经赋予权利设定义务的法律的执行，无法满足环境保护的需要。环境保护实践的更急迫的要求不是按照保护环境的一般要求赋予权利、设定义务，而是做目标导向的安排。比如，确保濒危物种不至于灭绝、争取将全球气候变暖控制在2℃以内。环境的保护者们一般都不是在环境尚安全时做未雨绸缪的环境保护安排，而是救治已经发生且已经相当严重的环境损害。全球气候变暖是这样，臭氧层破坏也是这样。不管是我国还是世界上的其它许多国家，都已遭遇严重的资源减少甚至资源枯竭的环境损害。不管是以国家为观察对象，还是在全世界范围内，生物多样性降低都已呈现出难以减缓的恶化趋势。在这样的环境形势下，摆在国家和其他环境政策的制定者面前的急迫任务是将正在扩大的环境损害遏制在什么状态下，将遭受破坏的环境恢复到什么程度等。不管是"确保""争取"，还是"遏制""恢复"，都要求环境保护法以环境保护面临的保护任务和要达到的目标为制定依据，而不是以评价社会主体的行为为出发点。环境强制保护和环保规划法就是以环境保护面临的保护任务和要达到的保护目标为制定依据的法，就是方便环境保护组织者（一般都是国家）完成环境保护面临的任务和达到环境保护目标的法。

环境强制保护和环保规划法是运用对特定对象实施强制保护、制定服务于特定环境保护目标的规划等手段保护环境的法。

这个定义（环境强制保护和环保规划法定义）中的手段主要是两类：一类是强制保护，建立自然保护区对其实施特殊保护是最典型的强制保护；另一类是环境保护规划，我国《森林法》第26条规定的"林地保护利用、造林绿化"和"天然林保护"等"专项规划"都是环境保护规划。环境强制保护和环保规划法就是规范这些强制保护措施、环保规划的制定和实施的法。（详见本书第十四、十五章）

五、环保公众参与法

环境保护在本质上是环境共同体成员对所在环境单元的保护，也就是对环境共同体的环境利益的保护。环境共同体成员对共同体利益的责任是环境保护的重要力量源泉。环保公众参与的力量源泉就来自环境共同体成员对共同体利益的责任。引导保护共同体利益的力量源泉、开掘保护共同体利益的力量源泉，总之利用环境共同体成员保护环境的热情、力量以及这种热情、力量营造出的氛围等是环境保护的重要手段。为了更有效地运用公众参与环境保护这一环保手段，需要制定支持公众参与环境保护、规范公众参与环境保护活动的法。

环保公众参与法是保障公众参与环境保护的权利、形式、程序等的法。

这个定义（环保公众参与法定义）中的"公众"本质上是一定环境共同体的成员。环保公众参与法定义中的"参与"是以维护环境共同体利益的责任为推动力的一种社会表达。环保公众参与法是开掘环境共同体成员保护共同体利益的力量源泉，引导环境共同体成员保护共同体利益力量流淌的法。

环保公众参与法定义中的"权利""保障"是环境共同体（实践中是管辖环境共同体的地方政府或国家）为环境共同体成员履行对共同体的责任而提供的帮助。负有环境保护职责的政府和其它公共管理机关有义务对环境共同体成员参与环境保护提供支持和帮助。（详见本书第十六章）

参考文献：

1. 徐祥民、巩固：《关于环境法体系问题的几点思考》，《法学论坛》2009年第2期。

2. 徐祥民：《中国环境法制建设发展报告（2010年卷）》第二章，人民出版社2013年版。

思考题：

1. 什么是环境法体系？
2. 谈谈环境法体系的两个子系统。
3. 试述环境法是一个独立法律部门。

第六章　资源损害防治法

资源损害防治法是为开展资源损害防治这类环境保护事务制定的法，是在资源损害防治事务的推动下形成的法，也是被资源损害这类环境损害召唤来的一个环境保护法分支。

人类从自然世界提取资源的种类是多种多样的，遭受损害的自然资源的种类也是多种多样的。与之相应，用于防治环境损害的法也是体系庞大、分支众多的。

本章主要学习：（一）我国资源损害防治法的体系；（二）空间资源损害防治法的重要制度；（三）非生物资源损害防治法的重要制度；（四）生物资源损害防治法的重要制度。

第一节　资源种类与我国资源损害防治法体系

资源损害防治法是用来防治资源损害的法。资源的种类不同，受损害的表现形式不同，其所需要的损害防治手段也往往有不同。资源损害防治法需要按照受损害资源类型的不同建立不同分支或不同制度。资源损害属于取竭型环境损害，资源损害防治法体系的扩展决定于遭受取竭型环境损害的资源的种类。为了全面认识资源损害防治法，需要了解人类从自然世界提取资源的种类，梳理遭受损害的资源的种类。

一、资源种类

人类开发利用的资源种类很多。大致说来，包括 4 门 17 类 41 种。（见表 6–1）

表 6–1：人类开发利用资源种类简表

资源门	资源类	资源种	序号
空间性资源	地资源	土地资源	1-1-1
		森林（地）资源	1-1-2
		草地资源	1-1-3
	海洋空间资源	海域资源	1-2-4
		海岛资源	1-2-5
	（江河湖泊）水体资源	江河水体资源	1-3-6
		湖泊水体资源	1-3-7
	岸线资源	海洋岸线资源	1-4-8
		河湖岸线资源	1-4-9
	滩涂资源	滩涂资源	1-5-10
	湿地资源	湿地资源	1-6-11
	其他国土空间资源	其他国土空间资源	1-7-12
	大气空间资源	近地大气空间资源	1-8-13
		太空空间资源	1-8-14
非生物资源	水资源	淡水资源	2-9-15
		海（咸）水资源	2-9-16
	矿产资源	能源矿产资源①	2-10-17
		金属矿产资源	2-10-18
		非金属矿产资源	2-10-19
		水气矿产② 资源	2-10-20

---

① 包括石油、天然气、煤炭、铀矿、地热能等。
② 包括矿泉水、二氧化碳气等。地下水，也就是地下含水层中的水，也可以纳入水气矿产资源之内。考虑到资源价值的特性，本书把地下水纳入淡水资源。

续表

资源门	资源类	资源种	序号
	非矿物能源资源	水能资源	2-11-21
		风能资源	2-11-22
		太阳能资源	2-11-23
		波浪能资源	2-11-24
		潮汐能资源	2-11-25
	气候资源	气候资源	2-12-26
生物资源	野生动物资源	陆生野生动物资源	3-13-27
		水生野生动物资源	3-13-28
		动物种质资源	3-13-29
	野生植物资源	森林（木材）资源	3-14-30
		牧草资源	3-14-31
		其他陆生野生植物资源①	3-14-32
		水生野生淡水植物资源②	3-14-33
		海洋植物资源③	3-14-34
		植物种质资源	3-14-35
	微生物资源	野生真菌资源	3-15-36
		菌种④种质资源	3-15-37
特殊自然禀赋资源	自然景观资源	天然风景名胜资源⑤	4-16-38
		典型奇特地质地貌⑥资源	4-16-39

① 指除森林、牧草这两类数量极大的植物资源之外的其他陆生野生植物资源，比如乌拉草、蝴蝶兰、"广州木莲"、"广州堇菜"等。
② 如芡实、荸荠等。
③ 包括藻类、红树等种子植物，等等。
④ 包括细菌、真菌、细胞等。
⑤ 天然风景名胜指《保护世界文化和自然遗产公约》所说"从科学、保护或自然美角度看具有突出的普遍价值的天然名胜"，我国《风景名胜区条例》第2条所说的"具有观赏、文化或者科学价值"的"自然景观"。
⑥ 典型奇特地质地貌包括《保护世界文化和自然遗产公约》规定的"从审美和科学角度看具有突出的普遍价值的由物质和生物结构构成这类结构群组成的自然面貌"。本书中的典型奇特地质地貌主要指典型丹霞地貌、嶂石岩地貌、花岗岩奇峰地貌、石英砂岩峰林地貌等规模宏大的地质地貌资源。

续表

资源门	资源类	资源种	序号
		自然遗迹① 资源	4-16-40
	奇特罕见自然现象资源	奇特罕见自然现象资源②	4-17-41

人类需求的自然资源包括 4 门，它们是空间性资源、非生物资源、生物资源、特殊自然禀赋资源。

（一）空间性资源

空间性资源包括 8 类，它们是：(1) 地资源；(2) 海洋空间资源；(3)（江河湖泊）水体资源；(4) 岸线资源；(5) 滩涂资源；(6) 湿地资源；(7) 其他国土空间资源③；(8) 大气空间资源。这 8 类空间性资源又可细分为 14 种。（见表 6-1 第 1-1-1 项至第 1-8-14 项）

（二）非生物资源

非生物资源包括 4 类，它们是：(1) 水资源；(2) 矿产资源；(3) 非矿物能源资源；(4) 气候资源。这 4 类非生物资源又可再细分为 12 种。（见表 6-1 第 2-9-15 项至第 2-12-26 项）

（三）生物资源

生物资源包括 3 类，它们是：(1) 野生动物资源④；(2) 野生植物资源；(3) 微生物资源。这 3 类生物资源又可再分为 11 种。（见表 6-1 第 3-13-27 项至第 3-15-37 项）

---

① 指《中华人民共和国自然保护区条例》第 2 条规定的"有特殊意义的自然遗迹"，第 10 条第 4 项规定的"具有重大科学文化价值的地质构造、著名溶洞、化石分布区、冰川、火山、温泉等自然遗迹"。

② 指由风、水、光等或潮汐、水流、风等相互作用造成，或在特定时段由作物生长造成，只在确定的地理单元出现的自然现象。例如海市蜃楼、黄山云海、钱江潮、（碱蓬草）红海滩等。由于此类现象十分罕见，具有科学、教育和观赏价值，所以也是一种资源。

③ 其他国土空间资源指土地、海域、岸线、滩涂、湿地等之外的国土空间资源等。

④ 一般"动物资源学"的著作把家养动物也纳入动物资源的范畴。以满足人类的动物蛋白需要这一尺度衡量，家养动物和野生动物一样都是动物资源，但家养动物显然不属于"自然"赋存或生长的资源。

（四）特殊自然禀赋资源

特殊自然禀赋资源包括 2 类，它们是：(1) 自然景观资源；(2) 奇特罕见自然现象资源。这 2 类资源又可再分为 4 种。（见表 6–1 第 4-16-38 项至第 4-17-41 项）

二、我国资源损害防治法体系

作为人类需求与环境供给能力两者关系上的供给不足或降低，资源损害并不总是"公平"地分配给每一个国家——有能力制定资源损害防治法的政治实体。资源分布上的不均衡（对于具体的国家来说就是资源禀赋上的差别）和不同国家在人口数量、社会生活习惯、产业类型等方面的不同，决定了资源损害或某些资源损害并不总是同时降临到世界各国。守住 18 亿亩耕地"红线"[①] 是 21 世纪中国在面对耕地资源极度短缺的困境时不得已做出的战略性抉择。而在同一个时期，加拿大等国却可能完全不用担心耕地资源或农用地资源出现短缺这类环境问题。在中国，石油是"直接或者通过加工、转换而取得有用能"[②] 的资源之一，因而，中国的能源法、节约能源法等相关法律都不会忽略石油。而在我们的邻国韩国，却没有发现出于保护资源目的而建立的关于石油的法律。不是那里的立法者不懂得石油资源的可贵，而是因为那里不存在石油资源。环境保护法，作为为应对环境损害而来的法律部门，不管是其整体还是其分支，都是随损害而来的。在完全没有某种资源的国家，不会发生该种资源的损害，从而也就不需要制定防治该种资源损害的法律。在拥有某个种类的资源但该种类资源尚未遭受损害也无遭受损害之虞的国家，也不需要建立防治该种类资源损害的法律。

我国的资源损害防治法，与我国的环境保护实际需要基本相一致，对人类开发利用资源的 4 个门，都有所关照，虽然完备程度不同。大致说来，

[①] 《全国主体功能区规划》确认："全国耕地面积从 1996 年的 19.51 亿亩减少到 2008 年的 18.26 亿亩，人均耕地由 1.59 亩减少到 1.37 亩，逼近保障我国农产品供给安全的'红线'。"（第一章"规划背景"第三节"突出问题"）

[②] 《中华人民共和国节约能源法》第 2 条。

我国资源损害防治法已经形成一个主要由（1）空间性资源损害防治法、（2）非生物资源损害防治法、（3）生物资源损害防治法、（4）特殊自然禀赋资源损害防治法 4 个分支构成的体系。

（一）空间性资源损害防治法

我国是世界上人口最多的国家。尽管我国陆地国土面积和可主张管辖海域面积广大，我国陆地国土和可主张管辖海域资源禀赋丰厚，但在现实的人类需求与本国可利用资源的关系上，我国"供不应求"的矛盾却十分突出。其中最为明显的是，土地资源、滩涂资源等空间性资源已开发殆尽，且面临进一步损耗的危险。面对空间性资源损害已十分严重的现实，我国早就把防治空间性资源损害纳入法律的调整范围之内，建立了用以防治空间性资源损害的空间性资源损害防治法。

比如，土地资源损害防治法。这是用于防治作为地资源的土地资源（表 6-1 第 1-1-1 项）损害的法。1986 年 6 月 2 日第六届全国人民代表大会常务委员会第十六次会议通过《土地管理法》。该法颁布后经多次修订修正。现行《土地管理法》是由第十三届全国人民代表大会常务委员会第十二次会议于 2019 年 8 月 26 日修正通过的。该法宣布"十分珍惜、合理利用土地和切实保护耕地是我国的基本国策"，并将"合理利用土地，切实保护耕地"确定为立法目的（第 1 条）。

再如，海域资源损害防治法。这是用于防治作为海洋空间资源的海域资源（表 6-1 第 1-2-4 项）损害的法。第九届全国人民代表大会常务委员会第二十四次会议于 2001 年 10 月 27 日通过《海域使用管理法》。该法第 4 条第 2 款规定："国家严格管理填海、围海等改变海域自然属性的用海活动。"以这一规定为基础，《海域使用管理法》建立了围填海管控制度。其第 18 条规定："填海五十公顷以上的项目用海""围海一百公顷以上的项目用海""应当报国务院审批"。

又如，海岛资源损害防治法。这是用于防治作为海洋空间资源的海岛资源（表 6-1 第 1-2-5 项）损害的法。第十一届全国人民代表大会常务委员会第十二次会议于 2009 年 12 月 26 日通过《海岛保护法》。该法把海岛定义为"四面环海水并在高潮时高于水面的自然形成的陆地区域"(第 2 条第 2 款),揭示了海岛的空间资源属性。该法对"严重改变海岛自然地形、地貌"(第 30 条第 3 款)的行为设定了禁限。

(二)非生物资源损害防治法

工业文明的显著标志是开发矿产资源。新中国赶上了在工农业发展等方面需要追赶西方工业先发达国家的时代,以实现包括工业现代化在内的现代化为建设目标,对包括矿产资源在内的非生物资源也实施了规模和深度都不断加大的开发利用。这种利用不能不带来非生物资源损害,从而也不能不召唤非生物资源损害防治法加入我国的法律体系。

我国现有的用于防治非生物资源损害的和具有防治非生物资源损害功能的比较成熟的法律主要有 4 部。

按颁布时间先后为序,第一部是《矿产资源法》。该法由第六届全国人民代表大会常务委员会第十五次会议于 1986 年 3 月 19 日通过,后经过多次修订修正。这部法律是我国矿产资源(表 6–1 第 2-10-17 项至 2-10-20 项)损害防治法的代表性法律文件。该法在立法目的条做了"加强矿产资源……保护工作"(第 1 条)的明确表述。其第 3 条第 2 款规定的"国家保障矿产资源的合理开发利用","禁止任何组织或者个人用任何手段侵占或者破坏矿产资源"等,都表达了防治矿产资源损害的国家意志。

第二部是《水法》。该法由第六届全国人民代表大会常务委员会第二十四次会议于 1988 年 1 月 21 日通过,后经过多次修订修正。这部法律是我国水资源中的淡水资源(表 6–1 第 2-9-15 项)和水能资源(表 6–1 第 2-11-21 项)等的损害防治法的代表性法律文件。该法在立法目的条首列"合理开发、利用、节约和保护水资源"(第 1 条),规定了防治水资源损害的工作原则(第 4 条),建立了水资源规划(第二章)等有利于防治水资源损害的重要制度等。

第三部是《节约能源法》。该法由第八届全国人民代表大会常务委员会第二十八次会议于 1997 年 11 月 1 日通过,后又经过多次修订修正。《节约能源法》将"节约能源"界定为"从能源生产到消费的各个环节,降低消耗、减少损失和污染物排放、制止浪费"的管理要求（第3条）。依据这一管理要求设定的法律规范以及由这些法律规范组成的整体一定具有防治能源资源损害的功能。根据该法第2条的规定，处于该法保护范围内的能源资源包括煤炭、石油、天然气等能源矿产资源（表6-1第2-10-17项），由水能资源（表6-1第2-11-21项）、风能资源（表6-1第2-11-22项）、太阳能资源（表6-1第2-11-23项）、波浪能资源（表6-1第2-11-24项）、潮汐能资源（表6-1第2-11-25项）等其他能源资源转化而来的"电力"，由野生植物资源（表6-1第3-14-30项至3-14-34项）转化而来的"生物质能"。

第四部是《可再生能源法》。该法由第十届全国人民代表大会常务委员会第十四次会议于2005年2月28日通过，后又经过修改。该法将可再生能源界定为"风能、太阳能、水能、生物质能、地热能、海洋能等非化石能源"（第2条），将"改善能源结构，保障能源安全，保护环境"等（第1条）规定为立法目的，据此可以判定，该法是用于防治水能资源（表6-1第2-11-21项）、风能资源（表6-1第2-11-22项）、太阳能资源（表6-1第2-11-23项）、波浪能资源（表6-1第2-11-24项）、潮汐能资源（表6-1第2-11-25项）等可再生能源资源损害的法。

（三）生物资源损害防治法

在人类发展历史上，生物资源既是人类生存繁衍依赖度最高的一类资源；同时，由于其可再生性，生物资源又是可以持续地满足人类生存繁衍需要的一类资源。人类对工业文明带来的强大的开发能力的运用已经引起生物资源损害，生物资源再生能力减弱和某些生物资源趋于枯竭的情形也已经得到我国立法的反映。

作为我国资源损害防治法体系之分支的生物资源损害防治法已形成包含多项立法的体系，其中有代表性的主要有以下几部：

第一部：《渔业法》。该法由第六届全国人民代表大会常务委员会第十四次会议于1986年1月20日通过，后经过多次修订修正。《渔业法》是我国法律体系中最具典型性的生物资源保护法。该法以"加强渔业资源的保护、增殖、开发和合理利用，发展人工养殖"（第1条）为立法目的，设置《渔业资源的增殖和保护》专章（第四章），在"捕捞业"章建立的"捕捞限额制度"（第22条）等对渔业资源这种水生野生动物资源（表6–1第3-13-28项）损害防治具有重要作用，"养殖业"章关于"鼓励"发展"养殖业"的规定对减轻人类资源需求对渔业资源的压力具有重要的缓解作用。

第二部：《森林法》。最初由第五届全国人民代表大会常务委员会第六次会议于1979年2月23日原则通过。第六届全国人民代表大会常务委员会第七次会议于1984年9月20日正式通过。此后又经历过多次修订修正。该法立法目的条有"保护、培育和合理利用森林资源"（第1条）的表达，设有"森林保护"专章（第四章）。作为生物资源的森林资源（表6–1第3-14-30项）是该法保护的对象。

（四）特殊自然禀赋资源损害防治法

我国现有法律对特殊自然禀赋资源（表6–1第4-16-38项至第4-16-40项）的关照不多，但也已有行政法规、部门规章层面的立法建树。

例如，2006年9月6日国务院第149次常务会议通过的《风景名胜区条例》。该条例的基本立法目的是"有效保护和合理利用风景名胜资源"（第1条）。这里的"风景名胜资源"也就是天然风景名胜资源（表6–1第4-16-38项至第4-16-38项）。《条例》就"风景名胜区的设立、规划、保护、利用和管理"（第2条）所做的各项规定，都以防治风景名胜资源损害为目的，从而也就是以防治天然风景名胜资源损害为目的，或客观上对防治天然风景名胜资源损害有利。

再如，1994年10月9日国务院令第167号发布，后于2011年1月8日修订的《自然保护区条例》。[①] 该《条例》以"保护自然环境和自然资源"（第1条）为立法目的。《条例》要求为其建立"保护区"的自然环境和自然资源除"有代表性的自然生态系统、珍稀濒危野生动植物物种"之外，还有

---

① 《城乡建设规划法》也有保护自然遗迹或保护包括自然遗迹在内的自然遗产的规定。其设定的"城市总体规划、镇总体规划的强制性内容"之一就是"自然与历史文化遗产保护"（第17条第2款）。

"有特殊意义的自然遗迹"(第2条)。① 该《条例》要求（立法用语为"应当"）为其"建立自然保护区"的一类情况是"具有重大科学文化价值的地质构造、著名溶洞、化石分布区、冰川、火山、温泉等自然遗迹"（第10条）。把自然遗迹资源划入保护区，给予其特殊保护，这显然有利于防治自然遗迹资源（表6–1第4-16-40项）损害。

又如，1995年5月4日地质矿产部第21号令发布的《地质遗迹保护管理规定》。该《规定》具有防治奇特罕见自然现象资源（表6–1第4-17-41项）损害的功能。按《地质遗迹保护管理规定》的规定，可以列入"国家级""地质遗迹保护区"的自然景观资源包括"具有国际或国内典型地学意义"的"地质""现象"，可以列入"县级""地质遗迹保护区"的自然景观资源包括"在小区域内具有特色"的"地质现象"（第9条）。《规定》设定的保护措施适用于对有"典型地学意义"的或在一定地区"有特色"的"地质现象"等奇特罕见自然现象资源的保护。

第二节 空间性资源损害防治法的重要制度

由于空间性资源种类多，人类生产生活的空间资源需求种类多，所以空间性资源损害防治法涉及的领域宽，相关法律建立的用于防治空间性资源损害的制度也是种类繁多。在我国法中，《土地管理法》规定的土地资源损害防治制度、相关法律中的空间资源最大使用边界制度、相关法律规定的特定空间资源灭失禁限制度、《退耕还林条例》等规定的退耕还林还草还湖还滩制度是较为成熟的空间性资源损害防治制度。

一、土地资源损害防治制度

我国《土地管理法》规定了系统的土地资源损害防治制度，主要有以

---

① 以《自然保护区条例》为立法依据之一的《地质遗迹保护管理规定》把"地质遗迹"界定为"在地球演化的漫长地质历史时期，由于各种内外动力地质作用，形成、发展并遗留下来的珍贵的、不可再生的地质自然遗产"（第3条）。

下几项：

(一) 土地用途管制制度

《土地管理法》第 4 条规定："国家实行土地用途管制制度。"实行土地用途管制的主要管制手段是"土地利用总体规划"。第 4 条第 2 款规定："国家编制土地利用总体规划，规定土地用途，将土地分为农用地、建设用地和未利用地。"根据该条的规定，土地的基本用途有两种，一种是建设，一种是农用。建设是指"建造建筑物、构筑物"，包括建造"城乡住宅和公共设施"，开设"工矿"，开展"旅游"，建设"交通水利设施""军事设施"等。建设占用的土地、开展建设使用的土地，为"建设用地"。《土地管理法》规定，建设用地包括："建造建筑物、构筑物的土地，包括城乡住宅和公共设施用地、工矿用地、交通水利设施用地、旅游用地、军事设施用地等"。农用也就是"农业生产"使用。"直接用于农业生产的土地"为农用地，其中包括"耕地、林地、草地、农田水利用地、养殖水面等"（第 4 条第 3 款）。

《土地管理法》规定的"土地用途管制制度"主要是对这两类用地的管制和对它们之间关系的管制。该法确立的土地用途管制基本原则是："严格限制农用地转为建设用地，控制建设用地总量，对耕地实行特殊保护。"（第 4 条第 2 款）

(二) 农用地损害防治制度

在《土地管理法》中，农用地损害防治主要有两项具体制度。

第一项，农用地转出限制制度。依据"土地用途管制基本原则"，在农用地和建设用地两者之间，农用地为限制转出土地。在确需转出时，须先行修改土地利用总体规划。(第 26 条)

《国务院关于加强土地调控有关问题的通知》（国发〔2006〕31 号）第 6 条规定："农用地转为建设用地，必须符合土地利用总体规划、城市总体规划、村庄和集镇规划，纳入年度土地利用计划，并依法办理农用地转用审批手续。禁止通过'以租代征'等方式使用农民集体所有农用地进行非农业建设，擅自扩大建设用地规模。农民集体所有建设用地使用权流转，必须符合规划并严格限定在依法取得的建设用地范围内。未依法办理农用地转用审批,国家机关工作人员批准通过'以租代征'等方式占地建设的,属非法批地行为;单位和个人擅自通过'以租代征'等方式占地建设的,属非法占地行为,要依法追究有关人员的法律责任。"

第二项,农用地优化利用制度。《土地管理法》第 39 条第 1 款规定:"禁止毁坏森林、草原开垦耕地,禁止围湖造田和侵占江河滩地。"第 2 款规定:"对破坏生态环境开垦、围垦的土地",要"根据土地利用总体规划""有计划有步骤地退耕还林、还牧、还湖"。该条规定的土地除了可以归属于森林、草原的之外,都是农用地或可以用于农业的土地。"湖"可以是"养殖水面","江河滩地"可以称为有农用价值的"土地"。"还林""还牧""还湖"的土地可以是森林、草原之外的农用地。禁止将农用地或适于农用的其它"土地""开垦"为"耕地",或用其"造田",除了保护生态的考虑之外,是对不同的农业使用方式的选择。以退耕还湖为例,同样的平面空间资源,退耕还湖就是由当作耕地使用改为当作"养殖水面"使用。

(三) 耕地损害防治制度

农用地损害防治的中心是耕地损害防治。《土地管理法》建立了耕地损害防治制度,其中主要是五项具体制度或规定。

第一项,占用耕地弥补制度。《土地管理法》第 33 条对省自治区直辖市人民政府提出一项要求,即"确保本行政区域内耕地总量不减少"。为了防治耕地减少,应对"建设"对耕地的强烈需求,《土地管理法》规定了占用耕地弥补制度。该法第 31 条将其称为"占用耕地补偿制度"。弥补的原则是"占多少,补多少"。弥补的办法有由占用者开垦和占用者付开垦费由他人开垦两种。《土地管理法》第 31 条规定:"非农业建设经批准占用耕地的,按照'占多少,垦多少'的原则,由占用耕地的单位负责开垦与所占用耕地的数量和质量相当的耕地;没有条件开垦或者开垦的耕地不符合要求的,应当按照省、自治区、直辖市的规定缴纳耕地开垦费,专款用于开垦新的耕地。"

第二项,耕地总量补足制度。当出现省自治区直辖市人民政府没有完成"确保本行政区域内耕地总量不减少"的任务,所在行政区出现"耕地总量减少"之结果时,《土地管理法》第 33 条提出的要求是:"由国务院责令在规定期限内组织开垦与所减少耕地的数量与质量相当的耕地。"在本行政区无法完成开垦任务时,应实施"易地开垦"(第33条)。

第三项,复垦制度。《土地管理法》在"耕地保护"章规定:"因挖损、塌陷、压占等造成土地破坏,用地单位和个人应当按照国家有关规定负责复垦;没有条件复垦或者复垦不符合要求的,应当缴纳土地复垦费,专项用于土地复垦。"(第42条)

第四项,耕地使用禁限。除上述占用耕地弥补制度等之外,《土地管理法》对耕地的使用还设定了其他禁限。第36条第2款规定:"禁止占用耕地建窑、建坟或者擅自在耕地上建房、挖砂、采石、采矿、取土等。"

第五项,禁止闲置荒芜耕地。《土地管理法》第37条规定:"禁止任何单位和个人闲置、荒芜耕地。已经办理审批手续的非农业建设占用耕地,一年内不用而又可以耕种并收获的,应当由原耕种该幅耕地的集体或者个人恢复耕种,也可以由用地单位组织耕种;一年以上未动工建设的,应当按照省、自治区、直辖市的规定缴纳闲置费;连续二年未使用的,经原批准机关批准,由县级以上人民政府无偿收回用地单位的土地使用权;该幅土地原为农民集体所有的,应当交由原农村集体经济组织恢复耕种。"

(四)基本农田保护制度

耕地损害防治的重点是防治基本农田损害。(关于基本农田保护的内容详见本书第十五章)

(五)建设用地总量控制制度

《土地管理法》第24条规定:"各级人民政府应当加强土地利用计划管理,实行建设用地总量控制。"对建设用地实施总量控制,实际上就是对农用地资源保有量的维护。

(六)未利用地开发制度

《土地管理法》第38条规定:"国家鼓励单位和个人按照土地利用总体规划,在保护和改善生态环境、防止水土流失和土地荒漠化的前提下,开发未利用的土地"。即使忽略"鼓励"这一手段,从该规定中也可以感受到可以"开发未利用的土地"的国家意志。该条第2款"依法保护开发者的合法权益"的规定说明，对"开发未利用的土地"的"可以"这一国家意志表达可以提升为"支持"。

在《土地管理法》中，国家对开发未利用地的"支持"已经不只是态度，而是已经形成通过多个条文表达的未利用地开发制度。第39条对开垦未利用地须经"依法批准"的规定，第40条关于可以赋予开发"国有荒山、荒地、荒滩从事种植业、林业、畜牧业、渔业生产"者以"长期"使用权的规定等，都是这项制度的内容。上述占用耕地弥补制度、耕地总量补足制度所须借助的"开垦"也都属于未利用地开发制度。

（七）土地整理制度

《土地管理法》第41条规定："国家鼓励土地整理。"该条规定的土地整理主要包括三个方面。(1)"田、水、路、林、村综合整治"。要求实施此项整治，目的是"提高耕地质量，增加有效耕地面积，改善农业生产条件和生态环境"（第41条第1款）。(2)"改造中、低产田"。(3)"整治闲散地和废弃地"（第41条第2款）。《土地管理法实施条例》规定的"土地利用年度计划"的内容之一是"土地开发整理计划指标"。（关于土地整理的更多内容可参阅本书第十五章）

二、空间性资源最大使用边界制度

我国《土地管理法》《森林法》等相关法律确立了空间性资源最大使用边界制度。所谓空间性资源最大使用边界是指使用相关空间性资源的最大边界，而所谓空间性资源最大使用边界制度是指通过对受保护特定空间性资源的使用设定最大使用边界的方式防止相关资源遭受损害的制度。

空间性资源最大使用边界制度对资源损害防治的功能在于，在确保对相关空间性资源的使用不超过最大使用边界的情况下，相关资源便不会遭受损害。该功能建立在如下假定的基础之上：在最大使用边界之内对相关空间性资源的使用不会给资源造成损害。在特定环境单元内可以测算出不会对相关空间性资源造成损害的最大使用边界。

《森林法》第36条规定："国家保护林地"，"实行占用林地总量控制，确保林地保有量不减少"。该条规定的"占用林地总量控制"实际上就是将对"林地"的占用控制在依法确定的"总量"之内。通过实行这种控制，可以实现"林地保有量不减少"。"占用林地总量控制"实际上就是林地空间性资源最大使用边界制度。

上文已述，《土地管理法》规定的建设用地总量控制制度，对农用地资源损害防治来说，也具有空间性资源最大使用边界制度的功能，是关于农用地资源损害防治的空间性资源最大使用边界制度。

我国《河道管理条例》规定的规划保留区制度也是一种空间性资源最大使用边界制度。《河道管理条例》把滩地作为河道管理的对象。其第20条规定："有堤防的河道，其管理范围为两岸堤防之间的水域、沙洲、滩地（包括可耕地）、行洪区、两岸堤防及护堤地。"《条例》第16条对处于"管理范围"之内的"滩地"的使用做了如下规定："城镇建设和发展不得占用河道滩地。"这里的滩地或河道滩地是具有防洪等价值的空间性资源。该条用"不得占用"给河道两侧土地的使用设定了最大使用边界。[1]

三、特定空间性资源灭失禁限制度

除大气空间外，空间性资源的基本存在形式是水平向度上的平面展开。这种资源面临的损害形式之一是在水平向度上的消失，比如，作为空间资源的海岛因取用岛上砂石泥土而在海平面上消失或缩小。海岛等特定空间性资源灭失已经成为我国《海岛法》《水法》等相关法律法规的防治对象。这些为防治特定空间性资源遭受在水平向度上的灭失这种损害而建立的制度就是特定空间性资源灭失禁限制度。

我国《水法》第40条对湖泊和河道的开发利用规定了两项禁止：一是"禁止围湖造地"[2]；二是"禁止围垦河道"。该条第2款在做了"禁止围垦河

---

[1] 《防洪法》第17条规定："在江河、湖泊上建设防洪工程和其他水工程、水电站等，应当符合防洪规划的要求；水库应当按照防洪规划的要求留足防洪库容。""留足库容"的要求就是设定滩地最大使用边界的依据。

[2] 《防洪法》第23条做了与此相同的规定。

道"的规定之后又做了限制使用的规定。"确需围垦的,应当经过科学论证,经省、自治区、直辖市人民政府水行政主管部门或者国务院水行政主管部门同意后,报本级人民政府批准。"[①]该条设定的禁限实际上都是特定空间性资源灭失禁限,即湖泊水体资源(表6–1第1-3-7项)覆盖下的与海域空间资源相类似的湖泊空间资源(或可称湖域资源)和河道空间资源(两者都可以纳入其他国土空间资源。见表6–1第1-7-12项)灭失禁限。

我国《海岛保护法》和《无居民海岛保护与利用管理规定》(国海发〔2003〕10号)等建立了海岛资源(表6–1第1-2-5项)灭失禁限制度。《海岛保护法》对"严重改变海岛自然地形、地貌"(第30条第3款)的行为设定了禁限。国家海洋局民政部总参谋部联合发布的《无居民海岛保护与利用管理规定》对"降低岛、礁高度,造成岛屿在高潮时没入水中或者低潮高地在低潮时没入水中的行为"(第34条第2项)即"炸岛"规定了严格的限制措施(第13条)。根据该《规定》,"炸岛"可能造成"岛屿在高潮时没入水中或者低潮高地在低潮时没入水中",也就是使"岛屿"和"低潮高地"等空间资源消失在海水之下,亦即在水平向度上消失。该《规定》第13条对"炸岛"等设置了以下禁限:对"炸岛"等"项目用岛""由国家海洋局征得总参谋部同意后批准";"涉及军事设施和国防安全的项目用岛,由国家海洋局会同总参谋部批准";"利用外资对岛屿开发经营的项目用岛,报国务院批准"。上述几项以外的"岛上采挖砂石"等,"由省级海洋行政主管部门批准"。这是通过提高审批难度的方式限制"炸岛"等"项目用岛"对海岛的使用。

我国《湿地保护管理规定》建立了湿地资源(表6–1第1-6-11项)灭失禁止制度。《湿地保护管理规定》对湿地利用规定了8项"禁止",其中第一项是"开(围)垦、填埋或者排干湿地"(第29条)。"开(围)垦、填埋或者排干湿地"这三种行为对湿地资源都会造成在水平向度上消灭。《湿地保护管理规定》这一条款实际建立了湿地资源灭失禁止制度。

---

① 《防洪法》第23条第2款的规定与此相同。

四、空间性资源退还制度

供人类使用的空间性资源种类有 7 类 12 种之多（见表 6–1），这些种类的空间性资源的损害常常来自人类活动对空间性资源类型的改变，比如通过填海造地将海域资源（表 6–1 第 1-2-4 项）的空间存在形态变为陆地。这种改变如果规模过大，就会造成资源损害——人类的相关类型的空间性资源供给不足。这种损害从根本上说来自人类对超出土地资源供给能力的土地资源需求。从我国空间性资源开发利用的实践，也就是空间性资源损害防治的实践来看，人类活动改变空间性资源类型的情况主要是将其它类型的空间性资源改变为土地资源。这种改变可以弥补土地资源不足，缓解土地资源供给压力，但却会造成其它类型的空间性资源的损害。我国法律建立了防治包括森林（地）资源（表 6–1 第 1-1-2 项）、草原资源（表 6–1 第 1-1-3 项）等空间性资源遭受来自人类土地资源需求的损害的制度。这主要表现为对相关类型的空间性资源的退还制度。所谓退还就是使已经被改变为其它类型的空间的林地、草地、滩地、湿地等空间性资源退返回原本的空间存在形态。相关法律法规就空间性资源退还所做的规定构成空间性资源退还制度。

我国法律法规规定的空间性资源退还制度包括：

1.退耕还林。《退耕还林条例》第 15 条规定："下列耕地应当纳入退耕还林规划，并根据生态建设需要和国家财力有计划地实施退耕还林"。（关于退耕还林制度的更多内容可参阅本书第十五章）

2.退耕还草。《草原法》第 46 条规定："对水土流失严重、有沙化趋势、需要改善生态环境的已垦草原，应当有计划、有步骤地退耕还草。"除此之外，《草原法》还为实行退耕还草规定了保障措施。其第 48 条规定："国家支持依法实行退耕还草"。该条还规定："对在国务院批准规划范围内实施退耕还草的农牧民，按照国家规定给予粮食、现金、草种费补助。退耕还草完成后，由县级以上人民政府草原行政主管部门核实登记，依法履行土地用途变更手续，发放草原权属证书。"

3.退地还湖。《水法》第 40 条在做了"禁止围湖造地"规定之后又规定:"已经围垦的,应当按照国家规定的防洪标准有计划地退地还湖。"这是要求将通过围垦形成的土地资源退还为湖域资源。

第三节 非生物资源损害防治法的重要制度

人类利用的空间资源、特殊自然禀赋资源之外的非生物资源主要有水资源、矿产资源、非矿物能源资源和气候资源4类。我国《矿产资源法》《水法》《节约能源法》《可再生能源法》等为4类非生物资源建立了损害防治制度,其中最成熟的是《矿产资源法》《水法》建立的矿产资源损害防治制度和水资源损害防治制度。

一、矿产资源损害防治制度

矿产资源,按《矿产资源法实施细则》第2条的规定,就是"由地质作用形成的,具有利用价值的,呈固态、液态、气态的自然资源"。

我国《矿产资源法》在最初颁布时就为矿产资源的勘查、开发确立了反映矿产资源损害防治要求的矿产资源勘查开发20字方针——"统一规划、合理布局、综合勘查、合理开采和综合利用的方针"(《矿产资源法(1986)》第6条)。在这一方针的指引下,为实现"加强矿产资源""保护"的立法目的(第1条),《矿产资源法》建立了一系列矿产资源损害防治制度。除对"乱挖滥采"矿产资源、"破坏矿产资源"等行为的"禁止"(第37条)性规定,建立资源税和资源补偿费制度(本书第十三章"环保引导激励产业政策法(下)"专门讨论)、矿产资源勘查开采许可证制度(本书第十一章"环保管控监督法"专门讨论)、矿产资源规划管理制度(本书第十四章"环境强制保护和环保规划法(上)"专门讨论)、探矿权采矿权有偿取得制度、矿产资源勘查和开采资质管理制度等之外,主要有(1)有计划开采制度、(2)矿产储量管理制度、(3)矿产资源勘查管理制度、(4)矿产资源开采技术工艺管理制度、(5)保护性开采矿种管理制度、(6)规定矿产品统购制度6种。

(一) 有计划开采制度

有计划开采制度，即对相关矿区、矿种实行的有计划的开采制度。

《矿产资源法》第17条规定："国家对国家规划矿区、对国民经济具有重要价值的矿区和国家规定实行保护性开采的特定矿种，实行有计划的开采；未经国务院有关主管部门批准，任何单位和个人不得开采。"国家规划矿区是指国家根据建设规划和矿产资源规划，为建设大中型矿山划定的矿产资源分布区域。(《矿产资源法实施细则》第6条第4项) 对国民经济具有重要价值的矿区是指国家根据国民经济发展需要划定的，尚未列入国家建设规划的，储量大、质量好、具有开发前景的矿产资源保护区域。(《矿产资源法细则》第6条第5项) 国家规定实行保护性开采的特定矿种是指国务院根据国民经济建设和高科技发展的需要以及资源稀缺、贵重程度确定的，由国务院有关主管部门按照国家计划批准开采的矿种。(《矿产资源法细则》第6条第3项)

(二) 矿产储量管理制度

《矿产资源法》第14条规定："矿产资源勘查成果档案资料和各类矿产储量的统计资料，实行统一的管理制度，按照国务院规定汇交或者填报。"该条中的矿产储量管理制度建立于新中国成立初。1953年11月，地质部会同有关部门组建了全国矿产储量委员会（简称全国储委）。1996年3月22日全国矿产储量委员会更名为全国矿产资源委员会，《已开发油气田储量管理规定（试行）》等法律文件就是由全国矿产储量委员会制定的。1998年国务院机构改革时，全国矿产资源委员会撤销，其职能划入国土资源部。现自然资源部设有矿产资源储量司。

储量管理关系到资源挖掘程度。例如，储量管理可以决定相关油、气田是否可以废弃。《已开发油气田储量管理规定（试行）》对"油、气田废弃"有如下规定："经论证，油、气田或区块的油气已经枯竭，继续开采已无社会效益和经济效益的储量，应编写出油、气田废弃报告，经本油区储委初审通过，报油气专委审定，经全国储委批准后储量予以核销。"（第5条）再如，储量管理可以影响相关矿山是否可以关闭。《矿产资源法》第21条规定:"关闭矿山,必须提出矿山闭坑报告及有关采掘工程……的资料,并按照国家规定报请审查批准。"

(三) 矿产资源勘查管理制度

我国《矿产资源法》建立了较为系统的矿产资源勘查管理制度。该法设专章规定《矿产资源的勘查》(第三章),并就矿产资源勘查管理做了具体规定。比如,关于区域地质调查的规定。该法第23条规定:"区域地质调查按照国家统一规划进行。区域地质调查的报告和图件按照国家规定验收,提供有关部门使用。"再如,关于矿产资源普查的规定。该法第24条规定:"矿产资源普查在完成主要矿种普查任务的同时,应当对工作区内包括共生或者伴生矿产的成矿地质条件和矿床工业远景作出初步综合评价。"又如,关于勘探报告应就共生和伴生矿产进行综合评价的规定。该法第25条规定:"矿床勘探必须对矿区内具有工业价值的共生和伴生矿产进行综合评价,并计算其储量。"

(四) 矿产资源开采技术工艺管理制度

《矿产资源法》第29条规定:"开采矿产资源,必须采取合理的开采顺序、开采方法和选矿工艺。矿山企业的开采回采率、采矿贫化率和选矿回收率应当达到设计要求。"该条规定的开采回采率、采矿贫化率和选矿回收率等对防治矿产资源损害都是十分重要的技术工艺要求。

1. 开采回采率。开采回采率指采矿过程中采出的矿石或金属量与该采区拥有的矿石或金属储量的百分比。换句话说,回采率是指生产设计或实际采出的储量占工业储量的比例。它是设计或实际损失率的逆指标。开采回采率越高,说明采出的矿石越多,丢失在矿井里的矿石越少,矿山的资源开发利用效益越好。回采率的大小与损失率成反比。

回采率分设计回采率和实际回采率。设计回采率是根据设计中规定的损失量计算。实际回采率则是根据开采中实际损失的矿石或金属量计算。回采率还可根据计算范围的大小,分为工作面回采率、采区回采率和矿井回采率。

2. 采矿贫化率。采矿贫化率是指在采矿过程中,实际采出矿石的品位比原矿石的品位降低的百分率，它反映的是开采范围内原矿地质品位与采出矿石品位之差。

由于废石、矸石混入或高品位矿石损失或者部分有用组分溶解或散失，采出矿石品位会出现低于开采前计算的工业储量中的矿石地质品位的现象。该现象称矿石贫化。采矿贫化率是关于矿石贫化的技术指标。

3. 选矿回收率。选矿回收率指选矿产品（一般为精矿）中某一有用成分的质量与入选原矿中同一有用成分质量的百分比。选矿回收率也称选矿比，简单说就是原矿重量与选矿产品重量或精矿重量的比值。用具体的数字来说，它表示获得 1 吨精矿需要处理的原矿的吨位。

提高选矿回收率是减少资源浪费的重要技术路径。一般来说，在保证精矿质量要求的前提下，选矿回收率越高，资源浪费就越少。

（五）保护性开采矿种管理制度

《矿产资源法》第 16 条第 3 项规定："国家规定实行保护性开采的特定矿种""由国务院地质矿产主管部门审批"。实行保护性开采，依照 2009 年 11 月 24 日原国土资源部发布的《保护性开采的特定矿种勘查开采管理暂行办法》（国土资发〔2009〕165 号）的规定，目的是"加强对保护性开采的特定矿种勘查、开采的管理，保护我国优势矿产资源……提高优势矿产的合理开发利用水平"（第 1 条）。

保护性开采矿种管理制度的重要内容是对实行保护性开采的矿种采取开采总量控制管理等保护措施。

（六）规定矿产品统购制度

《矿产资源法》第 34 条规定："国务院规定由指定的单位统一收购的矿产品，任何其他单位或者个人不得收购；开采者不得向非指定单位销售。"1991 年 1 月 15 日国务院发布的《关于将钨、锡、锑、离子型稀土矿产列为国家实行保护性开采特定矿种的通知》（国发〔1991〕5 号）就为对钨、锡、锑矿产品及其冶炼产品等实行统购划定了界限。《通知》明确规定："钨、锡、锑矿产品及其冶炼产品（指钨精矿、低度钨、钨酸、仲钨酸铵、钨酸钠、钨粉、钨铁、三氧化钨、碳化钨、兰钨、锡精矿、精锡、焊锡、锑精矿、硫化锑、精锑、氧化锑及其他锑品）和离子型稀土矿产品，分别由中国有色金属工业总公司、国务院稀土领导小组会同国家工商行政管理局指定收购单位，实行统一收购。"（第5条第1款）"钨、锡、锑矿产品及冶炼产品的国内销售，由中国有色金属工业总公司统一管理。离子型稀土矿产品的国内销售，由国务院稀土领导小组制定指令性计划，统一管理。严禁自由买卖。"（第5条第2款）"开采其他矿产资源为主的矿山企业，对共生、伴生的钨、锡、锑、离子型稀土矿产要综合开采，合理利用，其矿产品应向指定的收购单位销售。"（第5条第3款）"上列矿产品及其冶炼产品均作为一类出口商品管理，由经贸部会同中国有色金属工业总公司、国务院稀土领导小组制定出口计划，指定出口单位，并制定出口管理办法。出口计划报国家计委批准后由经贸部下达。出口许可证由经贸部根据出口计划按有关规定发放。严禁计划外出口，严厉打击走私贩私活动。"（第5条第4款）

二、水资源损害防治制度

水资源损害防治，主要是指淡水资源（表6-1第2-9-15项）损害防治。我国是淡水资源相对匮乏的国家。在我国法律体系中，除《水污染防治法》对防治淡水资源受污染损害做了相关规定之外，《水法》也建立了一系列水资源损害防治制度。除水资源开发利用保护规划（第4条第二章"水资源规划"）制度、取水许可制度和水资源有偿使用制度（第7条、第48条）、水质监测（第32条第4款）制度、环境影响评价（第34条）制度等之外，主要包括以下几项。

（一）饮用水水源保护区制度

《水法》第33条规定："国家建立饮用水水源保护区制度。省、自治区、直辖市人民政府应当划定饮用水水源保护区，并采取措施，防止水源枯竭和水体污染，保证城乡居民饮用水安全。"这是建立饮用水水源保护区制度的明确立法宣告。《上海市饮用水水源保护条例》等法规规章建立了较为完整的饮用水水源保护法律规范体系。（参见本书第十五章）

(二) 鼓励雨水等淡水资源集蓄利用和海水利用制度

《水法》第24条规定:"在水资源短缺的地区,国家鼓励对雨水和微咸水的收集、开发、利用和对海水的利用、淡化。"该条涉及雨水的集蓄利用、微咸水的开发利用和海水的利用。其中海水利用包括直接利用和淡化处理后利用。这里的雨水集蓄利用、微咸水开发利用是对低品位淡水资源的收集开发利用。加强对低品位淡水资源的开发利用有利于减轻人类需求对高品位(比如流淌于江河中的或贮存于浅层地下的)淡水资源供给的压力。这里的海水利用和海水淡化后利用,都有助于减轻人类需求对淡水资源供给的压力。

(三) 节水制度

《水法》不仅做了"国家厉行节约用水"的政策宣告(第8条),把"节约用水"宣布为"单位和个人"的普遍"义务"(第8条第2款),将"节约"使用水资源纳入国家"鼓励和支持"(第10条)的范围,而且提出了具体的节约用水要求和有助于实现节约用水的要求。比如,"推广节约用水新技术、新工艺","发展节水型工业、农业和服务业"(第8条)。再如,要求"新建、扩建、改建建设项目""配套建设节水设施",并要在"节水设施"与"新建、扩建、改建建设项目"的主体工程实行"三同时",即"同时设计、同时施工、同时投产"(第53条)。

此外,《水法》还要求"各级人民政府""推行节水灌溉方式和节水技术"(第50条),要求"城市人民政府""推广节水型生活用水器具"(第52条)。

(四) 污水处理和再生利用制度

《水法》第52条对"城市人民政府"提出的要求包括"加强城市污水集中处理,鼓励使用再生水,提高污水再生利用率"。

经处理可以再利用的水称再生水。2018年8月9日合肥市人民政府第13次常务会议审议通过的《合肥市再生水利用管理办法》(《合肥市人民政府令》第198号)第2条第2款规定:"再生水"是指"污水经再生工艺净化处理后,达到国家和省规定的相关水质标准,可以在景观环境、工业生产、城市绿化、道路清扫、建筑施工等方面使用的非饮用水。"2013年9月18日国务院第24次常务会议通过的国务院《城镇排水与污水处理条例》（国务院令第641号）规定了鼓励利用再生水的用途。《条例》第37条规定："国家鼓励城镇污水处理再生利用，工业生产、城市绿化、道路清扫、车辆冲洗、建筑施工以及生态景观等，应当优先使用再生水。"按此规定，再生水的用途主要有（1）工业生产用水、（2）城市绿化用水、（3）道路清扫用水、（4）洗车用水、（5）建筑施工用水、（6）生态景观建设用水。

第四节 生物资源损害防治法的重要制度

可再生资源种类繁多，如渔业资源、林木资源、野生动物资源、野生植物资源等；不同种类的可再生资源的生成路径、存在形式等都不同，其可能遭受的损害的表现形式也不同，因而，损害防治的具体措施等自然也不能强求一致。另一方面，由可再生资源的可再生的共性和可再生生物资源损害普遍遵循的"取而竭"的致害机理所决定，对不同种类的可再生资源损害可以采取某些相同或相近的防治方法。

我国《渔业法》《森林法》等生物资源损害防治法或具有生物资源损害防治功能的法建立了一系列生物资源损害防治制度。除开发许可证（包括渔业资源捕捞许可证制度（《渔业法》第23条）、林木资源采伐许可证制度（《森林法》第56条）等）、保护区制度（包括《森林法》第31条规定的为保护典型森林生态地区、珍贵动物和植物生长繁殖的林区、天然热带雨林区和具有特殊保护价值的其他天然林区而建立的保护区，《渔业法》第29条规定的水产种质资源保护区等）、调查监测制度（如《森林法》第27条规定的森林资源调查监测制度）外，重要的生物资源损害防治制度主要有：

一、开发总量控制和限额开发制度

开发总量控制和限额开发制度是指国家或一定环境单元对单位时间生物资源开发限定最大开发总量，在控制开发总量内给生物资源开发主体规定开发配额的制度。我国《渔业法》《森林法》等都实行开发总量控制和限额开发制度。

《渔业法》第22条规定："国家根据捕捞量低于渔业资源增长量的原则，确定渔业资源的总可捕捞量，实行捕捞限额制度。"该条中的"总可捕捞量"就是渔业资源开发的控制开发总量，其中的捕捞限额就是在"总可捕捞量"内分配给渔业捕捞企业的配额。根据《渔业法》第22条的规定，渔业资源控制开发总量包括内海、领海、专属经济区和其他管辖海域控制开发总量和国家重要江河、湖泊（即国家确定的重要江河、湖泊）控制开发总量两种。前者由国务院渔业行政主管部门确定，报国务院批准；后者由有关省、自治区、直辖市人民政府确定或者协商确定。

根据《森林法》第54条的规定，林木资源控制开发总量包括省、自治区、直辖市控制开发总量和重点林区控制开发总量两种。前者由省、自治区、直辖市人民政府林业主管部门确定，经征求国务院林业主管部门意见，报本级人民政府批准；后者由国务院林业主管部门确定，报国务院批准。

二、生物资源人工增殖制度

人工增殖是指通过人工育苗等方式加快生物资源繁殖促进生物资源增长。生物资源人工增殖制度就是国家或其它组织通过鼓励支持人工增殖加快生物资源繁殖促进生物资源增长的制度。我国《渔业法》《森林法》等法律法规都规定了生物资源的人工增殖制度。

《渔业法》第28条规定："县级以上人民政府渔业行政主管部门应当对其管理的渔业水域统一规划，采取措施，增殖渔业资源。"该条还授权"县级以上人民政府渔业行政主管部门""向受益的单位和个人征收渔业资源增殖保护费"。国务院1979年2月10日发布的《水产资源条例》第6条要求各地采取"改良水域条件、人工投放苗种、投放鱼巢、灌江纳苗、营救幼鱼、移植驯化、消除敌害、引种栽植等"措施"增殖水产资源"。根据2008年7月21日山东省政府第17次常务会议通过的《山东省渔业养殖与增殖管理办法》的规定：渔业增殖就是"通过放流、底播、移植、投放人工鱼礁以及划定渔业增殖保护区等方式，涵养渔业资源"（第18条）。

三、生物资源开发特别禁止制度

生物资源开发特别禁止是指对在特定时段、特定区域开发生物资源的禁止。生物资源开发特别禁止制度就是关于实行生物资源开发特别禁止的权限、范围、实施程序等的生物资源损害防治制度。我国《渔业法》规定的禁渔区、禁渔期（第30条等）制度是最典型的生物资源开发特别禁止制度。

《水产资源条例》丰富了《渔业法》建立的禁渔制度。其第7条规定："对某些重要鱼虾贝类产卵场、越冬场和幼体索饵场，应当合理规定禁渔区、禁渔期"，分别不同情况禁止全部作业或限制作业的种类和某些作业的渔具数量。第8条规定："凡是鱼、蟹等产卵洄游通道的江河……不准在闸口拦捕鱼、蟹幼体和产卵洄游的亲体，必要时应当规定禁渔期。"

根据《渔业法》第30条第2款规定："……禁渔区和禁渔期……由国务院渔业行政主管部门或者省、自治区、直辖市人民政府渔业行政主管部门规定。"

《森林法》第39条第3款规定："禁止在幼林地砍柴、毁苗、放牧。"与《渔业法》规定的禁止制度相对照，该条规定的制度应为对特定区域的禁止。

参考文献：

1. 徐祥民：《环境保护法部门中的资源损害防治法》，《河南财经政法大学学报》2018年第6期。

2. 徐祥民主编：《常用中国环境法导读》第八章"《中华人民共和国水法》导读"、第九章"《中华人民共和国土地管理法》导读"、第十章"《中华人民共和国矿产资源法》导读"、第十二章"《中华人民共和国森林法》导读"，法律出版社2017年版。

思考题：

1. 简述我国资源损害防治法的体系。

2. 我国土地资源损害防治制度主要有哪些?
3. 我国矿产资源损害防治制度主要有哪些?
4. 简述我国法中的空间资源最大使用边界制度。
5. 简述我国生物资源损害防治法的开发总量控制和限额开发制度。

第七章 污染防治法

污染防治法是为开展污染防治这类环境保护事务而制定的法，是在防治污染损害事务的推动下形成的法，是被污染损害这类环境损害召唤来的环境保护法。

本章的主要任务是认识污染损害防治法，掌握污染损害防治法的基础知识，较全面地了解我国污染损害防治法的体系和主要污染防治制度。其中包括：（一）我国污染防治法体系；（二）我国污染防治法的一般制度；（三）我国污染防治法的特别制度。

第一节 我国的污染防治法体系

与世界上许多国家环境法的建设历程一样，我国环境法建设也是首先在污染防治法领域取得进展，在全部四个环境损害防治事务领域中，污染防治领域较早形成系统完整的国家法律。回顾污染防治法建设发展的历史，概括污染防治立法现状，可以发现污染防治立法与污染类型大致相应的基本特点，而立法与污染类型大致相应实质上就是立法与污染防治的直接需要相应。

一、环境污染类型

环境污染是环境损害类型之一，但它又是引起社会关注度最高的环境损害类型。环境污染之所以比资源损害、生态损害等环境损害引起的社会关注度更高，是因为环境污染这种损害会直接影响自然人、法人等的环境消费利益，也就是对具体的自然人、法人等利用环境的生活、生产活动产生不利影响。

环境污染有多种不同的种类划分标准，依据不同标准可以将环境污染划分为多个种类。从各国污染防治立法对污染所做出的反映来看，环境污染主要包括两类，即（一）环境要素污染，比如水污染；（二）特定物质污染，比如反射性物质污染。

（一）环境要素污染

环境要素污染实际上是环境要素被污染。水污染即作为环境要素的水被污染。根据被污染的环境要素的不同，环境要素污染可分为大气污染、水体污染、土壤污染、海洋污染等。

（二）特定物质污染

特定物质污染是由特定物质的特性决定的污染类型。放射性污染是由放射性物质自然衰变对人类环境造成的污染。根据对人类环境造成污染的特定物质种类的不同，特定物质污染可分为放射性污染、固体废物污染、噪声污染等。

二、我国的污染防治法体系

在环境保护法全部四个事务领域中，污染防治领域的法律规范是最丰富最系统的。这个事务领域的环境法已经形成"7+1"体系。"7+1"体系中的数字"7"是指7部污染防治单行法，数字"1"是指1部环境保护法，"7+1"体系即指由7部污染防治单行法和1部环境保护法组成的污染防治法体系。

在从1973年通过《环保规定试行草案》到2018年颁布《土壤污染防治法》的40多年中，我国全国人大及其常务委员会共颁布了名称为污染防治法或污染环境防治法的法律6部，其主要内容属于污染防治法的《海洋环境保护法》1部。这7部法律（可以称之为"污染防治七法律"）最初颁布的时间有早晚，但颁布早的法律对颁布晚的法律没有法律意义上的决定力，颁布晚的法律也不以颁布早的法律为立法依据。这 7 部法律都颁布于《环保法（试行）》之后，但先行通过的具有综合性环境法形式特点的《环保法（试行）》并不是这 7 部法律的法律意义上的立法依据。就像同样也具有综合性环境法特征，且先于上述 6 部污染防治法颁布的《海洋环境保护法》没有取得在其后颁布的 6 部污染防治法的立法依据这一身份一样。在包括《海洋环境保护法》在内的 7 部法律中，除刚颁布不久的《土壤污染防治法》和颁布于 2003 年的《放射性污染防治法》外，都经历了一次或多次修改，但它们的修改都不是出于调整 7 部法律之间关系的需要。1979 年通过的《环保法（试行）》在 1989 年甩掉"试行"的身份标签，变成正式颁布的《环境保护法》（以下简称《环保法（1989）》)，在此之后又经过了一次修改。《环境保护法》的修改以及《环境保护法》正式颁布后"污染防治七法律"的修改都不是出于调整包括《环境保护法》在内的 8 部法律之间关系的需要。在法律上，这 8 部法律之间没有统属关系、上位下位关系、决定与被决定关系。这 8 部法律之间只有一般法理上所说的先法与后法的关系。在这一意义上，我国并不存在以某个上位法或基本法、污染防治法总则为依据的污染防治法体系。

但是，这 8 部法律又不是由时间推移形成的简单的立法堆积。它们是具有立法设计上的历史连续性的立法积累，是在事务领域、适用范围等方面相互间都有所关照的立法群。在这个意义上，我国立法机关实际上创造了一个污染防治法体系，尽管这个体系的各要件之间的联系不够紧密。

我国现有的 7 部单行污染防治法大致出于以下两个建设思路：一个思路是防护，即为防止其受损害的对象（或曰保护对象）设置法律防护体系，以防止其受害；另一个思路是围堵，即为具有损害环境高度危险性的行为、物质等建立法律围栏，以防止其外泄，造成环境损害。按防护思路建立的污染防治法被学界称为环境要素污染防治法，按围堵思路建立的污染防治法被称为特定物质污染环境防治法。我国的 7 部污染防治单行法可划分为由环境要素污染防治法和特定物质污染环境防护法两个部分。这个分类大致如图

7–1：

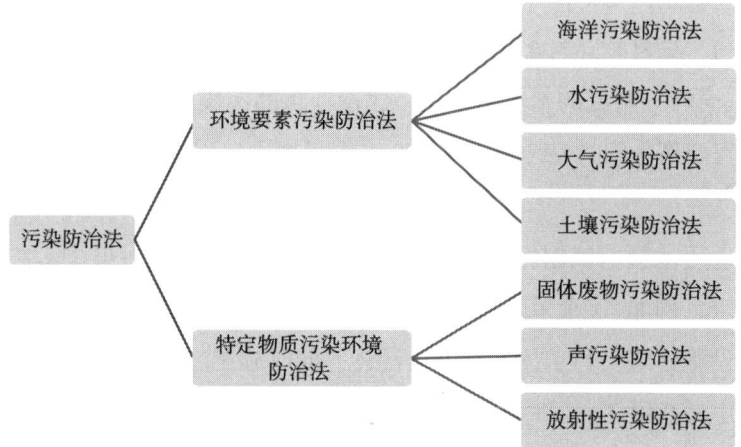

图 7–1：7 部污染防治单行法示意图

第二节　我国污染防治法的一般制度

我国污染防治法规定的污染防治制度是由我国污染防治实践和污染防治立法实践创造的制度。这些制度已经构成一个制度体系。这个制度体系中的制度大致可以分为两类，一类是一般制度，一类是特别制度。由《环境保护法》和"7 部污染防治单行法"中的多部法律明确规定的以污染或污染防治命名或其创制说明具有污染或污染防治内容的制度为污染防治法一般制度。只在我国污染防治法体系的一部污染防治法中出现的以污染或污染防治命名的制度或其创制说明中具有污染或污染防治内容的制度为单行污染防治法特别制度。

我国的污染防治法一般制度主要有 8 项。

一、"三同时"制度

"三同时"制度是用以防治建设项目投入使用后造成污染或产生严重污染的一项污染防治制度。《环境保护法》第 41 条规定："建设项目中防治污染的设施,应当与主体工程同时设计、同时施工、同时投产使用。"该条规定的制度就是污染防治"三同时"制度,简称"三同时"制度。

(一)"三同时"制度的内涵

"三同时"制度的基本要求是:建设项目的污染防治设施与建设项目的主体工程两部分同时设计、同时施工、同时投入使用。该制度包含以下几个要素:

1.适用范围。该制度的适用范围是建设项目。我国污染防治法对此有明确规定。例如,《水污染防治法》第19条第3款规定:"建设项目的水污染防治设施,应当与主体工程同时设计、同时施工、同时投入使用。"根据这一规定,适用"三同时"要求的对象只是"建设项目"。

2."同时"。"同时"要求中的相关方是建设项目主体工程和建设项目污染防治设施。"三同时"制度得以建立的基本前提是赋予建设项目新内涵。建设项目包含两个部分:一个部分是主体工程,准确点说是建设项目主体工程,比如造纸厂这一建设项目中的造纸厂房设备建设工程;另一部分是污染治理设施,准确点说是建设项目污染治理设施,比如造纸厂建设项目中用来处理造纸产生的污水和其他污染物质的污水处理场站。建设项目主体工程和建设项目污染处理设施建设工程两者构成一个完整的建设项目。(见图7-2)"三同时"制度中的"同时"就是要求建设项目的两部分"同时",也就是建设项目主体工程与建设项目污染处理设施工程"同时"。在造纸厂建设项目中,就是造纸厂生产厂房设施设备工程与造纸厂污水处理场站建设工程两者

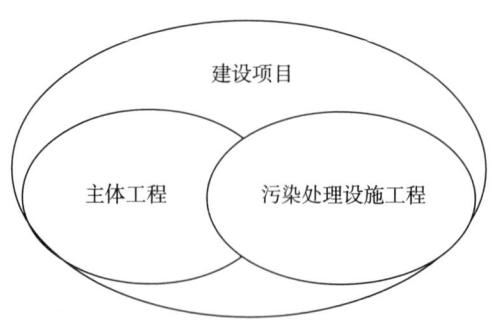

图7-2:建设项目构成示意图

的建设"同步"。

3."三同时"中的"三"。这里的"三"是建设项目的三个阶段,即"设计""施工""投产"。所谓"三同时"就是"设计""施工""投产"三个建设阶段或环节都要"同时"。

(二)"三同时"制度在污染防治中的作用

建立"三同时"制度的基本科学依据是建设项目产生污染不可避免,但可以治理。建设项目产生的污染可以通过科学技术手段减少或减轻。"三同时"制度中的"污染防治设施"就是用来减少或减轻建设项目对环境造成的污染的科学技术手段。"三同时"就是要求作为建设项目组成部分的建设项目主体工程和建设项目污染防治设施工程两者同步建设。"同时设计"要实现的是使建设项目污染防治设施在处理污染物的种类、排放规模等方面的设计能力与建设项目主体工程可能造成的污染相适应;"同时施工"要实现的目标是使建设项目污染防治设施和建设项目主体工程二者在建设进度上同步,在实际建设上保持两者之间的"适应";"同时投产"要实现的目标是使投产后的建设项目主体工程有与之同时起动的污染防治设施,且后者始终与其同步运行。

"三同时"制度是污染防治制度。该制度的"防"并不是堵——使污染物不排出,而是防止建设项目可能产生的污染物直接进入环境,在未采取治理措施之前就变成实际发生的污染;该制度的"治",按照污染不可避免的科学判断,并不追求绝对不产生污染,而是以减少污染或者降低污染程度为设计目标。以造纸厂为例。造纸生产活动必然产生污染物。实施"三同时"制度要达到的目标是在造纸生产产生的污染物排入环境之前通过"污染防治设施"实施治理,使造纸厂最终排入环境的污染物是经"污染防治设施"处理的污染物。如果用轻重来表达生产活动(也就是建设项目主体工程)产生的污染物和经"污染防治设施"(也就是污染处理设施工程)处理的污染物,那么,"三同时"制度的工作原理就可以用图7–3来表示:

140　环境法学概论

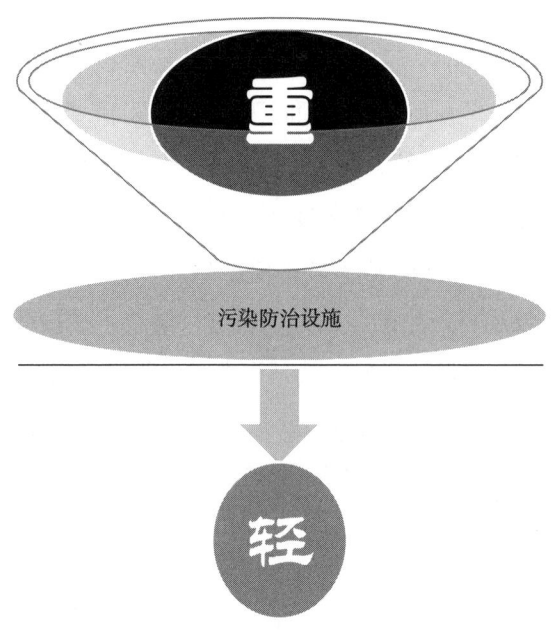

图 7-3："三同时"制度工作原理示意图

（三）"三同时"制度是我国环境保护实践创造的污染防治制度

"三同时"制度是在我国环境保护实践中探索出来的一项污染防治制度，该制度最早由《环保规定试行草案》确立。《环保规定试行草案》第 4 条"综合利用，除害兴利"第 4 款规定："一切新建、扩建和改建的企业，防治污染项目，必须和主体工程同时设计，同时施工，同时投产。正在建设的企业，没有采取防治措施的，必须补上。"该款中的"新建、扩建和改建的企业"后来被统称为建设项目，也就是本书所说的建设项目主体工程。该款中的"防治污染项目"后来被称为"污染防治设施"，也就是本书所说的建设项目污染防治设施工程。

1979 年制定的《环保法（试行）》延续了这一制度。该法第 6 条规定："一切企业、事业单位……在进行新建、改建和扩建工程时，必须……经环境保护部门和其他有关部门审查批准后才能进行设计；其中防止污染和其他公害的设施，必须与主体工程同时设计、同时施工、同时投产。"该条中的"防止污染和其他公害的设施"就是污染防治设施，亦即本书所说的建设项目污染防治设施工程。

二、排污收费制度

排污收费制度是世界各国污染防治法普遍实行的制度，也是我国污染防治法的一项重要制度。我国《环境保护法》第 43 条规定："排放污染物的企业事业单位和其他生产经营者，应当按照国家有关规定缴纳排污费。"该规定对已经实施多年的排污收费制度予以立法确认。

(一) 排污收费制度的含义

排污收费制度，也称征收排污费制度，是指由国家环境保护机关依法律对排污者征收一定款额用于治理污染的一种污染防治制度。排污收费制度主要包含以下几个要点：

1. 排污单位的义务。上述《环境保护法》第 43 条首先是一个设定义务的法条，该条设定的义务是"缴纳排污费"。该项义务的义务主体，即排污费缴纳义务主体，是"排放污染物的企业事业单位和其他生产经营者"。

2. 排污费的数额。《环境保护法》第 43 条规定了排污费缴纳义务和排污费缴纳义务主体，但没有直接规定排污费缴纳义务的量，而是将确定排污费缴纳义务量的任务留给了有权制定"国家有关规定"的国家机关。国务院担当了这一"有权机关"。1982 年 2 月 5 日，国务院发布《征收排污费暂行办法》。2003 年 1 月 2 日，国务院又发布《排污费征收使用管理条例》（国务院令第 369 号），该《条例》取代了《暂行办法》。根据《排污费征收使用管理条例》的规定，排污费缴纳义务量决定于排放污染物的种类、数量和排污收费标准。其中，排放污染物的种类、数量是指经污染防治专门机关核定的"污染物排放种类、数量"（第 7 条），而排污收费标准由"国务院价格主管部门、财政部门、环境保护行政主管部门和经济贸易主管部门""根据污染治理产业化发展的需要、污染防治的要求和经济、技术条件以及排污者的承受能力"制定。（第 11 条）国家发展计划委员会、财政部、国家环境保护总局、国家经济贸易委员会 2003 年 2 月 28 日发布的《排污费征收标准管理办法》提供了《排污费征收标准及计算方法》。根据这些规定，排污费缴纳义务主体应缴纳排污费的量就是经核定的污染物排放种类数量与应当适用的排污收费标准的乘积。用等式表示就是：

$$应缴排污费 = 核定污染物排放种类数量 \times 排污收费标准$$

根据《排污费征收标准及计算方法》，这个等式中的核定污染物排放种类数量可以改为"污染当量数"，进而这个等式可以改为以下公式（可称之为"应缴排污费计算公式"）：

$$应缴排污费 = 污染当量数 \times 排污收费标准$$

不过，根据相关法律文件的规定，"应缴排污费公式"中的应缴排污费，也就是排污费缴纳义务主体应承担的排污费缴纳义务量，由专门国家机关负责确定。《排污费征收标准管理办法》第13条规定："负责污染物排放核定工作的环境保护行政主管部门，应当根据排污费征收标准和排污者排放的污染物种类、数量，确定排污者应当缴纳的排污费数额，并予以公告。"

3.排污费的用途。排污费的用途，即国家污染防治管理机关征收所得排污费的用途。《环境保护法》第43条不仅明确规定相关国家机关收取的排污费要"全部专项用于环境污染防治"，而且就此作出禁止性规定，即"任何单位和个人不得截留、挤占或者挪作他用"。为避免收费机关"截留、挤占"收取的排污费，或者将收取的排污费"挪作他用"，《排污费征收使用管理条例》要求对排污费的征收和使用实行"收支两条线"。一条线，"征收的排污费一律上缴财政"；另一条线，"环境保护执法所需经费列入本部门预算，由本级财政予以保障"。（第4条）

（二）征收排污费的排污行为种类

根据《排污费征收使用管理条例》第12条的规定，"向大气、海洋排放污染物"的行为，"向水体排放污染物"的行为，工业生产中"没有建设工业固体废物贮存或者处置的设施、场所，或者工业固体废物贮存或者处置的设施、场所不符合环境保护标准"排放污染物的行为，"产生环境噪声污染超过国家环境噪声标准"的排放行为，都应缴纳排污费。

（三）排污收费制度在污染防治中的作用

排污收费制度在污染防治中的作用主要体现在以下两个方面：

1.促使排污单位,也就是排污费缴纳义务主体,采取措施减少排污量,不排放或少排放污染重的污染物。根据《排污费征收标准管理办法》所附《排污费征收标准及计算方法》,应缴排污费的计算依据之一是"污染当量"。根据"应缴排污费计算公式",在排污收费标准不变的情况下,"污染当量"数越大,应缴纳的排污费便越多。排污费缴纳义务主体为了减轻自己造成的交费负担,就会努力减少排放污染物的"污染当量"数。无疑,排污费缴纳义务主体的这种努力有利于减轻污染损害。

2.为治理污染筹集资金。根据《环境保护法》第43条的规定,收取的排污费应当用于污染治理。按照《排污费征收使用管理条例》的规定,从排污费缴纳义务主体那里收取的排污费主要用于以下四个方面:(1)"重点污染源防治";(2)"区域性污染防治";(3)"污染防治新技术、新工艺的开发、示范和应用";(4)"国务院规定的其他污染防治项目"等污染治理项目的"拨款补助或者贷款贴息"。(第18条)按照《排污费征收使用管理条例》的这一使用安排,向排污费缴纳义务主体征收排污费的重要作用就是为污染治理聚集资金。

三、污染物排放标准制度

污染物排放标准是环境标准的一种。污染物排放标准制度是环境标准制度的组成部分,也是我国的一项重要污染防治制度。(详见本书第十章)

四、污染防治规划制度

《环境保护法》第13条第2款规定:"县级以上地方人民政府环境保护主管部门会同有关部门,根据国家环境保护规划的要求,编制本行政区域的环境保护规划,报同级人民政府批准并公布实施。"该条第3款规定:"环境保护规划的内容应当包括生态保护和污染防治的目标、任务、保障措施等,并与主体功能区规划、土地利用总体规划和城乡规划等相衔接。"该条规定作为环境保护规划之重要内容的"污染防治的目标、任务、保障措施等"就是污染防治规划。污染防治规划制度是我国污染防治法的一项重要制度。(详

见本书第十一章）

五、排污总量控制制度

排污总量控制制度，也称重点污染物排放总量控制制度，是以流域、特定区域为污染防治地域范围，通过控制规定污染物的排放总量实现环境保护目标的污染防治制度。《环境保护法》第44条规定："国家实行重点污染物排放总量控制制度。"

（一）排污总量控制制度的含义

排污总量控制制度包含以下几项要素：

1. 以环境容量为科学依据。排污总量控制制度是以环境承受污染能力有限性为科学依据的制度。这项制度设定污染防治目标的基本原理是将人类释放污染物的量控制在环境可承受的范围之内。在操作上，实施该制度以确定特定流域、区域承受污染物最大量，亦即承受污染物的环境容量（可称之为"容许排污总量"）为前提。排污总量，即许可排污总量是小于或等于"容许排污总量"的一个量。排污总量控制制度对确定许可排污总量的要求可以用以下不等式来表示：

$$许可排污总量 \leq 容许排污总量$$

2. 以流域、特定区域的全部排污者为行为主体控制对象。估算"容许排污总量"的地域是一定的流域或由自然规定的其它特定区域。比如在水污染防治中的具体江河的流域、大气污染防治中由自然形成的污染物扩散条件等决定的某个区域。处在作为同一污染防治地域单位的同一流域、区域的所有规定重点污染物的排污者都是被控制的行为主体。

3. 以"重点污染物"为污染物控制对象。排污总量控制制度一般只适用于规定的"重点污染物"，而不是生产生活活动释放的所有污染物。例如，《水污染防治法》第20条就明确规定："国家对重点水污染物排放实施总量控制制度。"依据该规定，排污总量控制制度的污染物控制对象仅限于"重点水污染物"。

4. 以控制总量分解为必要管理手段。排污总量控制制度要控制的排污行为实质上是一定流域、特定区域内的全部排污者的总排污行为。控制排污总行为的有效方法是实行有组织的许可排污总量分解，比如按行政区逐级分解。

5. 以监测监控等为必要技术支撑。执行按照"许可排污总量≤容许排污总量"的要求设计的"许可排污总量"要想实现设计的污染防治目标（某个环境质量水准），必须满足一个条件，即实际排污总量小于或等于"许可排污总量"。排污总量控制制度的工作原理是实际排污总量小于或等于许可排污总量，而后者小于或等于容许排污总量。这一原理可以用以下不等式（可以称之为"排污总量控制制度工作原理公式"）来表示：

$$实际排污总量 \leq 许可排污总量 \leq 容许排放总量$$

在不等式"许可排污总量≤容许排放总量"成立的前提下，当实际排污总量小于或等于"许可排污总量"时，就可以实现设计污染防治目标。反之，如果实际排污总量大于"许可排污总量"，那么，即使不等式"许可排污总量≤容许排放总量"成立，也无法产生设计的污染防治目标。

（二）排污总量控制制度的功能和在污染防治制度体系中的地位

排污总量控制制度具有使污染防治目标必达的功能。它是我国污染防治制度体系中的一项重要制度。

1. 排污总量控制制度是实现设计污染防治目标的有效管理制度。如"排污总量控制制度工作原理公式"所示，排污总量控制制度具有使污染防治目标必达的功能。只要实际污染防治管理活动能保证公式"实际排污总量≤许可排污总量≤容许排放总量"成立，实施排污总量控制制度的决策机关设定的污染防治目标便可以达到。

2. 排污总量控制制度是可以与排污许可制度衔接使用的制度。非常明显，"排污总量控制制度工作原理公式"中的"许可排污总量"可以是排污许可证载明的量，也就是说，"许可排污总量"可以是以颁发排污许可证的方式确定的量。

3. 排污总量控制制度离不开排污监测监控制度的扶持。实际排污总量对污染防治目标具有决定性的影响力，是排污总量控制制度能否达到设计要求的关键，而要确保实际排污总量小于或等于许可排污总量，在实行排污许可制度的情况下就是确保实际排污总量小于或等于全部许可证载明的许可排放总量，需要使用监测、监控等技术手段。排污监测监控制度的有效运行是排污总量控制制度实现其设计目标的重要保障。

六、限期治理制度

限期治理是我国污染防治法创立的一项制度。

(一) 限期治理制度的含义

限期治理制度，也称限期采取治理措施制度，它是由国家相关管理机关责令排污单位或造成污染的行为人在指定的期限内对排放污染物的生产生活设施等实施治理或对已经造成的污染实施治理，以减轻、停止或消除污染的污染防治制度。

对这项制度，我们可以从以下几个方面加以理解：

1.限期治理的法律性质。限期治理制度中的限期治理在法律上的地位是行政命令，是享有管理权的机关对具有行政相对人身份的排污单位的命令。排污单位执行限期治理的命令不能代替依法承受的罚款等法律责任。有管理权的机关也不能因为已经对排污者下达了限期治理的命令便不再对其实施法律规定的处罚。《水污染防治法》第 90 条规定：对因"向水体倾倒船舶垃圾或者排放船舶的残油、废油"等行为"造成水污染的，责令限期采取治理措施，消除污染，处二万元以上二十万元以下的罚款"。依据该规定，有关机关对行为人下达"限期采取治理措施"的命令不影响对行为人实施罚款处罚。

2.限期治理制度中的命令主体。我国污染防治法对限期治理决定权有不同规定。在有的污染防治法中，限期治理的命令主体是县级以上人民政府环境保护行政主管部门、海事管理机构、渔业主管部门等。《固体废物污染环境防治法》第 81 条规定："违反本法规定，造成固体废物严重污染环境的，由县级以上人民政府环境保护行政主管部门按照国务院规定的权限决定限期治理。"《水污染防治法》第 90 条规定："向水体倾倒船舶垃圾或者排放船舶的残油、废油""未经作业地海事管理机构批准,船舶进行散装液体污染危害性货物的过驳作业"等五类行为"造成水污染的",海事管理机构、渔业主管部门有权"责令限期采取治理措施,消除污染"。也有的污染防治法把限期治理的决定权授予县级以上人民政府。例如,《噪声污染防治法》第17条第2款规定:"限期治理由县级以上人民政府按照国务院规定的权限决定。"

3. 限期治理制度的适用范围。限期治理制度主要适用于两类情况,一类是已经建成的生产生活设施是污染源的。《环保法(试行)》规定的"限期治理"主要指对已然存在的污染源的治理。"城镇生活居住区、水源保护区、名胜古迹、风景游览区、温泉、疗养区和自然保护区"已经建成的"污染环境的企业、事业单位",除了可以采取"搬迁"等处置之外,必须"限期治理"。(第17条)另一类是生产生活活动造成了严重污染。其中又包括以下两种情况:(1)排放污染物造成污染的行为。如《水污染防治法》第19条第1项规定的"向水体倾倒船舶垃圾或者排放船舶的残油、废油"造成污染的行为;第5项规定的"进入中华人民共和国内河的国际航线船舶,排放不符合规定的船舶压载水"造成污染的行为。(2)其他作业未遵守相关规定造成污染的行为。如《水污染防治法》第19条第2项规定的"未经作业地海事管理机构批准,船舶进行散装液体污染危害性货物的过驳作业"造成污染的行为;第3项规定的"船舶及有关作业单位从事有污染风险的作业活动,未按照规定采取污染防治措施"造成污染的行为。

4. 限期治理的责任主体。与上述适用范围相一致,限期治理的责任主体主要有以下两类:一类是已经建成的"污染环境的企业、事业单位";另一类是造成污染的行为人。这后一类又包括两种情况。一种情况是排放污染物的人。例如,"以冲滩方式进行船舶拆解""造成水污染"的行为人;另一种情况是开展其他作业未遵守相关规定的人。例如上述《水污染防治法》规定的用船舶"进行散装液体污染危害性货物的过驳作业"的人、从事其他"有污染风险的作业活动"的人等。

5. 限期治理的相关措施。限期治理是一种行政命令。如果被命令的责任主体逾期不采取治理措施或逾期未完成治理任务,我国相关污染防治法还规定了治理污染或防治污染扩大的措施。相关措施主要有两种。一种措施是委托治理，即由命令主体指定有治理能力的单位代替责任主体实施治理，由责任主体承担治理费用。《水污染防治法》第94条规定："未按照要求采取治理措施或者不具备治理能力的，由环境保护主管部门指定有治理能力的单位代为治理，所需费用由违法者承担。"另一种措施是责令停业或者关闭，即由命令主体责令责任主体停业或者关闭。《固体废物污染环境防治法》第81条规定："逾期未完成治理任务的，由本级人民政府决定停业或者关闭。"

(二) 限期治理制度建立于我国环境保护法制建设的探索前进时期

限期治理制度是我国第一次全国环境保护会议的创造。国家计划委员会在写给国务院的《关于全国环境保护会议情况的报告》提出："对污染严重的城镇、工矿企业、江河湖泊和海湾，要一个一个提出具体措施，限期治理好。"此后，限期治理逐渐发展成我国污染防治法的一项制度。1979年编制《环保法（试行）》时把它确定为一项法律制度。该法第17条规定："在城镇生活居住区、水源保护区、名胜古迹、风景游览区、温泉、疗养区和自然保护区，不准建立污染环境的企业、事业单位。已建成的，要限期治理、调整或者搬迁。"第18条第2款规定："加强企业管理，实行文明生产，对于污染环境的废气、废水、废渣，要实行综合利用、化害为利；需要排放的，必须遵守国家规定的标准；一时达不到国家标准的要限期治理。"这是限期治理第一次走进最高立法机关制定的法律。此后，我国多部污染防治法陆续采用了这一制度。

(三) 限期治理制度的功能及其在我国污染防治法中的地位

限期治理制度是我国污染防治法的一项重要制度。其重要性主要表现在如下两个方面：

1. 建立限期治理制度是对"污染者治理"原则的落实。《环保法（试行）》第6条第2款规定："已经对环境造成污染和其他公害的单位，应当按照谁污染谁治理的原则，制定规划，积极治理，或者报请主管部门批准转产、搬迁。"贯彻这一原则，污染防治法应当要求造成污染的排污者治理污染。建立限期治理制度是贯彻污染者治理原则的需要。

2.限期治理制度是我国一系列污染防治法律制度体系中一项制度。经过40多年的建设，我国污染防治法已经建立起一个制度体系。从"三同时"制度、排污许可制度、污染物排放标准制度、排污收费制度，到限期治理制度、污染防治规划制度等，构成一个比较完整的污染防治制度体系。这个制度体系反映了污染防治事务前后相继的过程。"三同时"制度、排污许可制度等处在这个过程的污染未发生之前，而限期治理、污染防治规划中的治理规划则处在这个过程的污染发生之后。在这个意义上说，限期治理是适用于污染防治事务全过程中的污染发生之后阶段的一项制度。从污染防治制度体系的整体来看，限期治理制度是我国污染防治制度体系中的一个重要环节。

七、污染防治现场检查制度

现场检查制度是国家污染防治部门或其他经授权的机构对排污单位的生产现场或其他产生污染物的或与污染物产生有关的现场实施检查的制度。《环境保护法》第24条规定："县级以上人民政府环境保护主管部门及其委托的环境监察机构和其他负有环境保护监督管理职责的部门，有权对排放污染物的企业事业单位和其他生产经营者进行现场检查。"这是对现场检查制度明确的立法宣告。

(一)现场检查制度的含义

污染防治现场检查制度包含以下几个方面的含义：

1.污染防治现场检查是一项执法活动。实施现场检查的主体一般都是国家污染防治部门或其他获得国家污染防治主管部门授权的机构。《水污染防治法》第30条规定的执法主体是"环境保护主管部门"和其他依照该法规定"行使监督管理权的部门"。上述《环境保护法》第24条规定的执法主体是"县级以上人民政府环境保护主管部门及其委托的环境监察机构和其他负有环境保护监督管理职责的部门"。因为现场检查是执法行为，所以被检查的排污单位有义务接受检查，配合检查主体实施检查获取相关信息。《噪声污染防治法》第21条规定："被检查的单位必须如实反映情况，并提供必要的资料。"

2.污染防治现场检查的内容是作为相关法律的约束对象的排污行为和防治污染的行为。依据《水污染防治法》，企业排放水污染物的情况、对生产活动产生的废水的处理情况（包括污水处理设施运行情况）等都是现场检查的内容。

3.污染防治现场检查是督促排污者遵守污染防治法的手段。通过依据现场检查，可以为国家污染防治机关获取评价排污单位遵守污染防治法情况的信息、遵守排污许可证情况的信息等，检查主体可以依据这些信息和其他反应被检查单位遵守污染防治法情况的信息，对"被检查的单位"下达防治污染的指令，或作出奖励或处罚的决定。

（二）污染防治现场检查制度是在我国环境保护实践探索过程中创立起来的一项制度

《环保规定试行草案》第8条授予"环境监测机构"的权力包括"检查各企业，事业单位执行国家卫生标准和污染物排放标准的情况，检查水系、海域、大气、土壤、农副产品、食品等污染情况"。《环保法（试行）》虽然没有明确使用"现场检查"这个提法，但却明确把"检查督促所辖地区内各部门、各单位执行国家保护环境的方针、政策和法律、法令"规定为"地方各级环境保护机构的主要职责"（第27条）。《环境保护法（1989）》第14条规定："县级以上人民政府环境保护行政主管部门或者其他依照法律规定行使环境监督管理权的部门，有权对管辖范围内的排污单位进行现场检查。"在1989年的《环境保护法》中，污染防治现场检查已经成为被系统表述的污染防治制度。

（三）污染防治现场检查制度的功能及其在污染防治制度体系中的地位

污染防治现场检查是污染防治主管部门对排污者实施监督管理的直接手段，是随时掌握排污者排污情况和污染治理情况的灵活手段，在对排污者的监督管理上具有不可替代的作用。

在污染防治制度体系中污染防治现场检查制度具有直接面对排污者和直接掌握排污情况、污染治理情况的独特优势，其中包括：

1.污染防治现场检查对"三同时"制度、污染物排放标准制度、限期治理制度等具有保障作用。

2. 污染防治现场检查对排污许可制度、排污总量控制制度的实施具有重要辅助作用。

3. 污染防治现场检查制度与污染防治监测制度具有相互扶持的作用。

八、污染严重工艺设备产品强制淘汰制度

污染严重工艺设备产品强制淘汰制度，也被简称为强制淘汰制度，是对那些其使用会产生严重污染的工艺、设备、产品等强制淘汰，不得使用、生产、交易，或者必须在规定期限内停止使用的污染防治制度。《环境保护法》第46条规定："国家对严重污染环境的工艺、设备和产品实行淘汰制度。任何单位和个人不得生产、销售或者转移、使用严重污染环境的工艺、设备和产品。""禁止引进不符合我国环境保护规定的技术、设备、材料和产品。"该条规定是对污染严重工艺设备产品强制淘汰制度的立法宣告。

(一) 污染严重工艺设备产品强制淘汰制度的含义

认识这一制度须掌握以下几点：

1. 该制度中的"污染严重"其实是"致污"严重。污染严重工艺设备产品强制淘汰制度定义中的"污染严重"其实是"致污"严重，是说相关工艺、设备等具有产生严重污染的潜在缺陷。根据这一判断，污染严重工艺设备产品强制淘汰制度也可称"致污严重工艺设备产品强制淘汰制度"。

2. 污染严重工艺设备产品强制淘汰制度中的淘汰是命令。《大气污染防治法》第18条规定："国家对严重污染大气环境的工艺、设备和产品实行淘汰制度。"在这一规定中没有保留任何商量的空间。

《清洁生产促进法》也要求企业改进工艺、技术，"优先采用资源利用率高以及污染物产生量少的清洁生产技术、工艺和设备"(第18条)。虽然"优先采用"也有可能产生使某种工艺、设备被淘汰的结果，但《清洁生产促进法》的基本手段是"鼓励和促进"。污染严重工艺设备产品强制淘汰制度中对工艺、设备、产品的淘汰与此不同，它的淘汰是强制，是命令。

3. 污染严重工艺设备产品强制淘汰制度中的义务主体有多种。《大气污

染防治法》第 27 条规定："生产者、进口者、销售者或者使用者应当在规定期限内停止生产、进口、销售或者使用列入前款规定目录中的设备和产品。工艺的采用者应当在规定期限内停止采用列入前款规定目录中的工艺。"该条规定的义务主体包括致污严重设备和产品的"生产者、进口者、销售者或者使用者"和污染严重工艺的"采用者"。

4. 污染防治法的相关执行机关是污染严重工艺设备产品强制淘汰制度中的责任主体。《噪声污染防治法》第 18 条规定："国务院经济综合主管部门应当会同国务院有关部门公布限期禁止生产、禁止销售、禁止进口的环境噪声污染严重的设备名录。"按照这一规定，国务院经济综合主管部门不只是有权"公布""名录"。一方面它是获得法律授权的机关，另一方面它也是有责任（"应当"）"公布"相关"名录"的机关。

（二）污染严重工艺设备产品强制淘汰制度的功能及其在污染防治制度体系中的地位

污染严重工艺设备产品强制淘汰制度也接受污染不可避免但可以减轻的科学判断。它是一项从源头预防污染的法律制度。在污染防治上，源头预防显然优于末端治理。污染严重工艺设备产品强制淘汰制度就是通过强制淘汰存在潜在严重致污缺陷的工艺、设备等以避免相关工艺、设备的潜在致污缺陷变成污染事实。严格执行污染严重工艺设备产品强制淘汰制度，扩大强制淘汰的具有潜在致污缺陷的工艺、设备、产品的范围，有利于减少污染，降低污染程度。

污染严重工艺设备产品强制淘汰制度在我国污染防治制度体系中的地位表现在以下几个方面：

1. 污染严重工艺设备产品强制淘汰制度与清洁生产制度相衔接。污染严重工艺设备产品强制淘汰制度是用命令的方式实现对不符合污染防治要求的工艺设备产品等实行淘汰，而清洁生产制度则是用"鼓励和促进"的方式实现工艺设备产品朝有利于污染防治的方向改进。两种制度都要求按照污染防治的要求改善或优化工艺、设备等，两者在强行性程度上存在由强到弱的衔接关系。

2.污染严重工艺设备产品强制淘汰制度可以与限期治理制度对接。如前所述,限期治理适用于两类情况,其中一类是已经建成的生产生活设施是污染源的情况。对作为可能或正在对环境造成严重污染的生产生活设施的限期治理,不排除对工艺、设备、所用产品等的调整、提高,包括用新的工艺、设备等代替具有严重致污缺陷的工艺、设备等。在这种情况下,执行污染严重工艺设备产品强制淘汰制度也就是对限期治理制度的执行。

3.污染严重工艺设备产品强制淘汰制度可以借助于污染防治现场检查制度加以实施。一方面,可以通过现场检查发现需要强制淘汰的工艺设备等,为实施污染严重工艺设备产品强制淘汰制度提供信息;另一方面,可以通过现场检查了解列入强制淘汰范围的工艺、设备等是否退出产生污染的生产生活活动。

4.污染严重工艺设备产品强制淘汰制度的实施需要得到污染防治规划制度的支持。实施污染严重工艺设备产品强制淘汰制度不仅会给相关企业事业单位带来沉重的经费负担,包括采用新的工艺、设备等所必需的资金投入,而且也会对实施该制度的地区经济发展造成一定影响,比如因采用新工艺、安装新设备等造成的生产的停顿或生产能力的降低等,因此,污染严重工艺设备产品强制淘汰制度的实施,尤其是大范围高强度的实施,需要得到所在行政区环境保护规划甚至经济社会发展规划的支持。

第三节 我国相关单行污染防治法的特别制度

我国《大气污染防治法》《固体废物污染环境防治法》等单行污染防治法都规定了仅适用于一个污染防治事务领域的特别制度。

一、《大气污染防治法》特别制度

《大气污染防治法》规定的特别制度,也就是大气污染防治特别制度。主要有以下两项:

(一) 机动车和非道路移动机械环境保护召回制度

机动车和非道路移动机械环境保护召回制度是指对机动车、非道路移动机械排放大气污染物超过标准，属于设计、生产缺陷或者不符合规定的环境保护耐久性要求的，由生产、进口企业等对其进行召回的制度。《大气污染防治法》建立了这项制度。该法第58条规定："国家建立机动车和非道路移动机械环境保护召回制度。""生产、进口企业获知机动车、非道路移动机械排放大气污染物超过标准，属于设计、生产缺陷或者不符合规定的环境保护耐久性要求的，应当召回；未召回的，由国务院市场监督管理部门会同国务院生态环境主管部门责令其召回。"

(二) 机动车强制报废制度

机动车强制报废制度是指对经维修或者采用污染控制技术后，大气污染物排放仍不符合国家在用机动车排放标准的机动车实行强制报废的制度。《大气污染防治法》有建立机动车强制报废制度的明确规定。该法第60条规定："在用机动车排放大气污染物超过标准的，应当进行维修；经维修或者采用污染控制技术后，大气污染物排放仍不符合国家在用机动车排放标准的，应当强制报废。其所有人应当将机动车交售给报废机动车回收拆解企业，由报废机动车回收拆解企业按照国家有关规定进行登记、拆解、销毁等处理。"

二、《固体废物污染环境防治法》特别制度

《固体废物污染环境防治法》中的特别制度，也就是固体废物污染环境防治特别制度。主要有：

(一) 工业固体废物申报登记制度

工业固体废物申报登记制度是指产生工业固体废物的单位按照国务院环境保护行政主管部门的规定，向所在地县级以上地方人民政府环境保护行政主管部门以提供工业固体废物的种类、产生量、流向、贮存、处置等有关资料的方式进行申报登记的制度。《固体废物污染环境防治法》第32条规定："国家实行工业固体废物申报登记制度。""产生工业固体废物的单位必须按

照国务院环境保护行政主管部门的规定，向所在地县级以上地方人民政府环境保护行政主管部门提供工业固体废物的种类、产生量、流向、贮存、处置等有关资料。"

(二) 危险废物排污收费制度

危险废物排污收费制度是指以填埋方式处置危险废物不符合国务院环境保护行政主管部门规定的，企业或其他行为人依法缴纳危险废物排污费的制度。《固体废物污染环境防治法》第 56 条规定："以填埋方式处置危险废物不符合国务院环境保护行政主管部门规定的，应当缴纳危险废物排污费。"

(三) 危险废物经营许可制度

危险废物经营许可制度是指从事收集、贮存、处置危险废物经营活动的单位，必须向县级以上人民政府环境保护行政主管部门申请领取经营许可证方可从事危险废物收集、贮存、处置等经营活动的制度。《固体废物污染环境防治法》第 57 条规定："从事收集、贮存、处置危险废物经营活动的单位，必须向县级以上人民政府环境保护行政主管部门申请领取经营许可证；从事利用危险废物经营活动的单位，必须向国务院环境保护行政主管部门或者省、自治区、直辖市人民政府环境保护行政主管部门申请领取经营许可证。"（关于环保许可的更多内容可参阅本书第十一章）

三、《放射性污染防治法》特别制度

《放射性污染防治法》中的特别制度，也就是放射性污染防治特别制度。主要有：

(一) 核设施运营单位安全保卫制度

核设施运营单位安全保卫制度是指核设施营运单位为确保核设施运营安全设置专门机构配备专门人员和设施设备等开展安全保卫工作并接受公安部门等的监督指导的安全保障制度。《放射性污染防治法》第 25 条规定："核设施营运单位应当建立健全安全保卫制度，加强安全保卫工作，并接受公安部门的监督指导。""核设施营运单位应当按照核设施的规模和性质制定核事故场内应急计划，做好应急准备。""出现核事故应急状态时，核设施营运单

位必须立即采取有效的应急措施控制事故,并向核设施主管部门和环境保护行政主管部门、卫生行政部门、公安部门以及其他有关部门报告。"

（二）生产、销售、使用、贮存放射源单位安全保卫制度

生产、销售、使用、贮存放射源单位安全保卫制度是指生产、销售、使用、贮存放射源的单位为确保放射源生产、销售、使用、贮存的安全设置专门机构配备专门人员和设施设备等开展安全保卫工作并接受公安部门等的监督指导的安全保障制度。《放射性污染防治法》第33条规定："生产、销售、使用、贮存放射源的单位,应当建立健全安全保卫制度,指定专人负责,落实安全责任制,制定必要的事故应急措施。发生放射源丢失、被盗和放射性污染事故时,有关单位和个人必须立即采取应急措施,并向公安部门、卫生行政部门和环境保护行政主管部门报告。"

（三）特殊的许可证制度

特殊的许可证是指专门就核设施建造、运行设置的特别许可证,包括核设施建造许可证、核设施运行许可证等。特殊的许可证制度是指设置、申领、使用、管理核设施建造许可证、核设施运行许可证等的管理制度。《放射性污染防治法》第19条规定："核设施营运单位在进行核设施建造、装料、运行、退役等活动前,必须按照国务院有关核设施安全监督管理的规定,申请领取核设施建造、运行许可证和办理装料、退役等审批手续。""核设施营运单位领取有关许可证或者批准文件后,方可进行相应的建造、装料、运行、退役等活动。"（关于环保许可的更多内容可参阅本书第十一章）

四、《土壤污染防治法》特别制度

《土壤污染防治法》中的特别制度,也就是土壤污染防治特别制度。主要有:

（一）建设用地土壤污染风险管控和修复名录制度

建设用地土壤污染风险管控和修复名录制度指建立目录加强建设用地土壤污染风险防控和污染修复的制度。《土壤污染防治法》第58条规定："国家实行建设用地土壤污染风险管控和修复名录制度。"该条明确宣布建立建

设用地土壤污染风险管控和修复名录制度。

（二）土壤污染防治基金制度

土壤污染防治基金制度是为防治土壤污染募集资金并按基金管理模式开展管理的污染防治财政制度。《土壤污染防治法》第71条规定："国家加大土壤污染防治资金投入力度，建立土壤污染防治基金制度。设立中央土壤污染防治专项资金和省级土壤污染防治基金，主要用于农用地土壤污染防治和土壤污染责任人或者土地使用权人无法认定的土壤污染风险管控和修复以及政府规定的其他事项。"

参考文献：

1. 徐祥民：《我国环境法中的总行为控制制度》，《法学》2015年第12期。

2. 徐祥民主编：《常用中国环境法导读》第二章"《中华人民共和国海洋环境保护法》导读"；第三章"《中华人民共和国水污染防治法》导读"；第四章"《中华人民共和国大气污染防治法》导读"；第五章"《中华人民共和国固体废物污染环境防治法》导读"；第六章"《中华人民共和国放射性污染防治法》导读"；第七章"《中华人民共和国环境噪声污染防治法》导读"，法律出版社2017年版。

思考题：

1. 我国的污染防治法体系。
2. 我国污染防治法的一般制度有哪些？
3. 我国污染防治法建立的污染防治特别制度有哪些？

第八章　生态损害防治法

生态损害防治法是防治生态系统、生物种等的损害的法。在以往几十年的建设发展中，不管是国际社会达成的防治生态损害的公约，还是我国制定的生态损害防治法，都以防治生物多样性降低为重点。本章介绍的是以生物多样性保护，或防治生物多样性降低为中心的生态损害防治法。

第八章主要学习（一）我国生态损害防治法的建设现状；（二）生态损害防治法的专门制度。

第一节　我国生态损害防治法的建设现状

在我国环境保护法体系中，生态损害防治法是一直受到重视但立法建设成就却不甚突出的一个分支。我国生态损害防治法建设的主要成就可以概括为以下几个方面：

一、缔结或参加用于生态损害防治的和以生态损害防治为重要内容的国际公约

我国缔结或参加的用于生态损害防治的、以防治生态损害为重要内容的和涉及生态损害防治的公约主要有以下几项：

（一）《生物多样性公约》

《生物多样性公约》制订于1992年6月5日，1993年12月29日生效。

《生物多样性公约》缔约国"确认生物多样性的保护是全人类的共同关切事项"(《序言》第四自然段),将"从事保护生物多样性、持久使用其组成部分"规定为《公约》的"目标"(第1条)。该《公约》是一项有广泛影响力的生态损害防治国际公约。

我国政府于1992年6月11日签署《生物多样性公约》,我国立法机关于1992年11月7日批准该《公约》。《公约》自生效之日起既对我国生效。

《生物多样性公约》生效后,2000年1月29日,缔约方又订立了《〈生物多样性公约〉卡塔赫纳生物安全议定书》。我国是《〈生物多样性公约〉卡塔赫纳生物安全议定书》的缔约方之一。

依照《生物多样性公约》,我国有义务"为保护和持久使用生物多样性制定国家战略、计划或方案","将生物多样性的保护和持久使用订入有关部门或跨部门计划、方案和政策内"(第6条)。我国政府有关部门于本世纪初发布了《中国生物多样性保护行动计划》,2010年又制定发布了《中国生物多样性保护战略与行动计划(2011—2030年)》(环发〔2010〕106号)。

为履行《生物多样性公约》及其议定书,我国也制定了一些用于生物多样性保护或具有生物多样性保护功能的法律法规规章等。例如,原建设部曾于2002年发布《关于加强城市生物多样性保护工作的通知》(建城〔2002〕249号)。2021年10月,中共中央办公厅和国务院办公厅还印发了《关于进一步加强生物多样性保护的意见》。

(二)《濒危野生动植物物种国际贸易公约》

《濒危野生动植物物种国际贸易公约》,简称《物种贸易公约》,制订于1973年3月3日,1975年7月1日生效。

《物种贸易公约》的缔约国认识到"许多美丽、种类繁多的野生动物和植物是地球自然系统中无可替代的一部分"(《序言》第二自然段),决定一起保护"受到和可能受到贸易的影响而有灭绝危险的物种","目前虽未濒临灭绝,但如对其贸易不严加管理,以防止不利其生存的利用,就可能变成有灭绝危险的物种"(第2条)。《物种贸易公约》是通过限制贸易实现生物多样性保护的国际公约。

我国于 1981 年 1 月 8 日向公约"批准书和加入书"保存国瑞士交存加入书。同年 4 月 8 日，《物种贸易公约》对我国生效。

(三)《南极条约》

《南极条约》制订于 1959 年 12 月 1 日，于 1961 年 6 月 23 日生效。

《南极条约》具有生物多样性保护功能。《条约》将"南极有生资源的保护与保存"纳入"有关南极的共同利益"（第 9 条）之内。这一规定使《条约》得以在生物多样性保护上有所作为。

我国于 1983 年 6 月 8 日向《条约》规定的"批准书和加入书"的"指定""保存国政府"交存了加入书。该《条约》于我国交存加入书之日起对我国生效。

《南极条约》缔约方于 1991 年 3 月 23 日于马德里制订《关于环境保护的南极条约议定书》。《议定书》的缔约国"深信制订一个保护南极环境及依附于它的和与其相关的生态系统的综合制度是符合全人类利益的"（《序言》第八自然段），并将"全面保护南极环境及依附于它的和与其相关的生态系统"确定为《议定书》的"目标"（第 16 条）。《议定书》也将"在南极条约地区现存的物种的多样性及其生存所必需的栖息地的多样化和生态系统的平衡得到维护"设为确保实现的目标。（附件二《保护动植物》第 3 条第 3 款）

我国于 1991 年 10 月 4 日签署《关于环境保护的南极条约议定书》。

(四)《关于特别是作为水禽栖息地的国际重要湿地公约》

《关于特别是作为水禽栖息地的国际重要湿地公约》（简称《湿地公约》《拉姆萨公约》），1971 年于伊朗的拉姆萨制订，1975 年 12 月 21 日生效。

《湿地公约》的直接订约目的是"阻止湿地""被逐步侵蚀及丧失"（《序言》第五自然段），但也具有防治生物多样性降低的功能。比如，《公约》要求各缔约国"在指定列入名册的湿地时或行使变更名册中与其领土内湿地有关的记录时，应考虑对水禽迁移种群的养护、管理和合理利用的国际责任"（第 2 条第 6 款），而各国履行"对水禽迁移种群的养护、管理和合理利用的国际责任"，无疑有利于保护生物多样性。

我国于 1992 年 1 月 3 日加入该《湿地公约》，1972 年 7 月 31 日该《公约》

对我国正式生效。

(五)《联合国海洋法公约》

《联合国海洋法公约》,简称《海洋法公约》,制订于 1982 年 12 月 10 日,于 1994 年 11 月 16 日生效。

《海洋法公约》是在 1958 年联合国第一次海洋法会议上形成的《领海与毗连区公约》《公海公约》《大陆架公约》等的基础上编纂完成的,其首要功能是划分海洋区域、确定国家管辖权的界限等。同时,《海洋法公约》也是一部海洋环境保护公约。《公约》的第十二部分是"海洋环境的保护与保全",《公约》第五部分"专属经济区"以生物资源养护为重要内容,其第七部分"公海"设有"公海生物资源的养护与管理"一节。作为海洋环境保护公约的《海洋法公约》也具有生态保护的功能。《公约》关于"溯河产卵种群"养护(第 66 条)、"降河产卵鱼种"保护(第 67 条)、"海洋哺乳动物"养护(第 120 条)等的规定有利于防止生物多样性降低。

《海洋法公约》自 1982 年 12 月在牙买加开放签字,我国率先签署。1996 年 5 月 15 日,我国履行了《公约》批准程序。同年 7 月 7 日,《公约》对我国生效。

《海洋法公约》生效一年后,一些国家为"通过有效执行《公约》有关规定以确保跨界鱼类种群和高度洄游鱼类种群的长期养护和可持续利用"[①](第 2 条),制订《执行 1982 年 12 月 10 日〈联合国海洋法公约〉有关养护和管理跨界鱼类种群和高度洄游鱼类种群的规定的协定》,一般称为《跨界鱼类种群和高度洄游鱼类种群的养护与管理协定》,简称《鱼类种群养护协定》。《鱼类种群养护协定》缔约国"意识到有必要避免对海洋环境造成不利影响,保存生物多样性,维持海洋生态系统的完整,并尽量减少捕鱼作业可能产生长期或不可逆转影响的危险"(《序言》第八自然段),"决议确保跨界鱼类种群和高度洄游鱼类种群的长期养护和可持续利用"(《序言》第三自然

---

① 《执行 1982 年 12 月 10 日〈联合国海洋法公约〉有关养护和管理跨界鱼类种群和高度洄游鱼类种群的规定的协定》第 2 条。

段)。《鱼类种群养护协定》要求缔约国履行"保护海洋环境的生物多样性"义务（第5条"一般原则"g项）。《协定》对缔约国设定的"评估捕鱼、其它人类活动及环境因素对目标种群和属于同一生态系统的物种或与目标种群相关或依附目标种群的物种的影响"（第5条"一般原则"d项），"必要性对属于同一生态系统的物种或与目标种群相关或依附目标种群的物种制定养护和管理措施，以维持或恢复这些物种的数量，使其高于会严重威胁到物种繁殖的水平"（第5条"一般原则"e项）等义务，都有利于防止生物多样性降低。

我国于1996年11月6日签署《鱼类种群养护协定》，同时对《协定》若干条款作了保留声明。

二、制定用于生态损害防治的和以生态损害防治为重要内容的法律法规

我国生态损害防治法建设的重要成就是制定用于生态损害防治和以生态损害防治为重要内容的法律法规等法律文件。

用于生态损害防治的法，首先是指以生态损害防治为立法目的的法。《野生动物保护法》就是用于生态损害防治的法。该法第1条规定："为了保护野生动物，拯救珍贵、濒危野生动物，维护生物多样性和生态平衡，推进生态文明建设，制定本法。"该条规定的"拯救珍贵、濒危野生动物，维护生物多样性和生态平衡"，都属于生态保护的范围。该条规定的"保护野生动物"虽不能等同于对作为物种的野生动物的保护，但也不排斥物种保护。根据对立法目的条的分析，我们可以将我国的《野生动物保护法》认定为生态保护法。

以生态损害防治为重要内容的法律法规，是指虽非专门为防治生态损害而制定，但其中包含可用于生态损害防治的若干制度、规范等的法。《湿地保护法》就是这样的一部法律。按该法的界定，湿地是"自然或者人工的、常年或者季节性积水地带、水域"（第2条第2款）。这样的湿地是人类所需的空间性资源。（详见本书第六章）《湿地保护法》是用于保护湿地资

源的法。但是，该法对湿地的保护以保护湿地生态系统为明确的价值追求。它不仅将"维护湿地生态功能及生物多样性"写入立法目的条，而且其所建立的湿地管理制度等都将以湿地为依托的生态系统作为保护对象。例如，该法对湿地实行分级管理，而其规定的确定湿地等级的指标之一就是"维护""生物多样性的重要程度"（第14条）。

我国已经制定的用于生态损害防治和以生态损害防治为重要内容的法律法规主要有以下几项：

(一)《野生动物保护法》

我国《野生动物保护法》最初由第七届全国人民代表大会常务委员会第四次会议于1988年11月8日通过，后经多次修订修正。现行《野生动物保护法》于2018年10月26日由第十三届全国人民代表大会常务委员会第六次会议以《关于修改〈中华人民共和国野生动物保护法〉等十五部法律的决定》第三次修正。

现行《野生动物保护法》共设5章58条。除第一章"总则"宣布立法目的（第1条）、界定野生动物范围（第2条）、确定保护野生动物的原则（第4条）、设定野生动物保护义务（第6条）、宣布保护野生动物及其栖息地的国家政策（第5条）等之外，按保护生物多样性、维护生态平衡和生态系统健康等的需要建立的保护野生动物的制度、规范等主要规定在第二章"野生动物及其栖息地保护"和第三章"野生动物管理"之中。

(二)《湿地保护法》

我国《湿地保护法》由第十三届全国人民代表大会常务委员会第三十二次会议于2021年12月24日通过。它是我国环境保护法部门中最年轻的一部法律。该法共设7章65条，自2022年6月1日起施行。

《湿地保护法》除确立湿地资源保护原则、建立湿地资源保护制度、设定湿地资源保护行为规范等外，把维护湿地的生态功能作为湿地保护的重要任务（如第23条），把依托湿地的生态系统以及迁徙鸟类规定为重要保护对象，是我国维护湿地生态系统多样性，维护包括红树林生态系统（如第34条等）在内的生态系统的健康，维护湿地生态系统的物种多样性，防止外来物种对湿地生态系统的侵入等的重要法律。

（三）《海岛保护法》

《海岛保护法》以"保护海岛及其周边海域生态系统"为立法目的（第1条），其第57条对"海岛及其周边海域生态系统"专门做了界定。该条规定："海岛及其周边海域生态系统，是指由维持海岛存在的岛体、海岸线、沙滩、植被、淡水和周边海域等生物群落和非生物环境组成的有机复合体。"保护海岛生态系统有利于防止生态系统多样性降低。

《海岛保护法》不仅把防止生态系统多样性降低当成自己的任务，而且也有保护物种多样性的专门规定。该法第19条规定："国家开展海岛物种登记，依法保护和管理海岛生物物种。"防止"海岛物种"减少是防止生物物种减少的环境保护事业的重要组成部分，而《海岛保护法》是防止物种减少的重要法律。

（四）《长江保护法》

《中华人民共和国长江保护法》，2020年12月26日由第十三届全国人民代表大会常务委员会第二十四次会议通过，自2021年3月1日起施行。《长江保护法》将"加强长江流域生态环境保护和修复，促进资源合理高效利用，保障生态安全，实现人与自然和谐共生、中华民族永续发展"确定为立法目的（第1条），要求"长江流域经济社会发展""坚持生态优先、绿色发展，共抓大保护、不搞大开发"（第3条），不仅对"资源保护""水污染防治"和环境修复[①]做了专章（第三章、第四章、第五章）规定，而且对保护生态设定了行为规范，建立了若干制度。在这个意义上，《长江保护法》既是环境保护法，也是环境保护法体系中的生态保护法。

《长江保护法》关于生态保护的规定散布于各章之中。例如，在"总则"章，该法要求"国务院生态环境、自然资源、水行政、农业农村和标准化等有关主管部门按照职责分工""建立""生物多样性保护""标准"（第7

[①] 《长江保护法》第五章为"生态环境修复"，其内容实际上就是环境修复。第五章章名中的"生态"并非生态系统意义上的概念。与此相一致，《长江保护法》第五章规定的内容并不都是本章要讨论的生态保护。

条),要求"长江流域县级以上地方人民政府农业农村主管部门会同本级人民政府有关部门对水生生物产卵场、索饵场、越冬场和洄游通道等重要栖息地开展生物多样性调查"(第8条第3款),要求"国务院有关部门和长江流域省级人民政府及其有关部门按照职责分工,组织开展长江流域建设项目、重要基础设施和产业布局相关规划等对长江流域生态系统影响的第三方评估、分析、论证等工作"(第12条第2款)。再如,在《规划与管控》章(总第二章),该法提出"长江流域产业结构和布局应当与长江流域生态系统和资源环境承载能力相适应",以及不得"在长江流域重点生态功能区布局对生态系统有严重影响的产业"的要求(第22条第2款)。又如,在"资源保护""章(总第三章),该法要求"国务院和长江流域省级人民政府"在包括"典型生态系统的完整分布区"在内的重要区、地"依法设立国家公园、自然保护区、自然公园等自然保护地"(第39条),要求"国务院林业和草原主管部门和长江流域省级人民政府林业和草原主管部门会同本级人民政府有关部门,根据不同生态区位、生态系统功能和生物多样性保护的需要,发布长江流域国家重要湿地、地方重要湿地名录及保护范围,加强对长江流域湿地的保护和管理,维护湿地生态功能和生物多样性"(第40条),要求"国务院农业农村主管部门会同国务院有关部门和长江流域省级人民政府建立长江流域水生生物完整性指数评价体系,组织开展长江流域水生生物完整性评价,并将结果作为评估长江流域生态系统总体状况的重要依据"(第41条)。更为重要的是,该法在这一章还要求"国务院农业农村主管部门和长江流域县级以上地方人民政府""制定长江流域珍贵、濒危水生野生动植物保护计划,对长江流域珍贵、濒危水生野生动植物实行重点保护",对"有条件的单位""开展对长江流域江豚、白鱀豚、白鲟、中华鲟、长江鲟、鲸、鲥、四川白甲鱼、川陕哲罗鲑、胭脂鱼、鳤、圆口铜鱼、多鳞白甲鱼、华鲮、鲈鲤和葛仙米、弧形藻、眼子菜、水菜花等水生野生动植物生境特征和种群动态的研究,建设人工繁育和科普教育基地,组织开展水生生物救护"宣示"鼓励",对"在长江流域开放水域养殖、投放外来物种或者其他非本地物种种质资源"宣示"禁止"(第42条)。

《长江保护法》在《生态环境修复》章（总第五章）多处做出保护生态或有利于保护生态的规定。如该章提出了"改善和恢复湖泊生态系统的质量和功能"（第58条第2款）的要求，对"破碎化的典型生态系统""制定修复方案和行动计划"，对栖息地受到严重破坏的野生动植物"修建迁地保护设施"，"建立野生动植物遗传资源基因库"（第59条），为保护濒危鱼类及其它水生生物采取"基因保存"、"人工繁育"等措施（第59条第2款），加强"生物种群""综合监测"（第60条）等要求，还对"长江流域县级以上地方人民政府"提出"修复生态系统"的要求（第61条第3款）。总之，《长江保护法》有丰富的保护生态的内容。

（五）《野生植物保护条例》

《野生植物保护条例》，1996年9月30日中华人民共和国国务院令第204号发布，经2017年10月7日《国务院关于修改部分行政法规的决定》修订。《条例》的立法目的包括"保护生物多样性，维护生态平衡"（第1条）。按《条例》对"野生植物"的界定——"原生地天然生长的珍贵植物和原生地天然生长并具有重要经济、科学研究、文化价值的濒危、稀有植物"（第2条第2款），《条例》对野生植野的保护包含对野生植物物种的保护，也就是包含对生物多样性的保护，而非仅只是对该《条例》第3条规定的"野生植物资源"的保护。《条例》第5条规定的对野生植物的"就地保护和迁地保护"指的应当是对野生植物物种的保护。

《野生植物保护条例》建立了多项野生植物物种保护制度。其中包括(1)野生植物分类分级保护的制度（第10条）、(2)野生植物名录制度（第10条第3款）、(3)野生植物自然保护区制度（第11条）、(4)野生植物采集禁限（第16条）等。

三、在相关法律中规定生态保护内容

我国不少法律，总体上看不是生态保护法，而是资源损害防治法或适用于多个环境保护事务领域的法，但在其调整资源损害防治事务的规范体系中又有保护生态的内容，或者在其调整的多个环境保护事务领域中有生态保

护事务。比如，《渔业法》总体上看是渔业资源损害防治法，但该法在规范渔业资源损害防治事务的同时也建立了保护生态的规范和制度。之所以出现这种情况，或许是因为：一切生物资源都存在于一定的生态系统中，而生态系统的健康是生物资源长盛不衰的必要条件。再如，《种子法》是"规范品种选育、种子生产经营和管理行为"的法，"保护植物新品种权，维护种子生产经营者、使用者的合法权益"的法，是"提高种子质量，推动种子产业化，发展现代种业，保障国家粮食安全，促进农业和林业的发展"的法（第1条），在环境保护法序列中很难给《种子法》安排位置。但是，我国《种子法》"禁止采集或者采伐国家重点保护的天然种质资源"（第8条第2款）的规定，关于"普查、收集、整理、鉴定、登记、保存""种质资源"（第9条）的规定等，显然是防治遗传多样性降低的必要措施。在这个意义上，《种子法》已经将防止植物遗传多样性降低纳入其调整的领域。

如果说《野生动物保护法》是生态保护法，《湿地保护法》《海岛保护法》等是以生态保护为重要内容的法，那么，《渔业法》《种子法》等将生态保护纳入其作用领域的法则是含有生态保护内容的法。

在我国现行法律体系中有多部"含有生态保护内容的法"。以下是除《渔业法》《种子法》之外的若干重要事例：

（一）《森林法》

《森林法》关于"森林权属"（第二章）的规定显然不属于环境保护法。该法关于森林"发展规划"（第三章）、"经营管理"（第六章）、"森林保护"（第四章）等的规定，主要关心的是"森林资源"（第三章第23条等）保护，也就是"森林保护"章第1条规定的"森林资源保护"（第28条）。尽管如此，《森林法》也提出了保护森林生态系统，"提升森林生态系统质量和稳定性"（第24条），"维护生物多样性"（第28条）等的要求。

（二）《草原法》

与《森林法》的内容设计相近，《草原法》就草原权属设专门一章（第二章），此外设有《规划》（第三章）、《建设》（第四章）、《利用》（第五章）等章。这些内容与生态保护无关。它们在环境保护中的作用领域主要是保护草原资源。

《草原法》有对保护生物多样性，具体说是草原类型多样性、野生植物物种多样性等的规定。该法确定的"基本草原保护制度"以"作为国家重点保护野生动植物生存环境的草原"为重要保护对象（第42条第5项）。该法对"建立草原自然保护区"的授权适用于"珍稀濒危野生动植物分布区"（第43条第2项）。该法对"县级以上人民政府"提出的要求之一是"依法加强对草原珍稀濒危野生植物和种质资源的保护、管理"（第44条）。

（三）《农业法》

《农业法》是关于"巩固和加强农业在国民经济中的基础地位，深化农村改革，发展农业生产力，推进农业现代化"的法，是"维护农民和农业生产经营组织的合法权益，增加农民收入，提高农民科学文化素质"的法，还是"促进农业和农村经济的持续、稳定、健康发展"的法（第1条）。这部法律也有条件与生态保护结缘，因为"农业"的"健康发展"以生态健康为前提。

《农业法》设有"农业资源与农业环境保护"一章（第八章），不仅明确宣布"发展农业和农村经济必须""保护土地、水、森林、草原、野生动植物等自然资源"，"保护和改善生态环境"（第57条），而且规定建立"与农业生产有关的生物物种资源保护制度"，"保护生物多样性"，一方面"对稀有、濒危、珍贵生物资源及其原生地实行重点保护"，另一方面要求对"从境外引进生物物种资源"采取"安全控制措施"（第64条）。

（四）《海洋环境保护法》

《海洋环境保护法》首先是一部污染防治法，是主要用于防治海洋环境污染的法（详见本书第七章）。同时，这部具有全面保护海洋环境表现形式的法也有保护生态的内容。

《海洋环境保护法》不仅将"维护生态平衡"（第1条）列入立法目的，而且还就生态失衡等生态损害的防治做了规定。例如，该法第26条规定："开发海岛及周围海域的资源，应当采取严格的生态保护措施，不得造成海岛地形、岸滩、植被以及海岛周围海域生态环境的破坏。"对海岛地形、岸滩、植被等的破坏可能危害海岛生态系统。禁止"造成海岛地形、岸滩、植被"破坏具有维护海岛生态系统的作用。

(五)《城乡规划法》

《城乡规划法》,总体上说就是"城乡规划管理"(第1条)法。我国《城乡规划法》专章规定"城乡规划的制定"(第二章)、"城乡规划的实施"(第三章)、"城乡规划的修订"(第四章)。这些章节都可以统称为"城乡规划管理",都属于"城乡规划管理"法。

不过,将《城乡规划法》称为"城乡规划管理"法,并不等于说《城乡规划法》与环境保护无关,也不等于说这部法律与生态保护完全无缘。在"总则"章,该法对规划的制定规定了原则,提出了要求,其中包括"节约土地"的原则、"改善生态环境,促进资源、能源节约和综合利用,保护耕地"的要求,"防止污染和其他公害"的要求(第4条)。这一规定给"城乡规划"注入了环境保护的要求,按照这些要求制定的城乡规划既是城乡建设规划,也是城乡建设的环保规划,是符合环境保护要求的城乡建设规划或城乡建设发展规划。不仅如此,城乡规划也是城乡建设的生态保护规划,或者说是应当体现生态保护要求的规划。根据《城乡规划法》的规定,城乡规划的内容包括"自然保护区"(第35条)。按照我国相关法律的规定,自然保护区的重要类型之一是用于保护生态的保护区。《城乡规划法》规范自然保护区建设事务,是以规范生态保护区建设为内容的法。

第二节 生态损害防治法专门制度

我国缔结或参加了多项用于生态损害防治和以生态损害防治为重要内容的国际公约,制定了多部用于生态损害防治和以生态损害防治为重要内容的法律法规,但没有制定一部系统的生态损害防治法,或以生态损害防治或生态保护命名的法。这是我国生态损害防治法建设的不足。但是我国生态损害防治法也取得了巨大的成就。通过缔结或参加用于生态损害防治和以生态损害防治为重要内容的国际公约,制定用于生态损害防治和以生态损害防治为重要内容的法律法规，在相关法律中规定生态保护内容，我国已经形成了用于生态损害防治的，甚至可以说是我国环境法部门专门用于生态损害的一系列制度。我们可以称之为生态损害防治法专门制度。以下是几项比较成熟的生态损害防治法制度。

一、保护原生长地制度

保护原生长地即对野生动物原栖息地、野生植物原生长地所在区域实施保护。保护原生长地制度，或野生动植物原生长地保护制度，就是国家对野生动物原栖息地、野生植物原生长地所在区域实行强制保护的制度。我国《野生动物保护法》规定的野生动物"栖息地"（第5条），我国《野生植物保护条例》规定的野生植物"生长环境"（第9条），就是野生动植物的原生长地，或自然生长地。保护原生长地就是对野生动植物原生长地的一定区域实施保护。《长江保护法》第27条规定："国务院交通运输主管部门会同国务院自然资源、水行政、生态环境、农业农村、林业和草原主管部门在长江流域水生生物重要栖息地科学划定禁止航行区域和限制航行区域。"该条规定的"禁止航行区域和限制航行区域"实质上就是保护原生长地制度的保护对象，也就是保护原生长地制度所要保护的地域范围。

我国《野生动物保护法》等法律法规都明确规定建立原生长地保护制度。《野生动物保护法》第5条规定："国家保护野生动物及其栖息地。县级以上人民政府应当制定野生动物及其栖息地相关保护规划和措施，并将野生动物保护经费纳入预算。"《野生植物保护条例》第9条规定："国家保护野生植物及其生长环境。禁止任何单位和个人……破坏其生长环境。"《长江保护法》第27条、第39条等都做了实行原生长地保护的规定。

二、提取动植物个体禁限制度

提取动植物个体禁限指为防止种的灭失或严重衰退，对抓捕或采摘不同种类的动物个体、植株设置不同程度的禁止或限制措施。提取动植物个体禁限制度，就是国家对不同种类的动物个体、植株的抓捕或采摘设置不同程度的禁止或限制措施以防止动植物种的灭失或严重衰退的制度。这里所说的"种类"是指国家规定实施特别保护的动植物种类。按我国《野生动物保护法》的规定,"国家对野生动物实行分类分级保护"(第 10 条)。分类保护是设立国家重点保护野生动物和地方重点保护野生动物两类;分级保护是对国家重点保护野生动物设为一级重点保护野生动物和二级重点保护野生动物。我国《野生植物保护条例》对野生植物也设立了与《野生动物保护法》中的野生动物类、级相同的类和级,即设立国家重点保护野生植物和地方重点保护野生植物两类,对国家重点保护野生植物设一级和二级两级。(第 10 条)"不同程度的禁止或限制措施"是指对不同类级的保护对象适用的严格程度不一的禁止和限制措施。

《野生动物保护法》对抓捕重点保护野生动物设置的禁限大致有两类。一类是原则上禁止抓捕,个别允许抓捕。《野生动物保护法》第 21 条规定:"禁止猎捕、杀害国家重点保护野生动物。""因科学研究、种群调控、疫源疫病监测或者其他特殊情况,需要猎捕国家一级保护野生动物的,应当向国务院野生动物保护主管部门申请特许猎捕证;需要猎捕国家二级保护野生动物的,应当向省、自治区、直辖市人民政府野生动物保护主管部门申请特许猎捕证。"另一类是原则上允许抓捕,但要求在规定的条件下抓捕。《野生动物保护法》第 22 条规定:"猎捕非国家重点保护野生动物的,应当依法取得县级以上地方人民政府野生动物保护主管部门核发的狩猎证,并且服从猎捕量限额管理。"

《野生植物保护条例》对采摘重点保护野生植物的禁限设置也做了分类处理。一类,对国家重点保护植物的采摘直接规定禁限;另一类,对地方重点保护野生植物的采摘禁限和其它管理措施授权"省、自治区、直辖市人民政府"决定(第 22 条)。第一类处理规定在第 16 条。该条规定:"禁止采集国家一级保护野生植物。因科学研究、人工培育、文化交流等特殊需要,采集国家一级保护野生植物的,应当按照管理权限向国务院林业行政主管部门或者其授权的机构申请采集证;或者向采集地的省、自治区、直辖市人民政府农业行政主管部门或者其授权的机构申请采集证。""采集国家二级保护野生植物的，必须经采集地的县级人民政府野生植物行政主管部门签署意见后，向省、自治区、直辖市人民政府野生植物行政主管部门或者其授权的机构申请采集证。"

三、易地保护制度

易地保护也称迁地保护，是物种保护的重要形式，指在物种的栖息环境已经丧失或面临丧失或严重损害威胁，或变得不再适宜该物种继续生存繁衍时，国家或社会有目的地将其迁移至与原栖息地相同或相近的，也就是适宜其生存繁衍的其它地方。

我国有多部生态保护法和其它相关法律（以生态损害防治为重要内容的法、含有生态保护内容的法）规定了易地保护制度。例如，《野生植物保护条例》第14条规定："野生植物行政主管部门和有关单位"对"生长受到威胁的国家重点保护野生植物和地方重点保护野生植物"，在必要时，应当把"采取迁地保护措施"作为"拯救措施"来使用。再如，《长江保护法》第59条要求"国务院林业和草原、农业农村主管部门"，为长江流域其栖息地受到严重破坏且难以修复的野生动植物"修建迁地保护设施"。据此可以判定：《长江保护法》实际上建立了野生动植物迁地保护制度。

我国许多地方法规也都规定了易地保护制度，或对野生动植物物种采取了迁地保护的措施，其中包括《海南热带雨林国家公园条例（试行）》《上海市中华鲟保护管理条例》《三江源国家公园条例》《陕西省秦岭生态环境保护条例》《新疆维吾尔自治区野生植物保护条例》《陕西省野生植物保护条例》《江西省农业生态环境保护条例（2018）》《云南省生物多样性保护条例》《武夷山国家公园条例（试行）》等。

四、抢救性保护制度

抢救性保护指对动植物遗传多样性的保护，它是在动植物种即将丧失或面临丧失或严重衰退威胁时对其遗传信息实施的保护。抢救性保护制度就是国家或社会对即将丧失或面临丧失或严重衰退威胁的动植物种的遗传信息有计划地实施科学抢救的制度，是专门的遗传多样性保护制度。

遗传多样性是生态系统多样性和物种多样性的基础，遗传多样性保护是生物多样性保护的重要环节。因此，适用于遗传多样性保护的抢救性保护制度也是国家生物多样性保护制度体系的重要一环。

我国《野生动物保护法》《野生植物保护条例》等法律法规规定了抢救性保护制度。《野生动物保护法》第17条规定："国家加强对野生动物遗传资源的保护，对濒危野生动物实施抢救性保护。""国务院野生动物保护主管部门应当会同国务院有关部门制定有关野生动物遗传资源保护和利用规划，建立国家野生动物遗传资源基因库，对原产我国的珍贵、濒危野生动物遗传资源实行重点保护。"我国《国民经济和社会发展第十三个五年规划纲要》要求建设"野生动植物""人工种群保育基地"和"基因库"。[①] 根据这些规定和要求，遗传资源抢救性保护的基本措施（抢救性措施）是建设"人工种群保育基地"和"遗传资源基因库"。该制度的抢救性表现在：在遗传信息面临彻底灭失风险时以人造的"遗传资源基因库"直接记录保存遗传信息，或以人工方式保育物种，进而将其种和遗传信息一起保留下来。《野生植物保护条例》规定的作为"拯救性措施"的"繁育基地"应当就是《十三五规划纲要》规定的"人工种群保育基地"，其所规定的"种质资源库"与《野生动物保护法》规定的"遗传资源基因库"应当属于同种抢救措施。我国《长江保护法》也对相关部门提出了"建立野生动植物遗传资源基因库"（第59条）的要求。

五、引进动植物新种论证制度

引进动植物新种论证指从国外境外引进非本地种的动物植物之前所做的无害论证。实行引进动植物新种论证是将无害论证结论作为引进动植物新种的必要条件。引进动植物新种论证制度就是经无害论证方可将非本地种的

[①] 《中华人民共和国国民经济和社会发展第十三个五年规划纲要》第十篇"加快改善生态环境"第四十五章"加强生态保护修复"第四节"维护生物多样性"。

动植物引进到国内（或境内）的强制管理制度。它是一项预防外来物种入侵的环境保护制度。

外来物种入侵也称生物入侵，是生物物种向不曾分布的区域永久性扩张，并在新的地域自由繁衍和生殖，在自然条件下建立种群并对本地生态系统构成威胁的现象。[①] 人为引进动植物新种是引发外来物种入侵的渠道之一。引进动植物新种论证制度是用于防止因人为引进动植物新种造成生物入侵的制度。《野生动物保护法》等法律、《水生野生动物保护实施条例》等法规规章不仅建立了生物入侵防治制度，而且明确规定设立用于防止由人为引进造成生物入侵的引进动植物新种论证制度。《野生动物保护法》第37条规定："从境外引进野生动物物种的，应当经国务院野生动物保护主管部门批准。"国务院发布的《水生野生动物保护实施条例》等法规给"国务院野生动物保护主管部门批准"规定了一个前置条件，即经过论证。《水生野生动物保护实施条例》第22条规定："从国外引进水生野生动物的，应当向省、自治区、直辖市人民政府渔业行政主管部门提出申请，经省级以上人民政府渔业行政主管部门指定的科研机构进行科学论证后，报国务院渔业行政主管部门批准。"按照这一规定，"经省级以上人民政府渔业行政主管部门指定的科研机构进行科学论证"是"报国务院渔业行政主管部门批准"的前置条件。《陆生野生动物保护实施条例》对引进陆生动物也提出了"经过论证"的要求。与《水生野生动物保护实施条例》的规定不同的是，前者将"经过论证"设定为将以"驯养繁殖"为目的引进的新种做"放生野外"处置的前置条件。《陆生野生动物保护实施条例》第23条规定："从国外或者外省、自治区、直辖市引进野生动物进行驯养繁殖……需要将其放生于野外的，放生单位应当向所在省、自治区、直辖市人民政府林业行政主管部门提出申请，经省级以上人民政府林业行政主管部门指定的科研机构进行科学论证后，报国务院林业行政主管部门或者其授权的单位批准。"

---

① 汪劲：《抵御外来物种入侵：我国立法模式的合理选择——基于国际社会与外国法律规制模式的比较分析》，《现代法学》2007年第2期。

六、野生动物救护制度

野生动物救护，也称野生动物收容救护，指对受伤、受困或遭受其它打击难以自行恢复正常生活状态的动物个体给予喂养、治疗等救护帮助的做法。环境法规定的野生动物收容救护，指受伤、受困或遭受其它打击难以恢复正常生活状况的重点保护动物的个体给予喂养、治疗等救护帮助的制度。环境保护法中的野生动物救护对保护生物多样性具有辅助功能。

我国《野生动物保护法》建立了我国的野生动物救护制度。该法第15条第2款规定："县级以上人民政府野生动物保护主管部门应当按照国家有关规定组织开展野生动物收容救护工作。"该款规定的"野生动物收容救护"系野生动物保护的一项"应急救助措施"（第15条第1款）。依据《野生动物保护法》制定的《水生野生动物保护实施条例》《陆生野生动物保护实施条例》都对其做了细化规定。《水生野生动物保护实施条例》要求对"受伤、搁浅和因误入港湾、河汊而被困的水生野生动物""采取紧急救护措施"（第9条）。《陆生野生动物保护实施条例》将救护范围确定为"受伤、病弱、饥饿、受困、迷途的国家和地方重点保护野生动物"（第9条）。

根据国家林业局发布的《野生动物收容救护管理办法》（2017年12月1日国家林业局第47号令）的规定，对野生动物的收容救护这项"应急救助措施"具有保护生态的功能。一方面，野生动物收容救护是与野生动物的"人工繁育"相关的一项工作（第5条第2款）。另一方面，作为收容救护对象的野生动物包括"野外发现的可能危害当地生态系统的外来野生动物"（第7条第3项）。与此相关，《野生动物收容救护管理办法》要求"野生动物收容救护机构对收容救护的野生动物""按照有关技术规范进行隔离检查"（第9条）。

七、野生动植物及其制品贸易禁限制度

野生动植物及其制品贸易禁限就是对野生动植物及以野生动植物为基本原材料的制品的贸易设置的禁止或限制。该制度的禁限对象包括动植物原

体和以动植物原体,主要是动物原体为基本原材料的制品。野生动植物及其制品贸易禁限制度的基本功能是防止生物多样性,首先是物种多样性降低。

我国《野生动物保护法》建立了野生动物及其制品贸易禁限制度。该法明确宣布:"禁止出售、购买、利用国家重点保护野生动物及其制品。"(第27条)这是将禁止宣布为一般原则。该法接着规定:"因科学研究、人工繁育、公众展示展演、文物保护或者其他特殊情况,需要出售、购买、利用国家重点保护野生动物及其制品的,应当经省、自治区、直辖市人民政府野生动物保护主管部门批准,并按照规定取得和使用专用标识,保证可追溯"(第27条第2款)。此外,该法还宣布了两项禁止。第一项:"禁止生产、经营使用国家重点保护野生动物及其制品制作的食品,或者使用没有合法来源证明的非国家重点保护野生动物及其制品制作的食品。"(第30条)第二项:"禁止为食用非法购买国家重点保护的野生动物及其制品。"(第30条第2款)

我国《野生植物保护条例》对重点保护野生植物贸易也规定了"禁限"。该条例宣布:"禁止出售、收购国家一级保护野生植物。"(第18条)"出售、收购国家二级保护野生植物的,必须经省、自治区、直辖市人民政府野生植物行政主管部门或者其授权的机构批准。"(第18条第2款)对重点保护植物和相关国际公约限制进出口的野生植物的进出口,《条例》规定了限制措施。其第20条规定:"出口国家重点保护野生植物或者进出口中国参加的国际公约所限制进出口的野生植物的,应当按照管理权限经国务院林业行政主管部门批准,或者经进出口者所在地的省、自治区、直辖市人民政府农业行政主管部门审核后报国务院农业行政主管部门批准,并取得国家濒危物种进出口管理机构核发的允许进出口证明书或者标签。海关凭允许进出口证明书或者标签查验放行。"

八、引进物种限制和引进物种隔离制度

引进物种限制和引进物种隔离是为防止引进物种引起生态损害而设置的限制、规定的管理措施。引进物种隔离指在引进物种和本地物种之间的隔离,而引进物种限制是对从国外、境外引进非本地种的限制,而重要的限制条件是对引进物种和本地物种实施隔离的能力或条件。不管是对引进物种实行隔离还是对引进提出限制性条件，目的都是通过将引进物种与原有物种实施隔离防止外来物种对本地物种和生态系统健康造成不利影响。引进物种限制和引进物种隔离制度是通过对引进物种实施隔离对引进者设定对引进物种实施管理的条件确保本地物种和生态系统安全的生态损害预防制度。

我国《野生动物保护法》第 37 条规定："从境外引进野生动物物种的，应当经国务院野生动物保护主管部门批准。""从境外引进野生动物物种的，应当采取安全可靠的防范措施，防止其进入野外环境，避免对生态系统造成危害。"该条表达的对引进野生动物物种管理要求是清楚的——防止引进物种影响本地原有的"生态系统"，即"避免对生态系统造成危害"，而避免损害发生的办法是将引进种与本地种、本地原有生态系统分隔开。"防止"引进种"进入野外环境"就是防止其与本地种、本地生态系统接触。国家林业局发布的《引进陆生野生动物外来物种种类及数量审批管理办法》（国家林业局令〔2005〕第 19 号）赋予《野生动物保护法》建立的引进物种限制和引进物种隔离制度更多细节，使这项制度变得更加丰满。对引进物种隔离，《管理办法》将其具体化为"隔离试验"。《办法》第 10 条规定："准予首次引进境外陆生野生动物外来物种进行驯养繁殖的，应当进行隔离引种试验。""隔离引种试验由省、自治区、直辖市林业主管部门指定的科研机构或者专家进行评估，评估通过后方可继续引进和推广。""隔离引种试验应当包含中间试验。中间试验未获成功的，评估不得通过。"对引进物种限制，《管理办法》提出的要求更加具体。除对"引进陆生野生动物外来物种的"单位提出"采取安全可靠的""防止"引进物种"逃逸、扩散"的"防范措施"要求外，《办法》在申请引进的条件中明确添加"有安全可靠的防逃逸管理措施"和"具有相应的紧急事件处置措施"这两个限制性条件。

参考文献：

1. 徐祥民：《论我国环境法中的总行为控制制度》，《法学》2015 年第 12 期。

2. 徐祥民主编：《常用中国环境法导读》第十五章"《中华人民共和国野生动物保护法》导读"，法律出版社 2017 年版。

思考题：

1. 什么是生态损害防治法？
2. 生态损害种类有哪些？
3. 简述我国生态损害立法情况。
4. 简述我国生态损害防治法的特有制度。

第九章 自然地理环境损害防治法

自然地理环境损害防治法是我国环境保护法体系的环境保护事务法"方阵"四支队伍中的一支,也是四支队伍中力量较为"强壮"的一支。近年来,随着环境保护事业受到越来越广泛的重视,人天关系中更多更复杂的矛盾的逐渐显现,自然地理环境损害防治法分支的建设也迎来了新的契机。

本章主要学习:(一)我国自然地理环境损害防治法的建设现状;(二)我国防治全球气候变化和臭氧层破坏的立法及其主要内容;(三)我国《防沙治沙法》《水土保持法》的主要内容和重要制度。

第一节 我国自然地理环境损害防治法的建设现状

在我国环境保护法的环境保护事务法分支中,自然地理环境损害防治法是建设较早、建设成就较大的一个分支。仅就法律位阶的环境保护法而言,在全部四个环境保护事务法分支中,立法最齐整的是污染防治法。我国污染防治法已经形成一个6+1甚至7+1的体系。(详见第七章)除污染防治法分支之外,力量最强大的就是自然地理环境损害防治法了。

以下3个方面可以反映我国自然地理环境损害防治法建设的现状。

一、缔结或参加"自然地理环境损害防治三公约"

国际社会先后制定了三部自然地理环境损害防治国际公约,它们是

（依通过时间先后为序）《保护臭氧层维也纳公约》（1985年3月22日通过）、《联合国气候变化框架公约》（1992年5月9日通过）、《联合国防治荒漠化公约》（1994年6月7日通过）。我们可以称它们为"自然地理环境损害防治三公约"。该"三公约"均为已生效国际公约。《保护臭氧层维也纳公约》（以下简称《臭氧层公约》）1988年9月22日生效，《联合国气候变化框架公约》（以下简称《气候变化公约》）1994年3月21日生效，《联合国防治荒漠化公约》（以下简称《荒漠化公约》）1996年12月26日生效。

我国是"自然地理环境损害防治三公约"的缔约国。我国于1989年9月11日加入《臭氧层公约》。该《公约》于1989年12月10日对我国生效。1992年6月11日，我国签署《气候变化公约》。1992年11月7日，我国全国人大常委会批准《气候变化公约》。1993年1月5日，我国外交机构将全国人大常委会的批准书交存联合国秘书长处。《气候变化公约》自1994年3月21日起对我国生效。[①] 我国于1994年10月14日签署《荒漠化公约》，于1997年2月18日交存批准书。该《公约》于1997年5月9日对我国生效。

表9–1："自然地理环境损害防治三公约"通过生效情况简表

公约名称	通过时间	生效时间	对我国生效时间
保护臭氧层维也纳公约	1985年3月22日	1988年9月22日	1989年12月10日
联合国气候变化框架公约	1992年5月9日	1994年3月21日	1994年3月21日
联合国防治荒漠化公约	1994年6月7日	1996年12月26日	1997年5月9日

防治自然地理环境损害早已引起世界各国的重视，在相关国家和国际组织的推动下，世界各国对防治自然地理环境损害的"重视"已经转化为国际法。我国政府高度重视自然地理环境损害防治，我国是相关国际公约的主动缔结（或参加）者和积极履行者。

---

① 《公约》自1994年3月21日起适用于澳门，1999年12月澳门回归后继续适用。《公约》自2003年5月5日起适用于香港特区。参阅《〈联合国气候变化框架公约〉进程》，外交部网站，https://www.fmprc.gov.cn/web/ziliao_674904/tytj_674911/t1201175.shtml，2021年7月13日访问。

二、颁布"自然地理环境损害防治十法"

全国人大及其常务委员会颁布的关于防治自然地理环境损害的法律、决定等有多项。它们大致可以分为两种类型：一种是以防治自然地理环境损害为主要内容的法律；一种是包含防治自然地理环境损害内容的法律。

（一）自然地理环境损害防治两法一决议

国家立法机关颁布的以防治自然地理环境损害为主要内容的法主要有3项，其中包括《水土保持法》《防沙治沙法》《全国人大常委会关于积极应对气候变化的决议》（简称《应对气候变化决议》）。我们可以称这3项法律位阶的立法为"自然地理环境损害防治两法一决议"。

"自然地理环境损害防治两法一决议"的通过、生效情况大致如下：

《水土保持法》由第七届全国人民代表大会常务委员会第二十次会议于1991年6月29日通过，自公布之日起生效。

《防沙治沙法》由第九届全国人民代表大会常务委员会第二十三次会议于2001年8月31日通过，自2002年1月1日起施行。

《应对气候变化决议》由第十一届全国人民代表大会常务委员会第十次会议于2009年8月27日通过。[1]

（二）涉自然地理环境损害防治七法

国家立法机关颁布的包含防治自然地理环境损害内容的法主要有7项[2]，它们是《森林法》《草原法》《土地管理法》《农业法》《防洪法》《气象法》《航道法》，我们可以称这些法律为"涉自然地理环境损害防治七法"。

"自然地理环境损害防治两法一决议"和"涉自然地理环境损害防治七法"两种类型的法律合起来，共10项。我们可以称它们为"防治自然地理环境损害十法"。在我国环境保护法体系中，这是一个比较强大的阵容（见

---

[1] 《人民日报》2009年8月28日。
[2] 限于主题，本书不打算对全国人大及其常务委员会颁布的"包含防治自然地理环境损害防治内容的法律"做全面的整理，故用"主要"来说明。这里提到的"7项"，并非经认真鉴别的全部。

表 9–2)。

表 9–2：自然地理环境损害防治相关法律决定制定情况简表

类型	法律文件名	生效时间	序号
自然地理环境损害防治两法一决议	水土保持法	1991 年 6 月 29 日	1
	防沙治沙法	2001 年 8 月 31 日	2
	应对气候变化决议	2009 年 8 月 27 日	3
涉自然地理环境损害防治七法	森林法（试行）	1979 年 2 月 23 日	4
	草原法	1985 年 6 月 18 日	5
	土地管理法	1986 年 6 月 25 日	6
	农业法	1993 年 7 月 2 日	7
	防洪法	1997 年 8 月 29 日	8
	气象法	2000 年 10 月 31 日	9
	航道法	2014 年 12 月 28 日	10

三、制定"自然地理环境损害防治三条例一决定"

国务院颁布的用以防治自然地理环境损害和以防治自然地理环境损害为重要内容的行政法规有多项，其中包括国务院《地质灾害防治条例》《中华人民共和国抗旱条例》《消耗臭氧层物质管理条例》和《关于进一步加强防沙治沙的决定》。① 我们可以称它们为"自然地理环境损害防治三条例一决定"。

表 9–3：自然地理环境损害防治三条例一决定制定情况简表

序号	行政法规名称	通过时间	生效时间
1	地质灾害防治条例②	2003 年 11 月 19 日	2004 年 3 月 1 日

---

① 不含国务院为实施法律颁布的实施条例或实施细则，不含已经被全国人大及其常委会的立法宣布废止的那些行政法规。

② 在制定《地质灾害防治条例》之后，国务院还发布过《国务院关于加强地质灾害防治工作的决定》（国发〔2011〕20 号）。为避免重复，在本表中不再单列一个项目。

续表

序号	行政法规名称	通过时间	生效时间
2	抗旱条例	2009年2月11日	2009年2月26日
3	国务院关于进一步加强防沙治沙的决定		2005年9月8日
4	消耗臭氧层物质管理条例①	2010年3月24日	2010年6月1日

第二节 我国防治气候变化和臭氧层破坏的立法及其主要制度

我国缔结和参加的气候变化防治与臭氧层破坏防治方面的国际公约有《气候变化公约》和《臭氧层公约》。为履行相关公约规定的义务，为开展我国的防治气候变化和臭氧层破坏工作，我国立法机关和政府采取了有力的措施，取得了一些立法和制度建设成就。主要建设成就包括以下两个方面：

一、履行《气候变化公约》的行动和应对气候变化的政策和法律

我国立法机关和中央政府对履行《气候变化公约》及其《议定书》，应对气候变化一直高度重视。中央政府、一些地方政府采取了务实的应对气候变化的行动，立法机关和中央政府制定了应对气候变化的政策和法律。

(一) 我国履行《气候变化公约》的行动和应对气候变化的政策和法律概况

2007年6月中国政府发布《中国应对气候变化国家方案》。《方案》提出中国应对气候变化的总体目标。《方案》确定的中国应对气候变化的总目标是：控制温室气体排放取得明显成效，适应气候变化的能力不断增强，气候变化相关的科技与研究水平取得新的进展，公众的气候变化意识得到较大

---

① 一些地方也颁布了防治臭氧层损害的法规规章等法律文件。如河北省颁布了《河北省淘汰消耗臭氧层物质实施办法》。

提高，气候变化领域的机构和体制建设得到进一步加强。(《中国应对气候变化国家方案》第三部分"中国应对气候变化的指导思想、原则与目标"第三章"目标")

根据《中国应对气候变化国家方案》所做总结，截至《方案》发布时，我国为应对气候变化而制定的政策和法律主要有：2004年国务院通过的《能源中长期发展规划纲要（2004—2020）（草案）》、2004年国家发展和改革委员会发布的《节能中长期专项规划》、2005年2月全国人大常委会审议通过的《可再生能源法》、2005年8月国务院下发的《关于做好建设节约型社会近期重点工作的通知》和《关于加快发展循环经济的若干意见》、2005年12月国务院发布的《关于发布实施〈促进产业结构调整暂行规定〉的决定》和《关于落实科学发展观加强环境保护的决定》、2006年8月国务院发布的《关于加强节能工作的决定》。《中国应对气候变化国家方案》认为，"这些政策性文件为进一步增强中国应对气候变化的能力提供了政策和法律保障。"(第一部分"中国气候变化的现状和应对气候变化的努力"第三章"中国减缓气候变化的努力与成就"第5条"加强了应对气候变化相关法律、法规和政策措施的制定")

（二）《应对气候变化决议》及其主要内容

我国为应对气候变化而采取的最重要的立法举措是全国人大常委会发布《关于积极应对气候变化的决议》。除此之外，国务院有关部委办局还发布了一系列用于应对气候变化或具有应对气候变化功能的规章和其它规范性文件。其中包括：《清洁发展机制项目运行管理办法》（发展改革委等部委令第37号）、《应对气候变化领域对外合作管理暂行办法》（发改气候〔2010〕328号）等。

《应对气候变化决议》由第十一届全国人民代表大会常务委员会第十次会议于2009年8月27日通过。《决议》在应对气候变化法治建设方面的主要内容有如下5点：

1. 决定"把加强应对气候变化的相关立法作为形成和完善中国特色社会主义法律体系的一项重要任务，纳入立法工作议程"。《应对气候变化决议》规定的具体的立法任务包括两个方面，即（1）"适时修改完善与应对气候变化、环境保护相关的法律，及时出台配套法规"；（2）"根据实际情况制定新的法律法规"（《关于积极应对气候变化的决议》第 4 条"加强应对气候变化的法治建设"）。

2. 提出严格执行有助于防治气候变化的法律法规的要求。《应对气候变化决议》提出，要"严格执行节约能源法、可再生能源法、循环经济促进法、清洁生产促进法、森林法、草原法等相关法律法规"（第 4 条"加强应对气候变化的法治建设"）。

3. 规定"减缓"气候变化的基本政策。《应对气候变化决议》规定的"减缓"①气候变化的基本政策主要包括：(1)"强化节能减排，努力控制温室气体排放"；(2)"大力推广节能技术和节能产品，改善能源生产和消费结构，鼓励和支持使用洁净煤技术，积极科学地发展水电、风电、太阳能、生物质能等可再生能源，推进核电建设"；(3)"大力发展循环经济，淘汰落后产能和产品，不断提高资源综合利用效率"；(4)"实施重点生态建设工程，增强碳汇能力"；(5)"继续推进植树造林，积极发展碳汇林业，增强森林碳汇功能"；(6)"采取保护性耕作、草原生态建设等措施，增加农田和草地碳汇"（第 3 条"采取切实措施积极应对气候变化"）。

4. 规定"适应"气候变化能力建设政策。《应对气候变化决议》规定的用于"适应"气候变化的能力建设政策主要有：(1)"加强对各类极端天气与气候事件的监测、预警、预报，科学防范和应对极端天气与气候灾害及其衍生灾害"；(2)"加强农田基础设施建设，推进农业结构调整，提高农业综合生产能力"；(3)"强化水资源管理，加大综合节水等技术的研发和推广力度"；(4)"加强海洋和海岸带生态系统监测和保护，提高沿海地区抵御海洋灾害的能力"（第 3 条"采取切实措施积极应对气候变化"）。

5. 提出积极履行《气候变化公约》的要求。《应对气候变化决议》不仅

---

① 国务院新闻办公室于 2008 年 10 月发布的《中国应对气候变化的政策与行动》（白皮书）明确我国应对气候变化的策略是"减缓和适应并重"。

表达了"积极参与应对气候变化领域的国际合作"的基本态度，而且就履行《气候变化公约》做了如下决定："我国将继续建设性地参加气候变化国际会议和国际谈判，促进公约及其议定书的全面、有效和持续实施，为保护全球气候作出新贡献"（第 6 条"积极参与应对气候变化领域的国际合作"）。

二、履行《臭氧层公约》的行动和开展臭氧层保护的政策和法律

自《臭氧层公约》对我国生效以来，我国政府积极开展臭氧层保护工作，为推动工作的开展，提高臭氧层保护工作的有效性，采取了一系列措施。

（一）我国履行《保护臭氧层维也纳公约》的行动和保护臭氧层的政策和法律概况

《保护臭氧层维也纳公约》自 1989 年 12 月 10 日对我国生效。为有效履行《公约》，我国政府于 1991 年 7 月 15 日成立中国国家保护臭氧层领导小组。1993 年 1 月 12 日，国务院批准《中国逐步淘汰消耗臭氧层物质国家方案》。

我国保护臭氧层的立法主要有国务院《消耗臭氧层物质管理条例》（以下简称《臭氧条例》）。

（二）《臭氧条例》及其主要内容

《臭氧条例》由国务院第 104 次常务会议于 2010 年 3 月 24 日通过，自 2010 年 6 月 1 日起施行。该《条例》共 6 章 41 条。

《臭氧条例》对消耗臭氧层物质、消耗臭氧层物质的生产、消耗臭氧层物质的利用等做了明确界定。《条例》第 2 条规定："本条例所称消耗臭氧层物质，是指对臭氧层有破坏作用并列入《中国受控消耗臭氧层物质清单》[①]的化学品。"第 3 条第 2 款规定：消耗臭氧层物质的生产"指制造消耗臭氧层物质的活动"；消耗臭氧层物质的利用"指利用消耗臭氧层物质进行的生产经营等活动"。消耗臭氧层物质的利用"不包括使用含消耗臭氧层物质的

---

① 《中国受控消耗臭氧层物质清单》（环保部公告 2010 年第 72 号）。

产品的活动"。

除此之外,《臭氧条例》的主要内容有:

1. 确定对主要消耗臭氧层物质"逐步削减并最终淘汰"的基本政策。《臭氧条例》第 5 条规定:"国家逐步削减并最终淘汰作为制冷剂、发泡剂、灭火剂、溶剂、清洗剂、加工助剂、杀虫剂、气雾剂、膨胀剂等用途的消耗臭氧层物质。"

2. 对限制或者禁止生产、使用、进出口消耗臭氧层物质实行名录管理。《臭氧条例》第 6 条规定:"国务院环境保护主管部门根据国家方案和消耗臭氧层物质淘汰进展情况,会同国务院有关部门确定并公布限制或者禁止新建、改建、扩建生产、使用消耗臭氧层物质建设项目的类别,制定并公布限制或者禁止生产、使用、进出口消耗臭氧层物质的名录。"《条例》第 22 条规定:"国家对进出口消耗臭氧层物质予以控制,并实行名录管理。"按照该条的规定,有关部门应当编制《中国进出口受控消耗臭氧层物质名录》。制作《名录》的责任单位和相关单位是"国务院环境保护主管部门""国务院商务主管部门"和"海关总署"。根据该条的规定,凡"进出口列入《中国进出口受控消耗臭氧层物质名录》的消耗臭氧层物质的单位,应当依照该条例的规定向国家消耗臭氧层物质进出口管理机构申请进出口配额,领取进出口审批单,并提交拟进出口的消耗臭氧层物质的品种、数量、来源、用途等情况的材料。"

3. 建立"消耗臭氧层物质生产、使用、进出口总量控制和配额管理"制度。《臭氧条例》第 7 条规定:"国家对消耗臭氧层物质的生产、使用、进出口实行总量控制和配额管理。"

生产、使用、进出口消耗臭氧层物质控制总量由国务院环境保护主管部门商国务院其它有关部门确定。《臭氧条例》第 7 条对如何确定控制总量的规定为:"国务院环境保护主管部门根据国家方案和消耗臭氧层物质淘汰进展情况,商国务院有关部门确定国家消耗臭氧层物质的年度生产、使用和进出口配额总量。"

生产、使用、进出口消耗臭氧层物质的配额管理使用许可证管理方式。

《臭氧条例》第 10 条规定："消耗臭氧层物质的生产、使用单位"，应当"申请领取生产或者使用配额许可证"。该条规定了"不需要申请领取使用配额许可证"的例外情况。例外情况包括："（一）维修单位为了维修制冷设备、制冷系统或者灭火系统使用消耗臭氧层物质的；（二）实验室为了实验分析少量使用消耗臭氧层物质的；（三）出入境检验检疫机构为了防止有害生物传入传出使用消耗臭氧层物质实施检疫的；（四）国务院环境保护主管部门规定的不需要申请领取使用配额许可证的其他情形。"

根据《臭氧条例》第 13 条的规定，"消耗臭氧层物质的生产或者使用配额许可证"须载明的内容有："（一）生产或者使用单位的名称、地址、法定代表人或者负责人；（二）准予生产或者使用的消耗臭氧层物质的品种、用途及其数量；（三）有效期限；（四）发证机关、发证日期和证书编号。"

4. 涉"消耗臭氧层物质"经营单位备案制度。《臭氧条例》第 19 条规定的需要备案的行业包括：其一，"从事含消耗臭氧层物质的制冷设备、制冷系统或者灭火系统的维修、报废处理等经营活动的单位"。这些单位"应当向所在地县级人民政府环境保护主管部门备案"。其二，"专门从事消耗臭氧层物质回收、再生利用或者销毁等经营活动的单位"。这些单位"应当向所在地省、自治区、直辖市人民政府环境保护主管部门备案"。

5. 消耗臭氧层物质及相关设备回收、循环利用和无害化处置制度。该制度包括回收、循环利用和作为消耗臭氧层物质及相关设备报废环节的无害化处置。《臭氧条例》第 20 条第 2 款规定："从事含消耗臭氧层物质的制冷设备、制冷系统或者灭火系统的维修、报废处理等经营活动的单位，应当按照国务院环境保护主管部门的规定对消耗臭氧层物质进行回收、循环利用或者交由从事消耗臭氧层物质回收、再生利用、销毁等经营活动的单位进行无害化处置。""从事消耗臭氧层物质回收、再生利用、销毁等经营活动的单位，应当按照国务院环境保护主管部门的规定对消耗臭氧层物质进行无害化处置，不得直接排放。"

6. 建立消耗臭氧层物质的数据信息管理系统。《臭氧条例》第 28 条规定："国务院环境保护主管部门应当建立健全消耗臭氧层物质的数据信息管理系统，收集、汇总和发布消耗臭氧层物质的生产、使用、进出口等数据信息。"

《臭氧条例》为建立消耗臭氧层物质的数据信息管理系统采取的重要措施是建立消耗臭氧层物质及设备生产经营活动数据资料保存报送制度。《臭氧条例》第 21 条规定："从事消耗臭氧层物质的生产、销售、使用、回收、再生利用、销毁等经营活动的单位，以及从事含消耗臭氧层物质的制冷设备、制冷系统或者灭火系统的维修、报废处理等经营活动的单位，应当完整保存有关生产经营活动的原始资料至少 3 年，并按照国务院环境保护主管部门的规定报送相关数据。"

第三节　我国《防沙治沙法》《水土保持法》的主要内容和重要制度

在自然地理环境损害这个事务领域内存在多项具体的自然地理环境损害防治事项，如防治气候变化、防治臭氧层破坏、防治地质环境损害、防治土地沙化、防治水土流失等。在这众多的事项中，我国开展防治土地沙化、防治水土流失工作的历史更长，积累这方面的经验更多。与此相应，我国用于防治土地沙化、防治水土流失的立法也更成熟。作出这一判断的依据是，《防沙治沙法》《水土保持法》老早就进入了我国环境法体系，并经历了多次修订或修正。

一、《防沙治沙法》《水土保持法》的共有制度

水土流失和土地沙化都是由人类活动和自然过程共同作用引起的环境损害。而作为引起这两类环境损害的"共同作用"之一方面的人类活动，也就是对人类环境造成"移"的人类活动，具有共同性。它们的共同性在于，直接表现形式都是"移"动地表，最典型的形式是"移"动地表植被。水土流失是"移"动地表引起水土"易"——"流失"（《水土保持法》第 2 条第 2 款）；土地沙化是"移"动地表（"植被及覆盖物被破坏"），导致土地状态

的"易"——"天然沙漠扩张"或"形成流沙及沙土裸露"(《防沙治沙法》第2条第3款)。引起水土流失和土地沙化这两类环境损害的人类活动的共同性决定了能够用来防治水土流失和土地沙化的措施也是相同或相近的,进而也决定了防治水土流失的法和防治土地沙化的法两者能够运用的法律手段也是相同或相近的。

我国《水土保持法》和《防沙治沙法》为防治水土流失和土地沙化而确立的一些原则、建立的一些制度、采取的一些保护措施等都是相同或相近的。换句话说,这两部法律中存在共有的制度、原则、措施等(以下统称制度)。两部法律共有的制度可以分为两类:第一类,两部法律共有的,同时也是其它一些环境保护单行法具有的制度,可以称之为环境保护法共有制度。因为是环境保护法的共有制度,所以它们也存在于作为环境保护单行法的《水土保持法》和《防沙治沙法》中。存在于《水土保持法》和《防沙治沙法》中的这类共有制度主要有:(1)环境保护规划制度,包括防沙治沙规划(《防沙治沙法》第二章)制度、水土保持规划(《水土保持法》第二章"规划")制度;(2)封禁保护区或封禁保护制度(《防沙治沙法》第12条第2款、第22条,《水土保持法》第16条等);(3)环境监测制度,包括水土保持监测(《水土保持法》第五章"监测和监督")制度、土地沙化监测(《防沙治沙法》第14条、第15条)制度;(4)环境保护激励制度(《水土保持法》第33条、第34条,《防沙治沙法》第24条)等。对这类共有制度,将在本书相关章节专门讨论。第二类,两部法律共有不见于其它环境保护单行法的制度。

《水土保持法》和《防沙治沙法》共有的制度主要有以下几项:

(一)普遍义务制度

《水土保持法》和《防沙治沙法》将一切相关主体甚至无例外的任何主体都宣布为义务主体。《水土保持法》第8条规定:"任何单位和个人都有保护水土资源、预防和治理水土流失的义务"。《防沙治沙法》第6条规定:"使用土地的单位和个人,有防止该土地沙化的义务。""使用已经沙化的土地的单位和个人,有治理该沙化土地的义务。"该条虽然没有像《水土保持法》

那样无例外地将"任何单位和个人"都列为义务主体,但确将与土地使用和沙化土地使用相关的主体"无例外"地宣布为义务主体。

《水土保持法》和《防沙治沙法》不只是对相关主体做上述义务宣告,为两部法律确立一条可以叫作普遍义务的原则,即普遍义务原则,而是在做了义务宣告之后将普遍义务规定为需要义务主体用行动去履行的制度。《水土保持法》第32条规定:"开办生产建设项目或者从事其他生产建设活动造成水土流失的,应当进行治理。"该条规定的治理义务不以行为人有过错等为前提条件。如果说该条要求相关主体承担治理义务还以"造成水土流失"的事实为依据的话,那么,按《水土保持法》的相关规定,在当事人没有主观过错,也没有"造成水土流失"这样的事实时,有关社会主体依然负有义务。该法第38条第2款规定:"在干旱缺水地区从事生产建设活动,应当采取防止风力侵蚀措施,设置降水蓄渗设施,充分利用降水资源。"不需要有过错,不以出现某种不良后果为条件,只要"在干旱缺水地区从事生产建设活动",就自然成为义务主体。《水土保持法》第23条规定:"在五度以上坡地植树造林、抚育幼林、种植中药材等,应当采取水土保持措施。""在禁止开垦坡度以下、五度以上的荒坡地开垦种植农作物,应当采取水土保持措施。"该条要求相关主体承担"应当采取水土保持措施"的义务不需要其它理由,使用"五度以上坡地"或使用"五度以上黄坡地"就是要求他们承担义务的根据。再来看《防沙治沙法》的情况。该法第17条第3款规定:"在沙化土地范围内,各类土地承包合同应当包括植被保护责任的内容。"这意味着,使用沙化土地自然负有"植被保护责任",也就是保护植被的义务。该法第30条规定:"已经沙化的土地范围内的铁路、公路、河流和水渠两侧,城镇、村庄、厂矿和水库周围,实行单位治理责任制,由县级以上地方人民政府下达治理责任书,由责任单位负责组织造林种草或者采取其他治理措施。"该条中的治理责任不来自相关"单位"的行为,与这些单位的主观过错更无瓜葛。将这些"单位"列为"单位治理责任制"中的一个责任单位,只因为它们处在"已经沙化的土地范围内的""铁路、公路、河流和水渠两侧"或者"城镇、村庄、厂矿和水库周围"。

《水土保持法》和《防沙治沙法》规定是由所有相关主体甚至无例外的任何人承担的不以过错为条件的作为性义务。我们可以把要求社会主体承担这种义务的制度称为普遍义务制度。

(二) 政府责任制度

《水土保持法》和《防沙治沙法》不仅将土地使用者和处于沙化土地范围内的"单位"都规定为义务主体，加给它们具体义务，而且将水土保持和防治土地沙化的责任加给各相关人民政府。《水土保持法》第4条规定："县级以上人民政府应当加强对水土保持工作的统一领导，将水土保持工作纳入本级国民经济和社会发展规划，对水土保持规划确定的任务，安排专项资金，并组织实施。"该项规定不同于在其它法律中常见的对"县级以上人民政府"的简单授权。它既明确了"县级以上人民政府"执行该法法，"统一领导"水土保持工作的权力，又加给"县级以上人民政府"对水土保持的责任。"安排专项资金，并组织实施"显然是责任施加，而非权力授予。该条第2款则更明确地施加了责任。该款规定："国家在水土流失重点预防区和重点治理区，实行地方各级人民政府水土保持目标责任制和考核奖惩制度。"①《水土保持法》不仅建立了水土保持政府责任制度，而且还对政府履行责任提出了一些具体要求。例如，该法第16条规定："地方各级人民政府应当按照水土保持规划，采取封育保护、自然修复等措施，组织单位和个人植树种草，扩大林草覆盖面积，涵养水源，预防和减轻水土流失。"再如，第17条规定："地方各级人民政府应当加强对取土、挖砂、采石等活动的管理，预防和减轻水土流失。"

《防沙治沙法》规定的政府责任的责任主体似乎更宽泛一些。该法第4条规定："国务院和沙化土地所在地区的县级以上地方人民政府，应当将防沙治沙纳入国民经济和社会发展计划，保障和支持防沙治沙工作的开展。"按照这一规定，"沙化土地所在地区的县级以上地方人民政府"和国务院都是防治土地沙化的责任主体。不同的是，该法施加给"沙化土地所在地区的

---

① 该条采用的是行政性法律执行权模式中的权力责任法模式。

县级以上地方人民政府"的责任更加明确具体。该法第4条第2款规定："沙化土地所在地区的地方各级人民政府，应当采取有效措施，预防土地沙化，治理沙化土地，保护和改善本行政区域的生态质量。"第3款规定："国家在沙化土地所在地区，建立政府行政领导防沙治沙任期目标责任考核奖惩制度。沙化土地所在地区的县级以上地方人民政府，应当向同级人民代表大会及其常务委员会报告防沙治沙工作情况。"

(三）政府治理与公益性治理、使用者治理三结合治理制度

《防沙治沙法》对沙化土地规定了政府治理、使用者治理和既非政府亦非使用者实施的公益性治理三种类型。这三种类型的治理共同服务于国家统一的防沙治沙目的。我们可以称之为政府治理与公益性治理、使用者治理三结合沙化土地治理制度。《防沙治沙法》第23条规定："沙化土地所在地区的地方各级人民政府，应当按照防沙治沙规划，组织有关部门、单位和个人，因地制宜地采取人工造林种草、飞机播种造林种草、封沙育林育草和合理调配生态用水等措施，恢复和增加植被，治理已经沙化的土地。"这是政府治理。其第24条规定："国家鼓励单位和个人在自愿的前提下，捐资或者以其他形式开展公益性的治沙活动。"这是公益性治理。该法第25条规定："使用已经沙化的国有土地的使用权人和农民集体所有土地的承包经营权人，必须采取治理措施，改善土地质量；确实无能力完成治理任务的，可以委托他人治理或者与他人合作治理。"这是使用者治理。

建立了上述政府责任制度的《水土保持法》自然会对相关各级人民政府提出实施水土保持政府治理的要求。该法第16条和第17条都是对政府治理提出的要求。第16条规定："地方各级人民政府应当按照水土保持规划，采取封育保护、自然修复等措施，组织单位和个人植树种草，扩大林草覆盖面积，涵养水源，预防和减轻水土流失。"第17条规定："地方各级人民政府应当加强对取土、挖砂、采石等活动的管理，预防和减轻水土流失。"《水土保持法》没有使用"公益性"治理这样的措辞，但对具有公益性的治理明确做了鼓励、支持的规定。该法第33条规定："国家鼓励单位和个人按照水土保持规划参与水土流失治理。"第34条规定："国家鼓励和支持承包治理

荒山、荒沟、荒丘、荒滩，防治水土流失，保护和改善生态环境，促进土地资源的合理开发和可持续利用。"《水土保持法》也对土地的使用者提出了治理要求。例如，该法第 38 条规定："对生产建设活动所占用土地的地表土应当进行分层剥离、保存和利用，做到土石方挖填平衡，减少地表扰动范围；对废弃的砂、石、土、矸石、尾矿、废渣等存放地，应当采取拦挡、坡面防护、防洪排导等措施。生产建设活动结束后，应当及时在取土场、开挖面和存放地的裸露土地上植树种草、恢复植被，对闭库的尾矿库进行复垦。"

（四）工程治理制度

《水土保持法》和《防沙治沙法》不仅要求相关行为主体履行水土保持和防治土地沙化的治理义务，规定政府治理责任，而且要求就水土保持和土地沙化防治采取工程治理措施。《水土保持法》第 30 条规定："国家加强水土流失重点预防区和重点治理区的坡耕地改梯田、淤地坝等水土保持重点工程建设，加大生态修复力度。"该条要求设立"水土保持重点工程"，并将这种工程宣布为"国家"工程。根据这项政策宣告，按照该法对政府责任的规定，"国家""水土保持重点工程"的责任主体应当是工程所在地的人民政府。该责任应当是可以列入该法第 4 条第 2 款规定的"水土保持目标责任制"的责任，其履行方式应当包括该法第 4 条规定的"安排专项资金，并组织实施"。

《防沙治沙法》对土地沙化的工程防治有更具体的规定。该法第 16 条规定："沙化土地所在地区的县级以上地方人民政府应当按照防沙治沙规划，划出一定比例的土地，因地制宜地营造防风固沙林网、林带，种植多年生灌木和草本植物。"该条要求"因地制宜"开展的"防风固沙林网、林带""营造"，应该就是该法第 32 条规定的由"国务院和沙化土地所在地区的地方各级人民政府""确定"的"防沙治沙工程"。其第 32 条规定："国务院和沙化土地所在地区的地方各级人民政府应当在本级财政预算中按照防沙治沙规划通过项目预算安排资金，用于本级人民政府确定的防沙治沙工程。在安排扶贫、农业、水利、道路、矿产、能源、农业综合开发等项目时，应当根据具体情况，设立若干防沙治沙子项目。"按照该条的规定，实际实施的防沙治沙工程应当包含两类,即由"国务院和沙化土地所在地区的地方各级人民政府""确定"的"防沙治沙工程"和作为"扶贫、农业、水利、道路、矿产、能源、农业综合开发等项目"之"子项目"的防沙治沙工程。

(五)地表管护和其它治理成果管护制度

"人类活动"对土地沙化和水土流失的作用特点决定了地表保护,尤其是对土地具有庇护作用的植被(地表)的保护,对防治土地沙化和水土流失具有关键作用。《防沙治沙法》和《水土保持法》为发挥地表保护对于防治土地沙化和水土流失的关键作用建立了以植被保护为核心的地表管护制度。《防沙治沙法》第17条第2款规定:"沙化土地所在地区的县级人民政府,应当制定植被管护制度,严格保护植被,并根据需要在乡(镇)、村建立植被管护组织,确定管护人员。"《水土保持法》第18条规定:"水土流失严重、生态脆弱的地区,应当限制或者禁止可能造成水土流失的生产建设活动,严格保护植物、沙壳、结皮、地衣等。"

两法规定的地表管护制度,按保护对象形成过程的不同,分为两个方面。一方面,对自然存在的有阻遏水土流失或土地沙化作用的地表的管护。《水土保持法》第18条中的"植物、沙壳、结皮、地衣等"指的都是"生产建设活动"场所的地表成分。《防沙治沙法》第17条第2款规定的作为"植被管护制度"当然内容的"严格保护植被",首先是指对自然存在的植被的保护。另一方面,对防治水土流失、土地沙化成果的管护。《水土保持法》第18条第2款规定:"在侵蚀沟的沟坡和沟岸、河流的两岸以及湖泊和水库的周边,土地所有权人、使用权人或者有关管理单位应当营造植物保护带。"这"植物保护带"是水土保持工作取得的成果。同条同款规定:"禁止开垦、开发植物保护带。"这一"禁止"中包含对作为水土保持工作成果的"植物保护带"实施管护的要求。

水土保持和土地沙化防治形成的具有防治土地沙化和水土流失功能的成果,除得到维护的或人工种植形成的植被和其它地表具有防治土地沙化和水土流失功能的地表形态外,还有具有防治土地沙化和水土流失功能的水土保持设施、防沙治沙工程成果,如鱼鳞坑、梯田、截水沟、沉沙池、蓄水塘坝或蓄水池、排水沟等构筑物，骨干坝、淤地坝、拦沙坝、尾矿坝、谷坊、护坡、护堤、挡土墙等工程设施。《水土保持法》和《防沙治沙法》对这些治理成果也提出管护的要求。《水土保持法》第30条规定："县级以上人民政府水行政主管部门应当加强对水土保持重点工程的建设管理，建立和完善运行管护制度。"该法第19条要求"水土保持设施的所有权人或者使用权人""加强对水土保持设施的管理与维护，落实管护责任，保障其功能正常发挥。"《防沙治沙法》对作为土地沙化防治成果的"防风固沙林网、林带"规定了具体的管护要求。其第16条第2款规定："除了抚育更新性质的采伐外，不得批准对防风固沙林网、林带进行采伐。在对防风固沙林网、林带进行抚育更新性质的采伐之前，必须在其附近预先形成接替林网和林带。"如果防风固沙林网、林带处在"林木更新困难地区"，则"不得批准采伐"。

地表保护的核心是植被保护。植被保护的重要方面是对破坏植被活动的直接阻止。上述"禁止开垦、开发""不得批准采伐"等都是对破坏植被活动的直接阻止。《水土保持法》第21条规定的"禁止在水土流失重点预防区和重点治理区铲草皮、挖树兜"等也属此类。除直接阻止型的植被保护措施外，《防沙治沙法》还规定了一项更具根本性的植被保护措施——稳水。所谓稳水就是使地下水和地表水源稳定。该法第19条规定："沙化土地所在地区的县级以上地方人民政府水行政主管部门，应当加强流域和区域水资源的统一调配和管理，在编制流域和区域水资源开发利用规划和供水计划时，必须考虑整个流域和区域植被保护的用水需求，防止因地下水和上游水资源的过度开发利用，导致植被破坏和土地沙化。"该条提出的要求——制定有利于防治土地沙化的水资源利用规划和供水计划，也是用规划手段保护环境（见本书第十四章、十五章）的一个典型事例。

（六）退耕还林还草制度

《水土保持法》和《防沙治沙法》都有关于退耕还林还草的规定。（关于退耕还林还草制度的更多内容，见第十四章）

（七）生态移民制度

《水土保持法》没有直接做建立生态移民制度的立法安排，但却做了鼓励支持"从生态脆弱地区向外移民"的规定。该法第 39 条规定:"国家鼓励和支持在山区、丘陵区、风沙区以及容易发生水土流失的其他区域""采取""有利于水土保持的措施"。该条列入鼓励支持范围的"措施"第 4 项为"从生态脆弱地区向外移民"。

《防沙治沙法》明确建立了生态移民制度。该法建立的生态移民制度包括 3 项内容。第一,将"沙化土地封禁保护区范围内的农牧民"移出。根据该法第 22 条第 2 款的规定,"县级以上地方人民政府应当有计划地"将"沙化土地封禁保护区范围内的农牧民""迁出,并妥善安置"。第二,不得在沙化土地封禁保护区范围内安置移民。第三,沙化土地封禁保护区范围内的农牧民如果"尚未迁出","沙化土地封禁保护区主管部门"应当"妥善安排"他们的"生产生活"。

二、《水土保持法》的主要内容

除《防沙治沙法》《水土保持法》的共有制度之外,《水土保持法》的主要内容包括以下几个方面:

(一) 界定水土保持

《水土保持法》第 2 条第 2 款规定:"本法所称水土保持,是指对自然因素和人为活动造成水土流失所采取的预防和治理措施。"根据这一界定,水土保持措施包括两类,即预防和治理。《水土保持法》的篇章安排与该法对水土保持措施所做的分类相一致。其第三章为"预防"、第四章为"治理"。根据这一界定,引起水土流失("易")的原因("移")包括两类,一类是"自然因素",一类是"人为活动"。

(二) 规定执行主体

《水土保持法》规定的执行主体,在中央层面是国务院水行政主管部门及其在"国家确定的重要江河、湖泊"设立的流域管理机构。该法第 5 条规定:"国务院水行政主管部门主管全国的水土保持工作。""国务院水行政主管部门在国家确定的重要江河、湖泊设立的流域管理机构,在所管辖范围内依法承担水土保持监督管理职责。"

《水土保持法》规定的执行主体，在地方层面是"县级以上人民政府"和县级以上地方人民政府水行政主管部门和其它相关部门。根据该法第4条的规定，县级以上人民政府是该法的执行主体。"县级以上人民政府"有"加强对水土保持工作的统一领导"，"对水土保持规划确定的任务""安排专项资金，并组织实施"的责任。根据第4条第2款的规定，"在水土流失重点预防区和重点治理区"的"地方各级人民政府"还要按"水土保持目标责任制"履行职责，包括接受考核和奖惩。除地方各级人民政府外，《水土保持法》规定的地方层面的执行主体有"县级以上地方人民政府水行政主管部门"和"县级以上人民政府林业、农业、国土资源等有关部门"。该法第5条规定："县级以上地方人民政府水行政主管部门主管本行政区域的水土保持工作。"（第3款）"县级以上人民政府林业、农业、国土资源等有关部门"要"按照各自职责"，做与"水土流失预防和治理"相关的"工作"（第4款）。

不过，《水土保持法》在"附则"中又对执行主体做了灵活安排。第59条规定："县级以上地方人民政府根据当地实际情况确定的负责水土保持工作的机构，行使本法规定的水行政主管部门水土保持工作的职责。"按照这一规定，《水土保持法》第5条第3款"主管本行政区域的水土保持工作"的机关可以不是"县级以上地方人民政府水行政主管部门"。根据本款规定执行《水土保持法》的可以是"县级以上地方人民政府根据当地实际情况确定的负责水土保持工作"的其它"机构"。

（三）确立二十五度以上陡坡地禁止开垦种植制度

在长期的水土保持实践中，有关部门和地方政府已经总结出二十五度以上陡坡地不适宜开垦的规律。吸收这一治理经验，《水土保持法》确立二十五以上陡坡禁止开垦种植制度。该法第20条规定："禁止在二十五度以上陡坡地开垦种植农作物。"这是没有弹性空间的禁止。一方面，该法对违反此项禁止的行为设定了处罚和其它措施。其第49条规定："违反本法规定，在禁止开垦坡度以上陡坡地开垦种植农作物……的，由县级以上地方人民政府水行政主管部门责令停止违法行为，采取退耕、恢复植被等补救措施；按照开垦或者开发面积,可以对个人处每平方米二元以下的罚款、对单位处每平方米十元以下的罚款。"另一方面,该法允许"省、自治区、直辖市根据本行政区域的实际情况""规定小于二十五度的禁止开垦坡度"(第 20 条第 2 款)

二十五度以上陡坡地禁止开垦种植制度要禁止的是"开垦种植",具体说是"开垦种植农作物"。在开垦种植农作物之外,该法允许有条件地种植经济林。该法第 20 条在设定禁止之后规定:"在二十五度以上陡坡地种植经济林的,应当科学选择树种,合理确定规模,采取水土保持措施,防止造成水土流失。"这是附条件的许可,即以履行采取"防止造成水土流失"的措施之义务为条件,许可在二十五度以上陡坡地上"种植经济林"。

(四)设定林木采伐禁限和义务

《水土保持法》第 22 条规定:"林木采伐应当采用合理方式,严格控制皆伐;对水源涵养林、水土保持林、防风固沙林等防护林只能进行抚育和更新性质的采伐;对采伐区和集材道应当采取防止水土流失的措施,并在采伐后及时更新造林。"该条设定的禁限和义务包括以下 4 个方面:第一,采伐林木应当采用"皆伐"以外的合理采伐方式。第二,"对水源涵养林、水土保持林、防风固沙林等防护林",禁止"抚育和更新性质的采伐"之外的采伐。第三,在"采伐区和集材道",也就是采伐活动影响所及的区域,采取防止水土流失的措施。第四,在采伐区及时更新造林。

(五)建立生产建设项目附随水土保持责任制度

生产建设项目附随水土保持责任指黏附于生产建设项目之上,与生产建设项目相伴随的水土保持责任。这种责任因生产建设项目而生,是生产建设项目所有者、建设者的责任。《水土保持法》建立了生产建设项目附随水土保持责任制度。

《水土保持法》第 25 条规定:"在山区、丘陵区、风沙区以及水土保持规划确定的容易发生水土流失的其他区域开办可能造成水土流失的生产建设项目,生产建设单位应当编制水土保持方案,报县级以上人民政府水行政主管部门审批。"编制水土保持方案是"在山区、丘陵区、风沙区以及水土保持规划确定的容易发生水土流失的其他区域开办可能造成水土流失的生产建设项目"的生产建设单位（以下简称特定生产建设单位）的义务，与生产建设项目相附随的义务。这项义务不是道德义务，而是用是否允许生产建设项目开工为保障的义务。《水土保持法》第 26 条规定："依法应当编制水土保持方案的生产建设项目，生产建设单位未编制水土保持方案或者水土保持方案未经水行政主管部门批准的，生产建设项目不得开工建设。"

特定生产建设单位编制的水土保持方案不是只在墙上挂一挂的图片，而是特定生产建设单位开展水土保持工作的指南。《水土保持法》第 25 条在向特定生产建设单位提出编制水土保持方案要求之后接着规定：特定生产建设单位应"按照经批准的水土保持方案，采取水土流失预防和治理措施"。水土保持方案不仅是特定生产建设单位必须承受的具有承诺性质的约束，而且对特定生产建设单位开展水土保持具有"指南"作用。这是因为，《水土保持法》中的水土保持方案的内容就是按水土保持工作指南的标准设计的。该法第 25 条第 2 款规定："水土保持方案应当包括水土流失预防和治理的范围、目标、措施和投资等内容。"第 3 款接着规定："水土保持方案经批准后，生产建设项目的地点、规模发生重大变化的，应当补充或者修改水土保持方案并报原审批机关批准。水土保持方案实施过程中，水土保持措施需要作出重大变更的，应当经原审批机关批准。"按《水土保持法》的要求编制的水土保持方案是水土流失预防、治理范围、目标明确的方案，是有"措施和投资"保障的方案，是与"生产建设项目的地点、规模"相适应，也就是与生产建设项目对水土保持可能造成的负面影响相适应的水土保持方案。

生产建设项目附随水土保持责任不只限于编制和执行水土保持方案，而是还有更为具体的内容。《水土保持法》第 27 条规定："依法应当编制水土保持方案的生产建设项目中的水土保持设施，应当与主体工程同时设计、同时施工、同时投产使用；生产建设项目竣工验收，应当验收水土保持设施；水土保持设施未经验收或者验收不合格的，生产建设项目不得投产使用。""应当编制水土保持方案的生产建设项目"一般也都是需要与生产建设项目相适应的"水土保持设施"的项目，也就是其水土保持方案中应当有如何建设、建设怎样的"水土保持设施"具体方案的项目。按照第27条的规定，这种生产建设项目的水土保持设施，也就是应当写入水土保持方案的那些设施，"应当与主体工程同时设计、同时施工、同时投产使用"。这是对来自我国污染防治实践的"三同时"制度的应用。不过，《水土保持法》给"三同时"制度又增加了一个验收环节，并且将验收合格规定为生产建设项目投产使用的必要条件。

生产建设项目附随水土保持责任制度不只表现为要求特定生产建设单位遵守规则，包括遵守编制水土保持方案的规则、生产建设项目的水土保持设施与主体工程"三同时"的规则、验收合格方能投产使用的规则等，而是既要求特定生产建设单位遵守规则，又要求特定生产建设单位实施的生产建设活动不造成水土流失。《水土保持法》既要求特定生产建设单位对违反相关规则承担责任，又要求这些单位对其生产建设活动造成的实际影响负责。该法第32条第2款规定："在山区、丘陵区、风沙区以及水土保持规划确定的容易发生水土流失的其他区域开办生产建设项目或者从事其他生产建设活动，损坏水土保持设施、地貌植被，不能恢复原有水土保持功能的，应当缴纳水土保持补偿费。"该条规定的"缴纳水土保持补偿费"是一个替代方案。规定该替代方案的依据是，特定生产建设单位有义务使"水土保持设施、地貌植被""恢复原有水土保持功能"。《水土保持法》要求特定生产建设单位承担使"水土保持设施、地貌植被""恢复原有水土保持功能"的义务，不以特定生产建设单位是否有过错为条件，不以特定生产建设单位是否违反编制水土保持方案的规则、生产建设项目的水土保持设施与主体工程"三同时"的规则、验收合格方能投产使用的规则为依据。

（六）建立小流域综合治理制度

《水土保持法》第35条规定："在水力侵蚀地区，地方各级人民政府及其有关部门应当组织单位和个人，以天然沟壑及其两侧山坡地形成的小流域为单元，因地制宜地采取工程措施、植物措施和保护性耕作等措施，进行坡耕地和沟道水土流失综合治理。"小流域治理的责任主体是地方各级人民政府及其有关部门。治理单元是小流域，即"天然沟壑及其两侧山坡地形成的小流域"。治理措施，总起来说是"因地制宜"，具体措施包括"工程措施、植物措施和保护性耕作等措施"。治理的具体对象是"坡耕地和沟道"，治理方式是"综合治理"。

三、《防沙治沙法》的主要内容

除《防沙治沙法》《水土保持法》的共有制度之外，《防沙治沙法》的主要内容包括以下几个方面：

（一）界定土地沙化和沙化土地

《防沙治沙法》将土地沙化做了通常所称土地沙化和作为该法防治对象的土地沙化的区分。该法第 2 条第 2 款规定："土地沙化是指因气候变化和人类活动所导致的天然沙漠扩张和沙质土壤上植被破坏、沙土裸露的过程。"其第 3 款规定："本法所称土地沙化，是指主要因人类不合理活动所导致的天然沙漠扩张和沙质土壤上植被及覆盖物被破坏，形成流沙及沙土裸露的过程。"

《防沙治沙法》也对沙化土地做了界定。该法第 2 条第 4 款规定："本法所称沙化土地，包括已经沙化的土地和具有明显沙化趋势的土地。"

（二）规定执行主体

《防沙治沙法》规定的执行主体，在中央国家机关层面主要是国务院林业草原行政主管部门。该法第 5 条规定："在国务院领导下，国务院林业草原行政主管部门负责组织、协调、指导全国防沙治沙工作。"除国务院林业草原行政主管部门外，根据该法第 5 条第 2 款的规定，"农业、水利、土地、生态环境等行政主管部门和气象主管机构"也要"按照有关法律规定的职责和国务院确定的职责分工"对相关工作负责，这些机关和林业草原机关相互之间还要"密切配合"。在地方层面，《防沙治沙法》将"县级以上地方人民政府"与其"所属有关部门"一起列为执行主体。该法第 5 条第 3 款规定："县级以上地方人民政府组织、领导所属有关部门，按照职责分工，各负其责，密切配合，共同做好本行政区域的防沙治沙工作。"

（三）建立沙化土地开垦禁止制度

《防沙治沙法》第 20 条规定："沙化土地所在地区的县级以上地方人民政府，不得批准在沙漠边缘地带和林地、草原开垦耕地；已经开垦并对生态产生不良影响的，应当有计划地组织退耕还林还草。"

（四）建立沙化土地集中治理制度

《防沙治沙法》第 31 条规定："沙化土地所在地区的地方各级人民政府，可以组织当地农村集体经济组织及其成员在自愿的前提下，对已经沙化的土地进行集中治理。农村集体经济组织及其成员投入的资金和劳力，可以折算为治理项目的股份、资本金，也可以采取其他形式给予补偿。"

（五）建立发现土地沙化、沙化加重、沙尘暴天气征兆报告制度

《防沙治沙法》第 15 条规定了两类需要向当地政府报告的事项。第一类，"发现土地发生沙化或者沙化程度加重"。第二类，"发现气象干旱或者沙尘暴天气征兆"。第一类事项的报告义务主体是"县级以上地方人民政府林业草原或者其他有关行政主管部门"；第二类事项的报告义务主体是"气象干旱或者沙尘暴天气征兆"出现地的"气象主管机构"。对不能就第一类事项及时向当地人民政府报告的行为，该法规定要给予"直接负责的主管人员和其他直接责任人员""行政处分"（第 43 条）。

参考文献：

1. 徐祥民主编：《常用中国环境法导读》第十六章"《中华人民共和国水土保持法》导读"、第十七章"《中华人民共和国防沙治沙法》导读"，法律出版社 2017 年版。

2. 徐祥民：《关于编纂〈自然地理环境法典〉的构想》，《东方法学》2021 年第 6 期。

3. 徐祥民、李冰强等：《渤海管理法的体制问题研究》第八章、第九章，人民出版社 2011 年版。

思考题：

1. 我国"自然地理环境损害防治十法"包括哪些法律？
2. 试述《防沙治沙法》和《水土保持法》中的普遍义务制度。
3. 《防沙治沙法》和《水土保持法》中的政府责任制度及其合理性。
4. 试述《水土保持法》中的生产建设项目附随水土保持责任制度。

第十章 环保科学技术工具法

环保科学技术工具法是对以科学技术为支撑的环境保护工具的立法表达。这类工具以科学技术为构成元件，因而可以在不同的环境保护事务领域里广泛适用。如环境标准，它既能运用于污染防治领域，也能运用于资源损害防治、生态损害防治等领域。这类工具之所以能实现立法表达，是因为它们已经比较成熟。同时，用立法来表达也能促进科学技术工具的运用，使科学技术与环境保护工作的结合更加紧密、合理、有效。

我国的环保科学技术工具法已经形成比较成熟的几个分支，其中包括环境标准法、环境监测法、环境调查（普查）法等。

本章主要学习：（一）我国环保科学技术工具法的建设现状；（二）环境标准法；（三）环境监测法；（四）环境调查（普查）法。

第一节 我国环保科学技术工具法的建设现状

在我国的环境保护实践中广泛运用了许多科学技术工具，其中一些工具的运用已经实现了规范化。当运用环保科学技术工具的规范得到国家立法机关及其它享有立法权的机关的认可，或被其做立法加工时，就变成了环保科学技术工具法。

一、环保科学技术工具法初具规模

随着环境保护事业的发展，我国环保科学技术工具法不断丰富。虽无专门创制的单行法，但相关法律规则的数量及其在环境法体系中占的比重都已达到了一定规模。在《环境保护法》《海洋环境保护法》《水污染防治法》等重要的环境法律中，均有环保科学技术工具法相关内容。

我国现有环保科学技术工具法的主体部分是行政法规、地方法规、部门规章和地方规章，如《标准化法实施条例》《生态环境标准管理办法》《水文监测环境和设施保护办法》《地质环境监测管理办法》《全国污染源普查条例》等。

二、环保科学技术工具法广泛应用于多个环保事务领域

环保科学技术工具法作为环保手段法的重要分支，已经广泛应用于多个环保事务领域。在资源损害防治、污染损害防治、生态损害防治、自然地理环境损害防治领域的立法中，均有运用环保科学技术工具的法律规定。

在资源损害防治领域，《水法》《土地管理法》《矿产资源法》《渔业法》等法律都有环保科学技术工具法的内容。例如，《水法》第16条规定："制定规划，必须进行水资源综合科学考察和调查评价。""县级以上人民政府水行政主管部门和流域管理机构应当加强对水资源的动态监测。"再如，《土地管理法》第26条规定："国家建立土地调查制度。"此外，在资源损害防治领域，我国还制定了数量众多的环保技术工具法法规，如《耕地质量调查监测与评价办法》《土地调查条例》《水文监测环境和设施保护办法》等。

在污染损害防治领域，《水污染防治法》《大气污染防治法》《放射性污染防治法》等法律也都有环保科学技术工具法的内容。如，《水污染防治法》第12条规定："国务院环境保护主管部门制定国家水环境质量标准。"《大气污染防治法》第8条规定："国务院生态环境主管部门或者省、自治区、直辖市人民政府制定大气环境质量标准，应当以保障公众健康和保护生态环境为宗旨，与经济社会发展相适应，做到科学合理。"除法律位阶的立法外，

污染防治领域同样存在数量众多的环保科学技术工具法法规规章等，如《主要污染物总量减排监测办法》《全国污染源普查条例》等。

在生态损害防治法领域，也不难找到环保技术工具法的相关规定。例如：《野生动物保护法》第 11 条规定："县级以上人民政府野生动物保护主管部门，应当定期组织或者委托有关科学研究机构对野生动物及其栖息地状况进行调查、监测和评估，建立健全野生动物及其栖息地档案。"除法律外，生态损害防治领域也存在一些环保科学技术工具法法规规章，如《生态环境标准管理办法》《水土保持生态环境监测网络管理办法》等。

在自然地理环境损害防治领域，《水土保持法》《防沙治沙法》等法律也都规定了运用环保技术工具的要求。如，《水土保持法》第 16 条规定："制定规划，必须进行水资源综合科学考察和调查评价。""县级以上人民政府水行政主管部门和流域管理机构应当加强对水资源的动态监测。"再如，《防沙治沙法》第 14 条规定："国务院林业草原行政主管部门组织其他有关行政主管部门对全国土地沙化情况进行监测、统计和分析，并定期公布监测结果。"除此之外，自然地理环境损害防治领域还颁布了《地震监测管理条例》《地质环境监测管理办法》等众多单行法规规章。

第二节　环境标准法

环境标准法是环保科学技术工具法的重要分支。环境标准本身不是法的渊源，只有当标准的制定有法律依据，或当标准按法律要求制定时，才具有法律的性质。规范环境标准制定的法律规则是我国环境标准法的主要内容。

一、我国环境标准法的建设状况

我国环境标准法建设在污染防治事务领域中的成就比较突出，尤其在大气污染防治、噪声污染防治、土壤污染防治、水污染防治等领域，已经建立了较为完备的体系。

(一) 法律位阶的环境标准法建设状况

我国法律位阶的环境标准法规则包含于多部单行环境法及其它几部相关法之中。

《标准化法》是我国为统一加强标准化工作，使标准这一科学技术工具更好地服务于国家各项发展事业而制定的法律。该法为更好地运用环境标准服务于环境保护事业提供了立法支持。《标准化法》第 1 条将"维护生态环境安全"列为立法目的之一，其第 10 条提出对保障生态环境安全制定强制性国家标准的要求。此外，该法第 14 条还规定，保障生态环境安全的标准项目应当优先立项并及时完成。这些都为环境标准的推广应用提供了有力的支持。

在我国多部单行环境法中均含有环境标准法的内容。

在我国的环境标准中，最重要的标准是环境质量标准和污染物排放标准。《环境保护法》规定，环境质量标准和污染物排放标准分为国家标准与地方标准两级。该法规定，国家环境质量标准、国家污染物排放标准的制定主体是国务院环境保护主管部门，地方环境质量标准、地方污染物排放标准的制定主体是省、自治区、直辖市的人民政府。对地方标准，《环境保护法》提出应当严于国家标准的要求（第 15 条、第 16 条）。我国《海洋环境保护法》《水污染防治法》《大气污染防治法》分别就海洋环境质量标准、水环境质量标准、大气环境质量标准的制定做了规定；《固体废物污染环境防治法》《放射性污染防治法》《环境噪声污染防治法》要求国务院生态环境主管部门单独或会同国务院有关部门，根据有关国家环境质量标准和国家经济、技术条件等，制定固体废物鉴别标准、国家固体废物污染环境防治技术标准、固体废物综合利用标准、国家放射性污染防治标准、国家声环境质量标准、国家环境噪声排放标准等；《草原法》授权国务院草原行政主管部门制定草原载畜量标准，《渔业法》授权国务院渔业行政主管部门或者省、自治区、直辖市人民政府渔业行政主管部门制定重点保护的渔业资源品种及其可捕捞标准。

（二）法规、规章位阶的环境标准法建设状况

在法律位阶的环境标准法之外，我国还制定了众多行政法规、地方性法规、行政规章等形式的环境标准法。

1.《标准化法实施条例》。《标准化法实施条例》是国务院制定的规范标准化工作的专门法规。《条例》规定，环境保护的国家标准由国务院环境保护主管部门组织草拟、审批；其编号、发布办法由国务院标准化行政主管部门会同国务院有关行政主管部门制定（第12条）；环境保护的污染物排放标准和环境质量标准属于强制性标准（第18条）。

2.《生态环境标准管理办法》。《生态环境标准管理办法》是由生态环境部制定并公布的部门规章。与《环境保护法》《标准化法》中的规定相比，《生态环境标准管理办法》不仅设定的行为规范更加具体，而且对我国环境质量标准体系还做了整体设计。（内容见下文）

二、我国环境标准法的应用领域

我国环境标准法广泛应用于各环保事务领域，尽管其在不同事务领域中的应用并不均衡。总体来看，环境标准法在污染损害防治领域的应用最为广泛，发展也最为成熟。但是随着环保事业的不断发展和环境法体系的逐渐完善，其他领域的环境标准法也取得了较大的发展。例如，《草原法》建立了草原载畜标准，《渔业法》对捕捞标准做了规定等。2012年1月环境保护部发布《区域生物多样性评价标准》（HJ623—2011）。以此为起点，生态损害防治领域的标准法建设也逐步得到加强。

三、我国环境标准法的主要内容

我国环境标准法的主要内容有环境标准的等级和种类、环境标准的制定主体、环境标准的法律效力、环境标准的适用范围等。

（一）环境标准的等级和种类

国务院环境保护行政主管部门先后三次发布规定环境标准等级和种类的部门规章。现行有效的部门规章是2020年12月15日发布，2021年2月

1日起施行的《生态环境标准管理办法》。

《生态环境标准管理办法》明确规定国家生态环境标准分为"六类两级"。六类是指生态环境质量标准、生态环境风险管控标准、污染物排放标准、生态环境监测标准、生态环境基础标准和生态环境管理技术规范等六类。"两级"是指国家生态环境标准和地方生态环境标准两级。其中生态环境监测标准、生态环境基础标准、生态环境管理技术规范只有国家标准。地方生态环境标准包括地方生态环境质量标准、地方生态环境风险管控标准、地方污染物排放标准和地方其他生态环境标准等四类。《生态环境标准管理办法》中的"生态环境质量标准""生态环境监测标准""生态环境基础标准"与《环境保护法》等法律中的"环境质量标准"含义相同。

"生态环境风险管控标准"是《生态环境标准管理办法》增设的一种环境标准。《办法》规定，除国务院有关部门可以制定国家生态环境风险管控标准外，地方也可以制定生态环境风险管控地方标准。《生态环境标准管理办法》还规定："生态环境风险管控标准包括土壤污染风险管控标准以及法律法规规定的其他环境风险管控标准。"这一规定为风险管控标准的进一步丰富留出了空间。

(二)环境标准的制定主体

我国环境标准的制定主体分中央和地方两种，即国家环境标准的制定主体和地方环境标准制定主体。

《环境保护法》规定，国家环境标准的制定主体主要是国务院生态环境主管部门；地方环境标准的制定主体是省级人民政府。

对地方环境标准的制定，《环境保护法》设定了备案制度。该法要求省级人民政府制定地方环境标准要报国务院生态环境主管部门备案。

(三)环境标准的法律效力和适用范围

根据法律效力大小的不同，我国的环境标准分为强制性标准和推荐性标准两类。根据《生态环境标准管理办法》的规定，国家和地方生态环境质量标准、生态环境风险管控标准、污染物排放标准和法律法规规定强制执行的其他生态环境标准，均以强制性标准的形式发布。法律法规未规定强制执行的国家和地方生态环境标准，以推荐性标准的形式发布。

强制性生态环境标准必须执行。推荐性生态环境标准被强制性生态环境标准或者规章、其它规范性文件引用并赋予其强制执行效力的，被引用的内容必须执行，其它内容的法律效力不变。

国家环境标准在全国范围内统一施行，地方环境标准在本行政区域内施行。

第三节　环境监测法

环境监测（environmental monitoring）是指依法从事环境监测的特定机构及其工作人员，按照法定的程序和要求，运用物理、化学、生物等方法，定期或不定期，连续或间断地对环境质量状况进行监视和测定的活动。环境监测是通过对反映环境质量的指标进行监视和测定，以确定环境污染状况和环境质量的高低。为了保证环境监测的顺利进行和监测结果的科学准确，必须用法律手段规范监测活动，使监测法制化。国家对环境监测的机构、对象、范围、内容、程序以及监测结果的管理等的规定，构成环境监测法律规范体系。

一、我国环境监测法的建设状况

我国尚未颁布专门的《环境监测法》，但已经制定了一系列规范环境监测活动的法规规章等规范性法律文件，建立起了覆盖全国、层级分明的环境监测网络。

（一）法律位阶的环境监测法建设状况

《环境保护法》《大气污染防治法》《环境噪声污染防治法》《固体废物污染环境防治法》《水污染防治法》《水法》《森林法》等法律都有关于环境监测的规定。《环境保护法》规定，国家建立、健全环境监测制度。国务院环境保护主管部门制定监测规范，会同有关部门组织监测网络，统一规划国家环境质量监测站（点）的设置，建立监测数据共享机制，加强对环境监测的管理。各类环境质量监测站（点）的设置应当符合法律法规规定和监测规范的要求。监测机构应当使用符合国家标准的监测设备，遵守监测规范。监测机构及其负责人对监测数据的真实性和准确性负责（第17条）。这是我国环境监测法体系建立和完善的基础性法律规则。《水污染防治法》《大气污染防治法》等多部法律对环境监测规范的规定与《环境保护法》相关规定都大体一致。如，《水污染防治法》规定，国务院环境保护主管部门负责制定水环境监测规范，统一发布国家水环境状况信息，会同国务院水行政等部门组织监测网络，统一规划国家水环境质量监测站（点）的设置，建立监测数据共享机制，加强对水环境监测的管理。

（二）法规、规章位阶的环境监测法建设状况

由国务院环境保护行政主管部门发布或国务院环境保护行政主管部门会同国务院有关部委联合发布的规章是我国环境监测法的重要组成部分，如《环境监测管理办法》《地质环境监测管理办法》《铁路环境监测管理办法》《全国环境监测报告制度》《关于进一步加强环境监测工作的决定》等。

国家环境保护总局于2007年7月25日发布《环境监测管理办法》，对环境监测属性、定位、管理等做了较为系统的规定。《办法》明确规定，环境保护主管部门负责环境监测管理工作，其所属环境监测机构负责监测的技术支持工作。

对环境监测标准规范的制定权限，《环境监测管理办法》规定，国家环保总局负责依法制定统一的国家环境监测技术标准和规范，省级环保部门对国家环境监测技术标准和规范未作规定的项目可以制定地方环境监测技术规范。

《环境监测管理办法》还授权县级以上环境保护部门负责统一发布本行政区域的环境污染事故、环境质量状况等环境监测信息。

"十三五"期间，党中央、国务院先后印发了《生态环境监测网络建设方案》《关于省以下环保机构监测监察执法垂直管理制度改革试点工作的指导意见》《关于深化环境监测改革提高环境监测数据质量的意见》等改革文件。三文件将对推动我国环境监测制度的改革发展发挥重大作用。

二、我国环境监测法的应用领域

我国的环境监测法几乎应用于全部环保事务领域中。与环境标准法的特点相似，环境监测法在污染损害防治领域的应用最多，法律规范体系也最为成熟。

在生态损害防治、资源损害防治领域，环境监测法规范性文件主要有《水土保持生态环境监测网络管理办法》《耕地质量调查监测与评价办法》等。在自然地理环境损害防治领域，我国相关部门先后发布了《地震监测管理条例》《地质环境监测管理办法》《水文监测资料汇交管理办法》《水文监测环境和设施保护办法》《水库地震监测管理办法》等一系列法规规章或其它规范性文件。

三、我国环境监测法的主要内容

我国环境监测法的主要内容包括环境监测法的制定主体、环境监测机构、环境监测管理制度、环境监测工作制度等。

（一）我国环境监测法的制定主体

依照《环境保护法》等法律的规定，环境监测法的制定主体为国务院环境保护主管部门。省级环境保护部门对国家环境监测技术规范未作规定的项目，可以制定地方环境监测技术规范，并报国务院环境保护主管部门备案。

（二）我国的环境监测机构

我国已经建立了庞大的环境监测机构体系。我国的环境监测机构体系由四级环境监测站构成。四级环境监测站是：1.国家级站，也称总站。国家级站指中国环境监测总站。2.省级站，也称一级站。省级站是各省、自治区、直辖市的环境监测中心站。3.市级站，也称二级站。市级站是省辖市环境监测站（或中心站）。4.县级站，也称三级站。县级站是各县（区、旗、县级市等）的环境监测站。

四级环境监测机构共同组成我国的环境监测网（环境监测机构体系）。

所谓环境监测网是在国家环境保护行政主管部门组织下,由各级环境监测站组成的具有一定行政职能的监测业务协作组织。环境监测网由手段要素和主体要素构成。监测点位(断面)属于环境监测网构成的手段要素。环境监测点位(断面)的设置、变更、运行等须遵守国家环境保护行政主管部门的有关规定。县级以上环境保护部门按照环境监测的代表性分别负责组织建设国家级、省级、市级、县级环境监测网,并分别委托环境监测机构负责监测站网的运行。国家级环境监测网中的监测点位(断面)称为国控环境监测点,简称"国控点",其余三级环境监测网中的监测点位(断面)依次称"省控点""市控点""县控点"。环境监测网的主体要素由同级环境监测机构、下级环境监测机构和有关监测企事业单位组成。环境监测网的成员联合协作,实施监测,汇总资料,为全面报告环境质量状况提供基础数据和资料。

(三) 我国的环境监测管理制度

2016年,国家推进省以下环保机构监测监察执法垂直管理制度改革。依据中共中央办公厅、国务院办公厅2016年9月22日发布的《关于省以下环保机构监测监察执法垂直管理制度改革试点工作的指导意见》,省级环保部门对全省(自治区、直辖市)环境保护工作实施统一监督管理,在全省(自治区、直辖市)范围内统一规划建设环境监测网络,省(自治区、直辖市)及所辖各市县生态环境质量监测、调查评价和考核工作由省级环保部门统一负责,实行生态环境质量省级监测、考核。现有市级环境监测机构调整为省级环保部门驻市环境监测机构,由省级环保部门直接管理,人员和工作经费由省级承担;领导班子成员由省级环保厅(局)任免。省级和驻市环境监测机构主要负责生态环境质量监测工作。

现有县级环境监测机构主要职能调整为执法监测,随县级环保局一并上收到市级,由市级承担人员和工作经费,具体工作接受县级环保分局领导,支持配合属地环境执法。

(四) 我国的环境监测工作制度

我国的环境监测工作制度主要包括以下内容:

1. 环境监测成果的管理与使用制度。环境监测获得的数据、资料等成果均为国家所有，任何个人都无权将其占为己有。未经主管部门许可，任何个人和单位都不得引用和发表未经正式公布的监测数据和资料。县级以上环境保护部门负责统一发布本行政区域的环境污染事故、环境质量状况等环境监测信息。如果不同部门间的监测结果不一致，由县级以上环境保护部门报经同级人民政府协调后统一发布。环境监测信息未经依法发布，任何单位或个人不得对外公布或者透露。属于保密范围的环境监测数据、资料，应当按照国家有关保密的规定进行管理。

根据《全国环境监测报告制度（暂行）》第28条的规定，环境监测系统保密性数据、资料是指：市控、省控、国控监测点各环境要素监测的系统原始数据；各级环境监测年鉴，环境质量报告书，市控、省控、国控污染源的系统监测数据及统计数据。

2. 环境监测报告制度。为加强环境监测报告的管理，确保环境监测信息的高效传送，国家环境保护总局于1996年发布《全国环境监测报告制度（暂行）》。该暂行文件规定，环境监测报告制度主要有环境监测简报制度、环境监测季报制度、环境质量报告书制度及环境监测年鉴制度。目前，我国在一些大、中城市和旅游城市还实行了日报制度。

3. 环境监测质量保证制度。质量保证是环境监测工作的重要方面。《环境监测质量管理规定》《环境监测人员持证上岗考核制度》对环境监测质量保证工作的内容做了具体规定。环境监测质量保证工作实行分级管理，国家和省、自治区、直辖市环境保护行政主管部门分别负责组织国家和省质量保证管理小组，各地、市环境保护行政主管部门可根据情况组织质量保证管理小组。国家级、省级及规模较大的地、市级环境监测站应设置环境监测质量保证专门机构，并配备专用实验室；其他监测站根据情况设置专门机构或专职人员。

环境监测站的工作人员需通过环境监测工作资格考试并从政府环境保护部门获得资格证书后，才能从事环境监测工作。资格证有效期为5年，持证人应在期满后重新参加考试。监测人员取得资格证后，有下列情况之一者应取消其持证资格，收回或注销其资格证：（1）违反操作规程，造成重大安全和质量事故者；（2）编造数据、弄虚作假者；（3）调离环保系统环境监测机构者。

4. 环境监测责任制度。为确保环境监测结果客观、准确、及时，国家还对监测主体违反环境监测法律法规规定的行为设定了法律责任，其中包括行政责任和刑事责任。

第四节 环境调查（普查）法

环境调查（Environment Investigation）是利用科学方法，有目的、有系统地收集能够反映环境在时间上的变化和在空间上的分布状况等信息，为研究环境变化，预测未来环境变化趋势提供依据的活动。普查是为了某种特定目的而专门组织的一次性的全面调查，是调查的一种方式。环境普查是就某一个或某几个方面的环境问题，在全国范围或部分区域内进行全面调查的活动。环境调查作为环境保护工作中的基础技术方法，几乎应用于全部环境保护事务领域中。为了保证科学、有效地进行环境调查工作以及保证调查结果的科学性、准确性，需要为环境调查工作规定行为规范。规范环境调查工作的需要促成环境调查（普查）法的产生。

一、我国环境调查（普查）法的建设状况

我国的环境调查（普查）法建设尚处在起步阶段。

我国的许多环境单行法都有关于环境调查（普查）的规定。例如，《渔业法》授权"国务院渔业行政主管部门""负责组织渔业资源的调查和评估"（第22条）。《野生动物保护法》要求"县级以上人民政府野生动物保护主管部门""定期……对野生动物及其栖息地状况进行调查、监测和评估"（第11条）。《海洋环境保护法》分派给"国家海洋行政主管部门"的工作任务（"负责"）之一是"组织海洋环境的调查、监测、监视、评价和科学研究"（第5条第2款）。《草原法》《土地管理法》《节约能源法》更是明确规定了国家建立草原调查制度、土地调查制度、能源统计制度，并规定由县以上人

民政府草原行政主管部门、自然资源主管部门、统计部门会同同级有关部门进行草原调查、土地调查、能源统计等。《森林法》也做了国家建立森林资源调查监测制度的规定。

除了以上法律中的相关规定外，我国环境调查（普查）法的专门法律文件主要有以下两类：一类是针对具体调查事项制定的法规、规章或其它规范性文件，如国务院发布的《土地调查条例》《全国污染源普查条例》《国务院关于开展第二次全国污染源普查的通知》等；另一类是关于环境调查技术的规范性文件，如《场地环境调查技术导则》（HJ 25.1—2014）、《绿色食品产地环境调查、监测与评价规范》（NY/T 1054—2013）等。

二、我国环境调查（普查）法的应用领域

我国的环境调查（普查）法的应用领域主要是在资源损害防治领域和污染损害防治领域，在其他环境保护事务领域中的应用较少。

三、我国环境调查（普查）法的主要内容

我国环境调查（普查）法的几个专门法律文件都有丰富的内容。此外，我国的土壤环境质量普查相关立法也处在建设过程之中。

（一）《土地调查条例》及其《实施办法》的主要内容

《土地调查条例》由国务院于2008年2月7日公布，根据2018年3月19日《国务院关于修改和废止部分行政法规的决定》第二次修订。《条例》共分为"总则""土地调查的内容和方法""土地调查的组织实施""调查成果处理和质量控制""调查成果公布和应用""表彰和处罚""附则"等7章。为了更好地执行《土地调查条例》，国土资源部于2016年1月8日发布《〈土地调查条例〉实施办法》（国土资源部令第64号）。《实施办法》由"土地调查机构及人员"（第二章）、"土地调查的实施"（第三章）、"调查成果的公布和应用"（第四章）等6章31条组成。

《土地调查条例》及其《实施办法》等文件把确保土地调查成果的质量和真实性放在重要地位。《〈土地调查条例〉实施办法》规定："土地调查上

报的成果质量实行分级负责制。县级以上国土资源行政主管部门应当对本级上报的调查成果认真核查，确保调查成果的真实、准确。上级国土资源行政主管部门应当定期对下级国土资源行政主管部门的土地调查成果质量进行监督。"对土地调查单位和土地调查人员在土地调查中弄虚作假，影响土地调查成果质量和真实性的，《实施办法》规定了处罚办法，其中包括对土地调查单位终止土地调查任务、5年内不得列入土地调查单位名录，对土地调查人员注销土地调查员工作证、不得再次参加土地调查人员考核等。

《土地调查条例》对土地调查形成数据成果、图件成果、文字成果和数据库成果的处理做了专门规定。自然资源部发布的《〈土地调查条例〉实施办法》细化了《条例》的相关规定。《实施办法》规定："土地调查数据成果应当包括各类土地分类面积数据、不同权属性质面积数据、基本农田面积数据和耕地坡度分级面积数据等。土地调查图件成果应当包括土地利用现状图、地籍图、宗地图、基本农田分布图、耕地坡度分级专题图等。土地调查文字成果应当包括土地调查工作报告、技术报告、成果分析报告和其他专题报告等。土地调查数据库成果应当包括土地利用数据库和地籍数据库等。"

《〈土地调查条例〉实施办法》对土地调查成果的应用做出了明确规定。《实施办法》宣布："经依法公布的土地调查成果，是编制国民经济和社会发展规划、有关专项规划，以及国土资源管理的基础和依据。建设用地报批、土地整治项目立项以及其他需要使用土地基础数据与图件资料的活动，应当以国家确认的土地调查成果为基础依据。各级土地利用总体规划修编，要以经国家确定的土地调查成果为依据，校核规划修编基数。"

(二)《全国污染源普查条例》的主要内容

为了实现《国民经济和社会发展第十一个五年规划纲要》确定的主要污染物排放总量减少10%的目标，国务院决定于2008年初开展第一次全国污染源普查。为了科学、有效地组织实施全国污染源普查，国务院制定了《全国污染源普查条例》。该《条例》规定，全国污染源普查每10年进行1次，标准时点为普查年份的12月31日。由此建立了我国常态化的全国污染源普查制度。

《条例》所称污染源是指因生产、生活和其他活动向环境排放污染物或者对环境产生不良影响的场所、设施、装置以及其他污染发生源。污染源普查的任务是，掌握各类污染源的数量、行业和地区分布情况，了解主要污染物的产生、排放和处理情况，建立健全重点污染源档案、污染源信息数据库和环境统计平台，为制定经济社会发展和环境保护政策、规划提供依据。《条例》规定，全国污染源普查的内容主要包括工业污染源普查、农业污染源普查、生活污染源普查、集中式污染治理设施普查等；污染源普查采用全面调查的方法，必要时可以采用抽样调查的方法；污染源普查采用全国统一的标准和技术要求。

《条例》对全国污染源普查的数据处理和质量控制做了专门规定。对污染源普查数据处理，《条例》规定：污染源普查领导小组办公室应当按照全国污染源普查方案和有关标准、技术要求进行数据处理，并按时上报普查数据，建立健全污染源信息数据库。《条例》要求建立污染源普查数据质量控制岗位责任制。《条例》规定：污染源普查领导小组办公室应当建立污染源普查数据质量控制岗位责任制，对普查的每个环节进行质量控制和检查验收。《条例》还建立了污染源普查数据质量核查制度。《条例》规定：全国污染源普查领导小组办公室统一组织对污染源普查数据的质量核查，数据质量达不到要求的，要在规定时间内重新普查。

《条例》对全国污染源普查的数据发布、资料管理和使用也做了具体规定。对规范污染源普查公报的发布，《条例》规定：全国污染源普查公报，根据全国污染源普查领导小组的决定发布；地方污染源普查公报，经上一级污染源普查领导小组办公室核准发布。对规范普查资料管理，《条例》规定：污染源普查取得的资料，应当按照国家有关档案管理规定进行管理；属于国家秘密的，还应当按照国家有关保密规定处理。对普查资料的使用，《条例》规定：污染源普查取得的单个普查对象的资料严格限定用于污染源普查目的，不得作为考核普查对象是否完成污染物总量削减计划的依据，不得作为对普查对象实施行政处罚和征收排污费的依据。《条例》还建立普查资料信息共享制度。《条例》规定：污染源普查领导小组办公室应当建立污染源普查资料信息共享平台，促进普查成果的开发和应用。

为确保污染源普查数据真实性、杜绝弄虚作假，《条例》分别规定了普查组织者责任、普查工作人员责任和普查对象责任。对普查组织者的责任，《条例》规定：地方、部门、单位的负责人擅自修改普查资料，或者强令、授意污染源普查领导小组办公室、普查人员伪造、篡改普查资料，或者对拒绝、抵制伪造、篡改普查资料的普查人员打击报复的，依法给予处分；构成犯罪的，依法追究刑事责任。对普查人员责任，《条例》规定：普查人员伪造、篡改普查资料，或者强令、授意普查对象提供虚假普查资料的，依法给予处分。对普查对象的责任，《条例》规定：普查对象迟报、虚报、瞒报、拒报普查数据，或者推诿、拒绝、阻挠调查，或者转移、隐匿、篡改、毁弃与污染物产生和排放有关的原始资料的，依法责令改正、通报批评、处以罚款等。

(三) 土壤环境质量普查制度建设情况

国务院于 2016 年 5 月 28 日发布《土壤污染防治行动计划》。《行动计划》第一部分对"开展土壤污染调查，掌握土壤环境质量状况"做出具体规定。《行动计划》提出，要"深入开展土壤环境质量调查"，"在现有相关调查基础上，以农用地和重点行业企业用地为重点，开展土壤污染状况详查"。《行动计划》要求有关部门"制定详查总体方案和技术规定，开展技术指导、监督检查和成果审核"。《计划》还宣布"建立土壤环境质量状况定期调查制度"，要求"每 10 年开展 1 次"调查。根据《土壤污染防治行动计划》的部署，2016 年 12 月，环境保护部会同国土资源部、财政部、农业部、卫生计生委印发《全国土壤污染状况详查总体方案》，就调查范围、调查对象、调查目的等做出规定。

参考文献：

1. 徐祥民：《关于在〈黄河保护法〉中建立环境调查制度的构想》，《山西大学学报》2022 年第 2 期。

2. 徐祥民主编：《常用中国环境法导读》第一章，法律出版社 2017

年版。

思考题:

1. 试述环保科学技术手段法的适用领域。

2. 试述我国环保科学技术手段法的主要内容。

3. 我国的环境标准有哪些种类?

第十一章 环保管控监督措施法

环境损害防治不是一项可以让具体的社会个体得利的活动，环境损害防治目标的实现一般来说总是需要社会个体做出某种牺牲。社会个体利益与环境利益之间的这种冲突规定了环境保护事业的基本特点——政府或其它公共机关推动。环保管控监督措施法就是政府或其它公共机关运用控制、管理、监督等手段推动环境损害防治工作的法。

本章的主要任务是掌握（一）环保管控监督措施法基本知识；（二）我国《环境影响评价法》的主要内容和（三）环保许可法主要内容。

第一节 环保管控监督措施法基本知识

环保管控监督措施法是政府或其它公共管理机关以防治环境损害为目的运用控制、管理、监督等手段处理环境保护事务的法。我国已经建立了比较系统的环保管控监督措施法。

一、环保管控监督

先来认识一下环保管控监督法中的环保管控监督。

管控是管理与控制的简称。我国一些环保法律法规都使用管控这个概念。比如，《土壤污染防治法》第四章章名就使用了"管控"一词。该章名为"风险管控和修复"。再如，《长江保护法》的第二章为"规划与管控"。

该章明确规定对"国土空间实施用途管制"(第 20 条)、实行"取用水总量控制和消耗强度控制管理"(第 21 条)、实行"生态环境分区管控"和"生态环境准入"(第 22 条)等。这些条款中的"管制""控制管理""准入"管理等就是管控或管控措施。

环保管控监督措施法概念中的管理指以防治环境损害为目的的管理和其它具有防治环境损害功能的行政性管理,比如登记管理。土地登记有利于掌握土地资源量和土地资源使用情况,而对土地登记信息的掌握能够为土地资源损害防治决策的制定提供科学依据。对征收土地资源税费来说,土地登记信息更是重要的管理工具。再如,固定污染源登记有利于实现"固定污染源环境管理全覆盖"(生态环境部《关于印发〈固定污染源排污登记工作指南(试行)〉的通知》,环办环评函〔2020〕9 号)。

环保管控监督措施法概念中的控制是指运用政府行政管理权对那些对环境具有或可能具有不利影响的行为实施的控制,包括允许或不允许实施某种行为,允许实施时要求具备怎样的条件等。我国多项污染防治法和《渔业法》《森林法》《水法》等规定的总行为控制制度是防治环境损害的最有代表性的控制措施。

环保管控监督措施法概念中的监督,也就是人们常说的监督检查,是指有权的机关对负有环境保护义务或职责的个人、组织、机关等的监督检查,近年来我国实行的环保督察是一种功能强大的环保监督措施。

根据以上分析,可以把环保管控监督概括为政府或其它公共管理机关运用控制、管理、监督等手段防治环境损害的制度。

二、我国环保管控监督措施法的建设状况

我国环保管控监督措施法的建设成就主要表现在以下两个方面:一个方面,大量的环保法律法规规章提出实行或加强环保管控监督的要求;另一方面,建立了一系列环保管控监督单行法。

(一)《环境保护法》等法律法规规章普遍提出实行或加强环保管控监督要求

我国许多法律法规规章都提出实行或加强环保管控监督的要求。以下是若干事例：

1.《环境保护法》。该法授予"国务院环境保护主管部门""县级以上地方人民政府环境保护主管部门""县级以上人民政府有关部门和军队环境保护部门"对"全国环境保护工作""统一监督管理"的权力，对"本行政区域环境保护工作""统一监督管理"、对"资源保护和污染防治等环境保护工作""实施监督管理"的权力（第10条），还宣布"国家实行重点污染物排放总量控制制度"（第44条）。

2.《大气污染防治法》。该法关于环保管控监督的规定散布于各章之中。其"总则"章规定："地方各级人民政府应当对本行政区域的大气环境质量负责，制定规划，采取措施，控制或者逐步削减大气污染物的排放量"（第3条第2款）。"大气污染防治的监督管理"章（第三章）规定"国家对重点大气污染物排放实行总量控制"（第21条）。除此之外，该法中还有"根据城市规划合理控制燃油机动车保有量"（第50条）、"控制料堆和渣土堆放"（第68条）、"加强对农业生产经营活动排放大气污染物的控制"（第73条）等规定。

3.《固体废物污染环境防治法》。该法要求"危险废物转移管理应当全程管控、提高效率"（第82条第3款），并对"监督管理"做了专章（第二章）规定，将"对全国固体废物污染环境""防治工作"的"统一监督管理"权交给"国务院环境保护行政主管部门"，赋予"国务院有关部门在各自的职责范围内""监督管理""固体废物污染环境防治"工作的权力，要求"国务院建设行政主管部门和县级以上地方人民政府环境卫生行政主管部门"对"生活垃圾清扫、收集、贮存、运输和处置"行使"监督管理"（第10条）权等。

4.《水法》。该法在"总则"章授予"国务院水行政主管部门""流域管理机构""县级以上地方人民政府水行政主管部门"对"全国水资源""统一管理和监督"的权力、对"所管辖的范围内"的"水资源管理和监督"的权力、对"本行政区域内水资源的统一管理和监督"的权力（第12条）。该法还规定了"严格控制开采地下水"（第36条）、"对用水实行总量控制和定额管理相结合的制度"（第47条）等。

5.《森林法》。该法在多章做出实行环保管控监督的规定。如该法规定"对公益林和商品林实行分类经营管理"（第6条）、"严格控制林地转为非林地，实行占用林地总量控制"（第36条）。此外，该法第六章还做了"国家严格控制森林年采伐量"（第54条）的规定。

6.《草原法》。该法在"总则"章要求"各级人民政府""加强对草原保护、建设和利用的管理"（第4条第1款），授权"国务院草原行政主管部门主管全国草原监督管理工作"（第8条第1款）、"县级以上地方人民政府草原行政主管部门主管本行政区域内草原监督管理工作"（第8条第2款）。

7.《海洋环境保护法》。该法宣布"国家建立并实施重点海域排污总量控制制度"（第3条）。"国务院环境保护行政主管部门""国家海洋行政主管部门""国家海事行政主管部门""国家渔业行政主管部门""军队环境保护部门"等分别被赋予"对全国海洋环境保护工作实施指导、协调和监督"的权力，"海洋环境的监督管理"权，"所辖港区水域内非军事船舶和港区水域外非渔业、非军事船舶污染海洋环境的监督管理"权，对"渔港水域内非军事船舶和渔港水域外渔业船舶污染海洋环境的监督管理"权，"军事船舶污染海洋环境的监督管理及污染事故的调查处理"权。（第5条）

8.《野生植物保护条例》。《条例》在"总则"中授予"国务院林业行政主管部门""国务院农业行政主管部门""国务院建设行政部门""国务院环境保护部门"对"全国林区内野生植物和林区外珍贵野生树木的监督管理"权，"全国其他野生植物的监督管理"权，"城市园林、风景名胜区内野生植物的监督管理"权，"全国野生植物环境保护工作的协调和监督"权。（第8条）

（二）环保管控监督措施单行法

我国已经建立的环保管控监督措施法，或者说比较成熟的环保管控监督措施法主要有以下两类：

1.《环境影响评价法》。我国《环境影响评价法》由第九届全国人民代表大会常务委员会第三十次会议于 2002 年 10 月 28 日通过，于 2003 年 9 月 1 日起施行。后经多次修正。

《环境影响评价法》（以下简称《环评法》）要求，环境影响评价文件须经国家主管机关审批，相关建设项目、规划才能开工建设或付诸实施。环评审批机关的审批权原本就具有环保管控的功能。近年来我国实行的环评区域限批使环境影响评价制度在环境损害防治中的管控功能得到进一步凸显。

环评区域限批制度的核心是对存在未按期完成重点污染物总量削减目标、超过污染物总量控制指标、多次发生特大重大环境污染事故、环境风险隐患突出等情况的行政区域，暂停审批除污染防治、循环经济、生态恢复类以外的所有建设项目环境影响评价文件。暂停审批意味着暂停开工必将给环境带来更大压力的建设项目。如今，这项制度已经得到多部法律的认可。例如，2008 年修订的《水污染防治法》规定："对超过重点水污染物排放总量控制指标的地区有关人民政府环境保护主管部门应当暂停审批新增重点水污染物排放总量的建设项目的环境影响评价文件"（第 18 条第 4 款）。2014 年修订的《环境保护法》、2016 年 1 月 1 日开始实施的《大气污染防治法》等都对实行环评区域限批做了明确规定。

2. 多部环保许可行政法规。我国没有制定专门的法律位阶的环境许可法，但环境许可却早已成为我国环保法律法规等广泛采用的环保管控手段。一方面，《环境保护法》《水污染防治法》法律做了实行排污许可等环境许可制度的规定。如，《环境保护法》第 45 条明确规定："国家依照法律规定实行排污许可管理制度"。另一方面，国务院颁布了一系列专门的环保许可行政法规，国务院有关部门制定了一系列专门的环保许可政府规章及其它规范性文件。国务院颁布的专门环保许可行政法规主要有：

（1）《排污许可管理条例》。2020 年 12 月 9 日国务院第 117 次常务会议通过，2021 年 1 月 24 日中华人民共和国国务院令第 736 号公布，自 2021 年 3 月 1 日起施行。

(2)《取水许可和水资源费征收管理条例》。2006年1月24日国务院第123次常务会议通过，2006年2月21日国务院令第460号公布，根据2017年3月1日《国务院关于修改和废止部分行政法规的决定》修订。

(3)《危险废物经营许可证管理办法》。2004年5月19日国务院第50次常务会议通过，2004年5月30日中华人民共和国国务院令第408号公布，根据2013年12月7日《国务院关于修改部分行政法规的决定》修订。

(4)《消耗臭氧层物质管理条例》。2010年3月24日国务院第104次常务会议通过，国务院令第573号公布，自2010年6月1日起施行。

第二节 我国《环境影响评价法》的主要内容

现行的《环境影响评价法》由5章37条组成。5章包括"总则""规划环境影响评价""建设项目环境影响评价""法律责任"和"附则"。《环境影响评价法》的主要内容包括以下4个方面：

一、环境影响评价的概念与范围

《环评法》第2条规定："本法所称环境影响评价，是指对规划和建设项目实施后可能造成的环境影响进行分析、预测和评估，提出预防或者减轻不良环境影响的对策和措施，进行跟踪监测的方法与制度。"该条不仅界定了环境影响评价的概念，而且规定了环境影响评价的范围，即"规划和建设项目"。

二、环境影响评价的类型

根据环境影响评价对象特性的差异，《环评法》将环境影响评价分为规划的环境影响评价（简称规划环评）和建设项目的环境影响评价（简称项目环评或建设项目环评）。该法用第二章"规划的环境影响评价"和第三章"建设项目的环境影响评价"分别对这两类环境影响评价做了规定。

（一）规划环境影响评价

规划环评包括综合性规划的环境影响评价（简称综合性规划环评）和专项规划的环境影响评价（简称专项规划环评）两类。综合性规划环评是对综合性规划的环境影响评价。综合性规划包括"土地利用的有关规划，区域、流域、海域的建设、开发利用规划"（《环评法》第7条）。综合性规划环评就是对"土地利用的有关规划，区域、流域、海域的建设、开发利用规划"的环境影响评价。专项规划环评是对专项规划的环境影响评价。专项规划包括"工业、农业、畜牧业、林业、能源、水利、交通、城市建设、旅游、自然资源开发"（第8条）的规划。专项规划环评就是对"工业、农业、畜牧业、林业、能源、水利、交通、城市建设、旅游、自然资源开发"规划的环境影响评价。两类规划环评的评价主体、环评文件、评价内容、环评时间等都略有不同。

1. 评价主体。《环评法》规定，综合性规划环评的评价主体是"国务院有关部门、设区的市级以上地方人民政府及其有关部门"（第7条）。专项规划环评的评价主体是"国务院有关部门、设区的市级以上地方人民政府及其有关部门"（第8条），包括省、自治区、直辖市人民政府及其所属部门，设区的市人民政府及其所属部门。

2. 环评文件。综合性规划环评需要编制的文件是表述对规划实施后可能造成环境影响所作分析、预测和评估的"规划有关环境影响的篇章或者说明"。专项规划环评需要编制的文件是环境影响报告书。

3. 评价内容。综合性规划环评和专项规划环评中的指导性规划环评的评价内容是规划实施后可能造成的环境影响，其中包括对可能造成的环境影响的分析、预测和评估，对预防或者减轻不良环境影响的对策和措施。专项规划环评中非指导性规划环评的评价内容，也就是环境影响报告书的内容主要包括：（1）实施该规划对环境可能造成影响的分析、预测和评估；（2）预防或者减轻不良环境影响的对策和措施；（3）环境影响评价的结论。

4. 环评时间。《环评法》对综合性规划和专项规划实施环评的时间做了不同的规定。综合性规划组织环评的时间为"规划编制过程中"（第7条），而专项规划组织环评的时间为相关专项规划"上报审批前"(第8条)。

(二)建设项目环境影响评价

建设项目对环境的影响程度各不相同,有鉴于此,《环评法》规定对项目环评实行分类管理。

1. 评价主体。按照《环境影响评价法》第16条和第19条的规定,项目环评的评价主体及编制建设项目环境影响报告书、环境影响报告表的主体是具备环境影响评价技术能力的建设单位及由建设单位委托的环境影响评价服务机构。按照第19条的规定,国务院生态环境主管部门应当制定建设项目环境影响报告书、环境影响报告表编制的能力建设指南和监管办法。

2. 环评文件。《环评法》第16条按建设项目实施后对环境可能造成影响的大小将建设项目环境影响评价分为三类,对三类建设项目规定了不同的环评文件。具体要求是:可能造成重大环境影响的,须编制环境影响报告书;可能造成轻度环境影响的,须编制环境影响报告表;对环境影响很小、不需要进行环境影响评价的,须填报环境影响登记表。

3. 评价内容。《环评法》第17条规定:项目环评的环境影响报告书应当包括下列内容:(1)建设项目概况;(2)建设项目周围环境现状;(3)建设项目对环境可能造成影响的分析、预测和评估;(4)建设项目建设保护措施及其技术、经济论证;(5)建设项目对环境影响的经济损益分析;(6)对建设项目实施环境监测的建议;(7)环境影响评价的结论。

对环境影响报告表和环境影响登记表的格式和内容等,《环评法》第17条授权国务院生态环境主管部门规定。

4. 环评时间。《环评法》没有直接规定项目环评的评价时间。根据《环评法》关于项目环评的环境影响评价文件未经审查或审查后未予批准不得开工建设的规定,项目环评的评价时间应为建设项目开工建设之前。

三、环境影响评价基本流程

《环评法》规定的环评,包括规划环评和项目环评,其基本流程主要包括以下5个阶段或环节:

(一) 编制环评文件

《环评法》第 7 条在向国务院有关部门等提出的"组织进行环境影响评价"的要求的表现形式是"编写"反映相关部门正在编制的规划可能引起的"环境影响"的"篇章或者说明"。该条规定的"编写"相关规划的"环境影响""篇章或者说明"是规划环评的第一个环节。《环评法》"建设项目的环境影响评价"章第 1 条（总第 16 条）就对项目建设单位提出"组织编制"环评文件的要求。"编制"环评文件包括"填报环境影响登记表"。

《环评法》第 7 条第 2 款、第 10 条、第 18 条等对环评文件的内容、编制环评文件须注意的事项等做了规定。

(二) 公众参与

《环评法》第 5 条规定："国家鼓励有关单位、专家和公众以适当方式参与环境影响评价。"该条要求"国家鼓励"的活动，学界一般称之为环评公众参与。我国《环评法》不仅一般地鼓励公众参与环评，而且也把环评的公众参与规定为环评流程的一个环节。"规划的环境影响评价"章规定："专项规划的编制机关对可能造成不良环境影响并直接涉及公众环境权益的规划，应当在该规划草案报送审批前，举行论证会、听证会，或者采取其他形式，征求有关单位、专家和公众对环境影响报告书草案的意见。"（第 11 条）"建设项目的环境影响评价"章规定："除国家规定需要保密的情形外，对环境可能造成重大影响、应当编制环境影响报告书的建设项目，建设单位应当在报批建设项目环境影响报告书前，举行论证会、听证会，或者采取其他形式，征求有关单位、专家和公众的意见。"（第 21 条）依据这些规定，一方面，"专项规划的编制机关""建设单位"有义务在具备特定情况时，包括"对环境可能造成重大影响"时或相关影响"直接涉及公众环境权益"时，"举行论证会、听证会，或者采取其他形式，征求有关单位、专家和公众"的意见；另一方面，公众可以通过论证会、听证会或其他"征求""意见"的形式参与环评。

公众参与不是环评可有可无的环节，而是必备的和对环评可以产生实质性影响的环节。《环评法》第 11 条要求"专项规划的编制机关""认真考虑有关单位、专家和公众对环境影响报告书草案的意见，并应当在报送审查的环境影响报告书中附具对意见采纳或者不采纳的说明"，第 21 条第 2 款要求建设单位在"报批的环境影响报告书""附具对有关单位、专家和公众的意见采纳与否的说明"。

(三) 环评文件审批

环评文件审批是环评的重要环节。如果说编制环评文件、为公众提供参与机会等都是环评主体操作的环节，那么，环评文件审批则是由有权的国家机关行使决定权的阶段。

规划环评的审批机关是对相关规划有审批权的机关。《环评法》的这一安排告诉我们，在规划环评中环评审批和规划审批是联系在一起的。这一安排还告诉我们，《环评法》和《规划法》两者需要彼此协调。项目环评的审批机关，依据《环评法》第 22 条的规定，是"有审批权的生态环境主管部门"或《海洋环境保护法》规定的部门。

审批的重要组成部分是"审查"，一般来说是技术性的审视和评价。《环评法》第 13 条规定："设区的市级以上人民政府在审批专项规划草案，作出决策前，应当先由人民政府指定的生态环境主管部门或者其他部门召集有关部门代表和专家组成审查小组，对环境影响报告书进行审查。审查小组应当提出书面审查意见。"

审批环节中的"审查"虽不产生批准与否的结论，但这一技术性审视评价活动也具有巨大影响力。《环评法》第 14 条规定："审查小组提出修改意见的，专项规划的编制机关应当根据环境影响报告书结论和审查意见对规划草案进行修改完善，并对环境影响报告书结论和审查意见的采纳情况作出说明；不采纳的，应当说明理由。"更为重要的是，该条第 2 款规定："设区的市级以上人民政府或者省级以上人民政府有关部门在审批专项规划草案时，应当将环境影响报告书结论以及审查意见作为决策的重要依据。"根据这一规定，审查小组的审查意见完全可能引起不予批准的审批结论。

《环评法》对项目环评的审批期限做了规定。对环境影响报告书的审批期限是收到环评文件之日起 60 日，对环境影响报告表的审批期限是 30 日。

《环评法》关于"审批部门"在规定期限内"书面通知"建设单位的规定说明,环评审批部门应当制作审批决定书,即用决定书的形式表达审批决定。《环评法》没有对审批决定直接做选项安排,但该法隐含的审批结论有两种,一种是批准,一种是不批准。该法第25条关于对环评文件经"审查""未予批准的"建设项目,"建设单位不得开工建设"的规定说明,环评审批机关有权做出不予批准的审批决定。

(四)跟踪评价和后评价

对经批准的规划环评文件的执行,《环评法》规定了跟踪评价环节,对项目环评的执行该法则提出了"后评价"的要求。《环评法》第15条规定:"对环境有重大影响的规划实施后,编制机关应当及时组织环境影响的跟踪评价,并将评价结果报告审批机关;发现有明显不良环境影响的,应当及时提出改进措施。"第27条规定:"在项目建设、运行过程中产生不符合经审批的环境影响评价文件的情形的,建设单位应当组织环境影响的后评价,采取改进措施,并报原环境影响评价文件审批部门和建设项目审批部门备案;原环境影响评价文件审批部门也可以责成建设单位进行环境影响的后评价,采取改进措施。"这些规定说明,对于环评主体来说,并非取得环评审批机关的批准便可随意开展项目建设或实施区域、流域等的开发或工业、农业等的建设,而是依然处在环境影响评价制度的约束之下。

(五)项目环评的跟踪检查

除以上4个主要环节之外,《环境影响评价法》还对项目环评规定了"跟踪检查"环节。该法第28条授权"生态环境主管部门""对建设项目投入生产或者使用后所产生的环境影响进行跟踪检查"。这一立法设计的目的十分清楚,即防止经国家专门机关审批的建设项目的实施产生严重影响环境的结果。该条以下规定反映了这一设计目的——"对造成严重环境污染或者生态破坏的,应当查清原因、查明责任"。该条用200多个字分别规定如何对"建设单位及其相关责任人员""接受委托编制建设项目环境影响报告书、环境影响报告表的技术单位及其相关人员""审批部门工作人员"追究责任。该条在"法律责任"章之外所做责任追究国家意志宣示充分说明,跟踪检查是环评制度的必要组成部分。

第三节 我国环保许可法的主要内容

依照《行政许可法》的规定,"直接涉及""生态环境保护"的"特定活动","有限自然资源开发利用""事项","法律、行政法规规定可以设定行政许可"的"事项"等都可以设定行政许可（第12条）。这一规定不仅直接为我国的环保许可提供了法律依据,从而成为我国环保许可法的组成部分,而且为由其他法律、法规建立的环境许可开通了与《行政许可法》联通的通道。根据这一规定,我国实际存在的环保许可法由两部分组成,一部分是《行政许可法》的相关规定,另一部分是其它"法律、行政法规"就其认定"可以设定行政许可"的事项而做的规定,而其它"法律、行政法规"的规定可以是以专门法律文件形式做出的规定。

表现为《行政许可法》相关规定和其它"法律、行政法规"的我国环保许可法的主要内容包括以下8个方面。

一、环保许可的实施机关

行政许可的实施机关,笼统说来是"行政机关"。《行政许可法》第2条规定:"本法所称行政许可,是指行政机关根据公民、法人或者其他组织的申请,经依法审查,准予其从事特定活动的行为。"环保许可的实施机关,一般来说也应该是国家行政机关。根据《环境保护法》等环保法律法规等的规定,实施环保许可的国家行政机关应当是国家环境保护主管机关和其它负有保护环境职责的机关。《环境保护法》第45条规定:"国家依照法律规定实行排污许可管理制度。"执行这一规定的机关应当是"对全国环境保护工作实施统一监督管理"的"国务院环境保护主管部门"和"对本行政区域环境保护工作实施统一监督管理"的"县级以上地方人民政府环境保护主管部门"。"国务院环境保护主管部门"和"县级以上地方人民政府环境保护主管部门"是国家排污许可实施机关。

我国《渔业法》《森林法》《矿产资源法》《野生动物保护法》等都采用了许可制度。例如，《渔业法》第 23 条规定："国家对捕捞业实行捕捞许可证制度。"再如，《森林法》第 56 条规定："采伐林地上的林木应当申请采伐许可证，并按照采伐许可证的规定进行采伐"。《渔业法》第 23 条宣布的许可制度的执行者应当是《渔业法》规定的"主管全国的渔业工作"的"国务院渔业行政主管部门"和"主管本行政区域内的渔业工作"的"县级以上地方人民政府渔业行政主管部门"（第 6 条），而《森林法》第 56 条规定的森林采伐许可的执行者是"县级以上人民政府林业主管部门"（第 57 条）。"国务院渔业行政主管部门"和"县级以上地方人民政府渔业行政主管部门""县级以上地方人民政府林业行政主管部门"都是"其它负有保护环境职责的机关"。

二、环保许可的实施原则

《行政许可法》对实施行政许可规定了"公开、公平、公正的原则"（第 5 条）、"便民的原则"（第 6 条）等。环保许可的实施除应坚持这些原则，还应坚持环境保护事业本身提出的其它要求。《取水许可和水资源费征收管理条例》（以下简称《取水许可条例》）对实施取水许可规定了以下三条原则：第一，首先满足城乡居民生活用水兼顾工业、工业、生态与环境用水、航运用水的原则。《条例》第 5 条规定："取水许可应当首先满足城乡居民生活用水，并兼顾农业、工业、生态与环境用水以及航运等需要。"该条还规定："省、自治区、直辖市人民政府可以依照本条例规定的职责权限，在同一流域或者区域内，根据实际情况对前款各项用水规定具体的先后顺序。"第二，符合国家用水规划和水量分配方案的原则。《条例》第 6 条提出，"实施取水许可必须符合水资源综合规划、流域综合规划、水中长期供求规划和水功能区划"，"遵守"按照《水法》规定批准的"水量分配方案"。如果还没有确定的"水量分配方案"，也应当遵守"有关地方人民政府间签订的协议"。第三，"地表水与地下水统筹考虑，开源与节流相结合、节流优先的原则"，"总量控制与定额管理相结合"的原则。《条例》第 7 条规定："实施取水许可应当坚持地表水与地下水统筹考虑，开源与节流相结合、节流优先的原则，实行总量控制与定额管理相结合。"实施这一原则的具体要求包括："流域内批准取水的总耗水量不得超过本流域水资源可利用量。""行政区域内批准取水的总水量，不得超过流域管理机构或者上一级水行政主管部门下达的可供本行政区域取用的水量"；"批准取用地下水的总水量，不得超过本行政区域地下水可开采量，并应当符合地下水开发利用规划的要求。"（第7条）这些原则虽非实施环保许可的普遍原则，但却充分说明，实施环保许可需要遵守符合环境保护需要的特殊原则。

三、环保许可的被许可人

许可制度必然产生被许可人。《行政许可法》中的被许可人的基本身份是"公民、法人或者其他社会组织"中需要"从事特定活动"的"申请人"（第29条），也就是说，只有"申请人"才能成为被许可人。环保许可的被许可人制度稍显复杂。

环保许可被许可人制度的复杂性来自于环保许可的复杂性。大致说来，同一种行为，一些行为人需要取得许可才能实施，而另一些行为人却不需要取得许可便可实施；在一些情况下行为人需要申请许可才能实施，而在另一些情况下不需要获得许可也可以实施。相关立法所做的处理是一方面确定"申请人"，另一方面对具备特殊情况的行为人做除外规定。以《取水许可条例》为例。《条例》一方面规定，"取用水资源的单位和个人""应当申请领取取水许可证"（第2条第2款），另一方面专门做了除外规定。《条例》第4条规定：一些"情形"的取水"不需要申请领取取水许可证"。该条规定的特别"情形"包括：（1）"农村集体经济组织及其成员使用本集体经济组织的水塘、水库中的水"；（2）"家庭生活和零星散养、圈养畜禽饮用等少量取水"；（3）"为保障矿井等地下工程施工安全和生产安全必须进行临时应急取（排）水"；（4）"为消除对公共安全或者公共利益的危害临时应急取水"；（5）"为农业抗旱和维护生态与环境必须临时应急取水"。《排污许可管理条例》（以下简称《排污许可条例》）也做了类似安排。《条例》第2条为需要申请领取许可证的排污单位划定的基本界限是"依照法律规定实行排污许可管理的企业事业单位和其他生产经营者"。这一规定实际上将"排污单位"划分为两类，或接受法律划定的两类，一类是"实行排污许可管理的""排污单位"，一类是不"实行排污许可管理的""排污单位"。只有"实行排污许可管理的""排污单位"才需要申请取得排污许可证，不"实行排污许可管理的""排污单位"不需要申请取得排污许可证。排污许可的被许可人只能是前者，即"实行排污许可管理的""排污单位"。不"实行排污许可管理的""排污单位"也称"依法不需要申请取得排污许可证的"（第9条第1项）的单位。这种单位不会成为排污许可的被许可人。

四、环保许可证

环保许可证是环保许可制度的基本文书，也是环保许可管理的执行对象。

由于许可行为的种类不同，可能产生的环境影响不同，环保许可证的内容也有所不同。但作为许可文书，对不同行为的许可证也有大致相同的内容。其中包括：

（一）被许可人

被许可人就是依法取得环保许可的当事人，是其申请获得批准环保许可申请人。

《排污许可条例》中的被许可人是其申请获得批准的排污单位。《条例》规定，排污许可证应当记载"排污单位名称、住所、法定代表人或者主要负责人"（第13条第1项）。《取水许可条例》对被许可人信息提出的要求比较简单。该《条例》只要求在取水许可证上列明"取水单位或者个人的名称（姓名）"（第24条第1项）。

（二）许可行为种类、数量及其他指标

环保许可说到底是对可能产生环境影响的行为的许可。环保许可的核心内容是许可实施行为的种类、数量等。《取水许可条例》要求在取水许可证上载明"水源类型"和"取水量和取水用途"（第24条第3项、第2项）。

这两项规定可以分解为三个指标，即（1）取水水源的类型，比如是地下水还是地表水；(2) 取水量；(3) 取水用途。上述环保许可的实施原则告诉我们，取水用途的不同可能产生获得许可和不能获得许可两种完全不同的结果。《排污许可条例》第13条第4项规定的"污染物排放方式和排放去向"，第5项规定的"污染物排放种类、许可排放浓度、许可排放量"等，都属于这里说的"许可行为种类、数量及其他指标"。

（三）许可行为实施地

环保许可一般都限定许可行为实施地。排污许可是限定许可行为实施地的典型许可类型。《排污许可条例》规定，排污许可证应载明"污染物排放口位置"（第13条第4项）。排污口的位置实际上也就是排污行为地，是行为不可移动的地点。《取水许可条例》也要求在取水许可证上列明"取水"地点和"退水"地点。

（四）被许可人自我管理

环保许可制度不仅要求被许可人在批准的行为地、按批准的行为类型和行为量开展其申请实施的活动，而且要求被许可人对自身行为实施必要管理。这是确保经批准的行为不产生环保许可制度设计范围之外的环境影响的必然要求。以排污许可为例。国家环境保护主管机关向申请人颁发排污许可证的制度设计要求是有效"控制污染物排放"切实"保护和改善生态环境"（《排污许可条例》第1条）。被许可人严格执行许可证规定的污染物排放浓度、排放量、排放方式等的必要条件是"污染防治设施"运行良好，也就是具备包括降低污染物排放浓度在内的功能且正常运行。为了确保被许可行为不逾出许可证规定的范围，被许可人需要对自身行为实施必要管理，包括采取措施确保"污染防治设施"运行良好。

《排污许可条例》对排污许可证设定了"被许可人自我管理"的内容。《条例》第13条规定的被许可人自我管理包括："污染防治设施运行和维护要求、污染物排放口规范化建设要求"（第6项），"自行监测、环境管理台账记录、排污许可证执行报告的内容和频次等要求"（第8项），"排污单位环境信息公开要求"（第9项），"存在大气污染物无组织排放情形时的无组织排放控制要求"（第 10 项），"法律法规规定排污单位应当遵守的其他控制污染物排放的要求"（第 11 项）。

（五）许可期间

环保许可证是有期限的许可证书。

《排污许可条例》规定的许可证有效期为 5 年。（第 14 条）《条例》要求将这一期限记入排污许可证。（第 13 条第 2 项）《取水许可条例》对许可证有效时间的规定是："一般为 5 年，最长不超过 10 年。"（第 25 条）

作为有期限的许可证书，环保许可证的使用自然存在有效期届满的问题。《排污许可条例》《取水许可条例》等都对许可证的"延续"做了规定。

五、环保许可的申请

环保许可和其它行政许可一样，都是依申请形成的国家许可。申请，或"提出申请"，是环保许可这种许可关系建立的启动程序。《排污许可条例》《取水许可条例》《危险废物经营许可证管理办法》（以下简称《危废许可办法》）等都有对申请程序的专门规定。

申请程序需要处理的关键事项是由申请人填写申请表，提供与申请许可相关的证明或说明材料。申请许可的行为种类不同，申请表的内容也有所不同，相关法律文件对说明材料的要求也不同。《取水许可条例》要求申请书具备以下 8 项内容，即（1）"申请人的名称（姓名）、地址"；（2）"申请理由"；（3）"取水的起始时间及期限"；（4）"取水目的、取水量、年内各月的用水量等"；（5）"水源及取水地点"；（6）"取水方式、计量方式和节水措施"；（7）"退水地点和退水中所含主要污染物以及污水处理措施"；（8）"国务院水行政主管部门规定的其他事项"（第 12 条）。

许可申请书就是用以说明申请人具备申请条件或具备从事申请许可行为能力的说明书。对这一"说明书"，相关法律文件大都做了"申请书"+"说明材料"的安排。例如：《危废许可办法》第 8 条规定："申请领取危险废物经营许可证的单位，应当在从事危险废物经营活动前向发证机关提出申请，并附具本办法第五条或者第六条规定条件的证明材料。"按该条的规定，申请书和"第五条或者第六条规定条件的证明材料"是两项文书，后者是前者的附件。而该条规定的"附件"，也就是《办法》"第五条或者第六条规定条件"是申请人需要具备的"条件"。比如"有3名以上环境工程专业或者相关专业中级以上职称，并有3年以上固体废物污染治理经历的技术人员"，"有符合国务院交通主管部门有关危险货物运输安全要求的运输工具"（第5条）等。再如，《取水许可条例》除要求申请人提交申请书之外，还要求其提供"与第三者利害关系的相关说明"，"建设项目需要取水的"还需要"提交建设项目水资源论证报告书"（第11条）。

六、环保许可的审批

环保许可的审批就是依法享有审批权的国家机关或其它享有管理职权的机构，也就是上述环保许可实施机关，对相关申请所说的批准或不予批准的决定。

作为环保许可制度的重要环节，审批包含以下3个方面的内容：

（一）审批权

一些环保许可都对许可事项实行分类管理，而分类管理在管理技术上的表现形式之一就是分级审批——按事项的重要性安排相应层级的审批机关。例如，《取水许可条例》将6类取水的申请交"流域管理机构审批"。这6类取水是：(1)"长江、黄河、淮河、海河、滦河、珠江、松花江、辽河、金沙江、汉江的干流和太湖以及其他跨省、自治区、直辖市河流、湖泊的指定河段限额以上的取水"；(2)"国际跨界河流的指定河段和国际边界河流限额以上的取水"；(3)"省际边界河流、湖泊限额以上的取水"；(4)"跨省、自治区、直辖市行政区域的取水"；(5)"由国务院或者国务院投资主管部门审批、核准的大型建设项目的取水"；(6)"流域管理机构直接管理的河道（河段）、湖泊内的取水"。因为这6类取水都属于重要的取水事项，所以将为这些取水事项提出的申请交给流域管理机关审批。对这6类取水以外的取水，也就是不太重要的取水申请，《条例》将其审批权交给"县级以上地方人民政府水行政主管部门"（第14条）。就是这6类取水以外的取水申请的审批也存在取水事项重要性与审批权的匹配问题。对6类取水以外的取水申请"县级以上地方人民政府水行政主管部门"不是一概享有审批权，而是只能按照"省、自治区、直辖市人民政府规定的审批权限审批"（第14条）。

（二）形成决定

形成决定并不是一个简单行使权力做出决定的过程，而是确保做出的决定正确或符合实际的过程。

为确保做出的决定正确，有审批权的环保许可实施机关需要认真审查申请人提供的申请材料。除此之外，《排污许可条例》还授权环保许可实施机关实施"现场检查"，"组织技术机构对排污许可证申请材料进行技术评估"（第10条）。《危废许可办法》还规定，环保许可实施机关"可以根据实际需要征求卫生、城乡建设等有关主管部门和专家的意见"（第9条）。

形成决定不是只能做出批准的决定，而是既可以决定批准也可以决定不予批准。《森林法》等法律、《取水许可条例》等法规都规定了一些不批准申请的情形。《森林法》第60条规定：对4种"情形""不得核发采伐许可证"。这4种"情形"是：(1)"采伐封山育林期、封山育林区内的林木"；(2)"上年度采伐后未按照规定完成更新造林任务"；(3)"上年度发生重大滥伐案件、森林火灾或者林业有害生物灾害，未采取预防和改进措施"；(4)"法律法规和国务院林业主管部门规定的禁止采伐的其他情形"。《取水许可条例》第20条规定对以下8种"情形"不得"批准"其申请：(1)"在地下水禁采区取用地下水的"；(2)"在取水许可总量已经达到取水许可控制总量的地区增加取水量的"；(3)"可能对水功能区水域使用功能造成重大损害的"；(4)"取水、退水布局不合理的"；(5)"城市公共供水管网能够满足用水需要时，建设项目自备取水设施取用地下水的"；(6)"可能对第三者或者社会公共利益产生重大损害的"；(7)"属于备案项目，未报送备案的"；(8)"法律、行政法规规定的其他情形"。

（三）审批时限

环保许可实施机关应当努力使自己做出的决定正确，但这种努力只能在有限的时间内付出。相关法律法规等对审批都做了时限限定。《取水许可条例》规定的审批时限是 45 个工作日（第 19 条），《危废许可办法》规定的审批时限是"自受理申请之日起 20 个工作日内"（第 9 条）。《排污许可条例》规定了三个不同的审批时限。其一，对"实行排污许可简化管理的排污单位"的申请，审批时限为 20 日；其二，"对实行排污许可重点管理的排污单位"的申请，30 日；其三，"实行排污许可重点管理的排污单位"的申请"需要进行现场核查的"，45 日。

七、环保许可的管理

环保许可不是只发生批准和不批准的权力行使过程。环保许可实施机关除了对申请人的申请行使批准不批准的决定权外，还需要对被许可行为的实施开展日常管理。环保许可的日常管理主要包括以下几个方面：

（一）处理许可事项变更

环保许可实施过程中既可能出现被许可人有意追求的变更，也有可能出现被许可人意志以外原因造成的变更。《取水许可条例》第 26 条规定的"取水单位或者个人要求变更取水许可证载明的事项"的情况属于有意追求的变更。《排污许可条例》中至少存在三种由意志以外原因引起的变更，其中之一是"污染物排放自动监测设备传输数据异常"（第 20 条）。不管是有意追求的变更，还是由设备故障等引起的变更，因涉及许可证的执行，所以便需要环保许可实施机关做出必要的回应。对《取水许可条例》第 26 条规定的情况，环保许可实施机关需要根据被许可人的申请"办理有关变更手续"。对《排污许可条例》规定的被许可人意志以外的变更，环保许可实施机关需要做出包括记录有关事项、督促排污单位采取应对异常的措施等处理。

（二）许可证交易管理

《取水许可条例》第 27 条规定："依法获得取水权的单位或者个人，通过调整产品和产业结构、改革工艺、节水等措施节约水资源的，在取水许可的有效期和取水限额内，经原审批机关批准，可以依法有偿转让其节约的水资源，并到原审批机关办理取水权变更手续。"该条已经规定了环保许可实施机关应当实施的管理行为——为被许可人办理"变更手续"。

（三）办理许可证延续

环保许可证是有期限的许可证书，环保许可行为是只能在有限时间内实施的行为。在许可证载明的许可期限届满之后，如果申请人需要继续实施被许可行为，有关法律文件规定了使许可期间得以延长的办法。《排污许可条例》规定："排污许可证有效期届满，排污单位需要继续排放污染物的，应当于排污许可证有效期届满60日前向审批部门提出申请。"对这种申请，《条例》规定，"审批部门应当自受理申请之日起20日内完成审查；对符合条件的予以延续，对不符合条件的不予延续并书面说明理由"（第14条第2款）。"审批部门"执行该款规定就可以实现许可证延续，使被许可人获得的许可期限延长。

（四）汇总许可执行信息，建立许可事项信息平台

环保许可是对实施同类行为的众多行为人颁授的许可。根据环境法学的总行为控制原理，环境管理的有效性决定于对一定范围内所有行为人行为的管理，在实行许可管理的情况下决定对所有被许可人行为的管理。我国的环保实践和环保法创设了便利对所有被许可行为人的行为开展管理的一种办法——建立并健康运行许可证管理信息平台（《排污许可条例》第23条）。要使许可证管理信息平台健康运行，需要随时取得所有被许可人活动的信息。要满足这个需要，环保许可实施机关就必须对被许可人的行为实施经常性的管理。

《危废许可办法》建立的危险废物经营许可证"档案管理制度"（第19条）也与许可证管理信息平台具有相近的功能。该项"档案管理制度"的运行也要求环保许可实施机关与被许可人保持经常的联系。

八、环保许可的监督检查

《排污许可条例》《危废许可办法》《消耗臭氧层物质管理条例》等专门环保许可法律文件都设专章规定监督管理或监督检查。不管是监督管理还是监督检查，核心内容都是对被许可人行为的监督。《危废许可办法》要求

"县级以上人民政府环境保护主管部门""通过书面核查和实地检查等方式，加强对危险废物经营单位的监督检查"（第17条），实际上就是要求环保许可实施机关采用"书面核查和实地检查"等方式加强对被许可人行为的"监督检查"。《排污许可条例》规定的监督检查措施包括现场监测和核查。例如，《条例》第27条规定："生态环境主管部门可以通过全国排污许可证管理信息平台监控排污单位的污染物排放情况，发现排污单位的污染物排放浓度超过许可排放浓度的，应当要求排污单位提供排污许可证、环境管理台账记录、排污许可证执行报告、自行监测数据等相关材料进行核查，必要时可以组织开展现场监测。"

监督检查的组成部分是根据监督检查获取的信息对被许可人下达严格执行许可证的命令或对其实施处罚。《危废许可办法》第17条第3款规定："县级以上人民政府环境保护主管部门发现危险废物经营单位在经营活动中有不符合原发证条件的情形的，应当责令其限期整改。"这是"责令"被许可人为某种行为。《排污许可条例》则为环保许可实施机关提供了可以要求被许可人承受的"法律责任"。《条例》"法律责任"章规定的一些"责任"都可以施加给被许可人。例如：对"超过许可排放浓度、许可排放量排放污染物"，或"通过暗管、渗井、渗坑、灌注或者篡改、伪造监测数据，或者不正常运行污染防治设施等逃避监管的方式违法排放污染物"的被许可人，"生态环境主管部门"有权"责令改正或者限制生产、停产整治，处20万元以上100万元以下的罚款；情节严重的，吊销排污许可证"，甚至"报经有批准权的人民政府批准，责令停业、关闭"（第34条）。

参考文献：

1. 徐祥民：《论我国环境法中的总行为控制制度》，《法学》2015年第12期。

2. 徐祥民主编：《常用中国环境法导读》第十八章"《中华人民共和国环境影响评价法》导读"，法律出版社2017年版。

思考题：

1. 什么是环保管控监督措施法？
2. 简述环境影响评价的基本流程。
3. 环保许可管理和环境许可监督检查的区别与联系是什么？
4. 用实例说明环保许可证的主要内容。

第十二章　环保引导激励措施法（上）

环境保护是人类共同的事业，也是需要尽可能地调动一切可以调动的力量一起努力的事业。环保引导激励措施法就是关于运用引导、激励等措施尽可能充分地促进企业、公民、国家机关、各种社会组织等环境行为人实施有利于保护环境的行为、不为少为对环境具有或可能具有不利影响的行为的法，就是关于运用产业政策和其它调节工具引导激励企业等主体开展有利于保护环境的生产销售活动，停止或减少对环境具有或可能具有不利影响的生产销售活动的法。我国是社会主义国家，人民利益的一致性决定了我国环保法可以大量使用引导激励措施，决定了我国的环保引导激励措施法能够较早地成长起来，成为环境保护手段法体系中较为成熟的一个分支。

本章主要学习：（一）环保引导激励措施法基本知识；（二）我国《清洁生产促进法》的基本知识。

第一节　环保引导激励措施法概述

我国的环境保护法建设一直重视运用环保引导激励措施。经过不断探索，我国不仅创造或使用了多种多样的环保引导激励措施，包括对企业具有引导激励作用的产业政策，而且建立了规范促进清洁生产、促进循环经济等引导激励措施、产业政策等的单行法。

一、《环境保护法》等法律法规规章普遍采用环保引导激励措施

环保引导激励措施产生的基础是一切环境行为人对环境保护的责任。环境损害，归根结底是由人的行为导致的，每一个人（包括个体、群体与组织）都负有防治环境损害或保护环境的责任。环保引导激励措施是引导人们实施有利于环境保护的行为，不为或少为不利于环境保护的行为，激发人们的环保责任的措施。

我国《环境保护法》等法律法规规章普遍地采用了环保引导激励措施。

（一）《环境保护法》中的环保引导激励措施

我国《环境保护法》在"总则"章就明确规定："国家采取有利于节约和循环利用资源、保护和改善环境、促进人与自然和谐的经济、技术政策和措施，使经济社会发展与环境保护相协调"（第4条），"鼓励环境保护产业发展"（第7条），"奖励""对保护和改善环境有显著成绩的单位和个人"（第11条）等。在"监督管理"章（第二章），该法宣布，"国家采取财政、税收、价格、政府采购等方面的政策和措施，鼓励和支持环境保护技术装备、资源综合利用和环境服务等环境保护产业的发展"（第21条），对"为改善环境，依照有关规定转产、搬迁、关闭"的"企业事业单位和其他生产经营者"，"人民政府应当予以支持"（第23条）。在"保护和改善环境"章（第三章）该法以国家的名义宣布，"鼓励和引导公民、法人和其他组织使用有利于保护环境的产品和再生产品，减少废弃物的产生"，要求"国家机关和使用财政资金的其他组织""优先采购和使用节能、节水、节材等有利于保护环境的产品、设备和设施"（第36条）。该法在"信息公开和公众参与"章（第五章）赋予"公民、法人和其他组织""参与和监督环境保护的权利"，并为他们行使参与和监督的权利提供了权利保障——"获取环境信息"的权利（第53条）。可以说，《环境保护法》从头到尾布满了引导措施、激励手段。

（二）《大气污染防治法》等法律中的环保引导激励措施

我国《大气污染防治法》《水污染防治法》等污染防治法，《水土保持

法》《防沙治沙法》等自然地理环境损害防治法，《渔业法》等资源损害防治法，都普遍采用了环保引导激励措施，或对执行机关提出了充分运用引导激励措施的要求。

《大气污染防治法》多处使用"鼓励"一词，除"鼓励和支持大气污染防治科学技术研究"（第6条）外，更多的条款都把为有利于环境的行为不为或少为不利于环境保护的行为设为鼓励对象。其中包括"采取有利于煤炭清洁高效利用的经济、技术政策和措施，鼓励和支持洁净煤技术的开发和推广"（第34条），"鼓励燃煤单位采用先进的除尘、脱硫、脱硝、脱汞等大气污染物协同控制的技术和装置"（第41条），"鼓励生产、进口、销售和使用低毒、低挥发性有机溶剂"（第44条）等。《水污染防治法》不仅对企业事业单位宣示国家对有利于环境保护行为的鼓励和支持，如鼓励"企业""采用原材料利用效率高、污染物排放量少的清洁工艺"（第48条），而且要求地方政府和相关职能部门将鼓励变成行动，如要求"县级以上地方人民政府农业主管部门和其他有关部门""采取措施，指导农业生产者科学、合理地施用化肥和农药，推广测土配方施肥技术和高效低毒低残留农药，控制化肥和农药的过量使用"（第55条）。不仅用"表彰和奖励"激发人们投身环保的热情，而且用明确的国家产业政策引导企业选择有利于环境保护的企业发展方案。如宣布"禁止新建不符合国家产业政策的小型造纸、制革、印染、染料、炼焦、炼硫、炼砷、炼汞、炼油、电镀、农药、石棉、水泥、玻璃、钢铁、火电以及其他严重污染水环境的生产项目"（第47条）。

在《渔业法》等生物资源保护法、《可再生能源法》《节约能源法》等能源法、《水土保持法》《防沙治沙法》等自然地理环境损害防治法中，都不难找到采用环保引导激励措施的事例。例如：《水土保持法》"鼓励和支持社会力量参与水土保持工作"（第9条），"鼓励和支持承包治理荒山、荒沟、荒丘、荒滩"，"并依法保护土地承包合同当事人的合法权益"（第34条）等。再如：《渔业法》"鼓励全民所有制单位、集体所有制单位和个人充分利用适于养殖的水域、滩涂，发展养殖业"（第10条），以"财政、信贷和税收等方面"的"措施""鼓励、扶持远洋捕捞业的发展"（第21条）。又如：《防沙治沙法》宣布要"根据防沙治沙的面积和难易程度,给予从事防沙治沙活动的单位和个人资金补助、财政贴息以及税费减免等政策优惠"(第33条)。还如:《可再生能源法》规定,国家要"根据全国可再生能源开发利用规划""制定、公布可再生能源产业发展指导目录"(第10条)。

二、单行环保引导激励措施法建设状况

我国专门的环保引导激励措施法和在整体上可以担当环保引导激励任务的法主要有三部,分别是《清洁生产促进法》《循环经济促进法》和《环境保护税法》。我国专门的环保引导激励地方立法取得了显著成绩,其中最为典型的是各省市自治区制定的流域生态法规或其它规范性文件。

(一)《清洁生产促进法》

2002年6月29日,第九届全国人民代表大会常务委员会第二十八次会议通过《清洁生产促进法》。该法于2003年1月1日正式实施。2012年2月29日,第十一届全国人民代表大会常务委员会第二十五次会议发布了《关于修改〈中华人民共和国清洁生产促进法〉的决定》,对《清洁生产促进法》做了修改。

为执行《清洁生产促进法》,国务院及其有关职能部门陆续出台了一系列法规规章。如《关于加快推行清洁生产的意见》(国办发〔2003〕100号)、《清洁生产审核暂行办法》(国家环境保护总局令〔2004〕第16号)、《国家环境保护总局关于印发重点企业清洁生产审核程序的规定的通知》(环发〔2005〕第151号)、《关于进一步加强重点企业清洁生产审核工作的通知》(环发〔2008〕60号)、《大气污染防治重点工业行业清洁生产技术推行方案》(工信部节〔2014〕273号)等。各地也先后颁布了一些地方法规规章,如《重庆市环境保护局关于对清洁生产审核咨询机构规范管理的通知》《云南省清洁生产促进条例》《北京市清洁生产审核验收暂行办法》《山东省清洁生产审核验收暂行办法》《深圳市清洁生产审核实施细则》《山东省清洁生产促进条例》等。

(二)《循环经济促进法》

2008年8月9日,第十一届全国人大常委会审议通过《循环经济促进法》。该法于2009年1月1日起施行。2018年10月26日,第十三届全国人民代表大会常务委员会第六次会议通过《关于修改〈中华人民共和国野生动物保护法〉等十五部法律的决定》对《循环经济促进法》做了修改。

《循环经济促进法》生效后,中央国家机关和地方有立法权的机关为执行该法颁布了一些法规规章,其中包括《循环经济标准化试点工作指导意见》(国标委工一联〔2009〕48号)、《国家循环经济标准化试点考核评估方案(试行)》(国标委工一联〔2011〕12号)、《大连市循环经济促进条例》《陕西省循环经济促进条例》《甘肃省循环经济促进条例》《山西省循环经济促进条例》《广东省实施〈中华人民共和国循环经济促进法〉办法》《江苏省循环经济促进条例》《山东省循环经济条例》《河北省发展循环经济条例》(2021)、《青海省循环经济促进条例》(2022)等。

(三)《环境保护税法》

2016年12月25日,第十二届全国人民代表大会常务委员会第二十五次会议通过《环境保护税法》。该法自2018年1月1日起施行。2018年10月26日,第十三届全国人民代表大会常务委员会第六次会议通过《关于修改〈中华人民共和国野生动物保护法〉等十五部法律的决定》,对《环境保护税法》做了修改。

《环境保护税法》生效后,2017年底,国务院发布《中华人民共和国环境保护税法实施条例》(国务院令〔2017〕第693号)、《国务院关于环境保护税收入归属问题的通知》(国发〔2017〕56号)等。此外,国务院有关部门、地方有立法权的机关为实施《环境保护税法》颁布了若干法规规章,其中包括《海洋工程环境保护税申报征收办法》(国家税务总局公告〔2017〕第50号)、《国家税务总局关于发布〈环境保护税纳税申报表〉的公告》(国家税务总局公告2018年第7号)、《财政部、税务总局、生态环境部关于环境保护税有关问题的通知》(财税〔2018〕23号)、《生态环境部、财政部、税务总局关于发布计算环境保护税应税污染物排放量的排污系数和物料衡算方法的公告》(生态环境部、财政部、税务总局公告2021年第16号)、《贵州省关于大气污染物和水污染物环境保护税适用税额的决定》《甘肃省应税大气污染物、水污染物环境保护税适用税额以及同一排放口应税项目数方案》《广西壮族自治区关于大气污染物和水污染物环境保护税适用税额的决定》《关于吉林省环境保护税适用税额的决定》《四川省关于大气污染物和水污染物环境保护税适用税额的决定》《重庆市关于环境保护税税目中"其他固体废物"具体范围的决定》《辽宁省应税大气污染物和水污染物环境保护税适用税额调整方案》等。

(四)《福建省重点流域生态补偿办法》等地方流域生态补偿单行立法

我国最早颁布的流域生态补偿地方规范性文件是青岛市的《墨水河流域生态补偿暂行办法》(青环发〔2011〕88号)。该《办法》发布之后各地陆续出台的适用于单一流域的生态补偿地方规范性文件有《安顺市红枫湖流域生态补偿资金管理办法(试行)》(黔府办发〔2012〕37号)、合肥市《十五里河流域生态补偿办法(试行)》(2019)、安徽省《关于进一步推深做实新安江流域生态补偿机制的实施意见》(皖政办秘〔2019〕82号)等。

除上述适用于特定流域的生态补偿规范性文件外,不少省市还发布了在本行政区普遍适用的或适用于多个流域的地方法规或其它规范性文件。例如《福建省重点流域生态补偿办法》(闽政〔2015〕4号)、《江西省流域生态补偿办法(试行)》(赣府发〔2015〕53号)、《黑龙江省水环境生态补偿办法(试行)》(黑财资环〔2021〕43号)、《十堰市地表水环境质量生态补偿暂行办法》(十政办发〔2016〕72号)等。

第二节 我国的《清洁生产促进法》

《清洁生产促进法》是运用引导激励措施促进清洁生产以实现保护环境目的的环保手段法。我国的《清洁生产促进法》是世界范围内颁布最早的专门清洁生产促进法,也是我国环保引导激励单行法建设的开端。

我国已经建立起以《清洁生产促进法》为中心的促进清洁生产保护环

境的法律规范体系。

一、我国《清洁生产促进法》中的清洁生产

《清洁生产促进法》是接受清洁生产理念通过促进清洁生产实现保护环境目的的法。我国《清洁生产促进法》设专门一条界定清洁生产。该法第2条规定："本法所称清洁生产，是指不断采取改进设计、使用清洁的能源和原料、采用先进的工艺技术与设备、改善管理、综合利用等措施，从源头削减污染，提高资源利用效率，减少或者避免生产、服务和产品使用过程中污染物的产生和排放，以减轻或者消除对人类健康和环境的危害。"在这个定义中，以下三个方面的含义是清楚的：

第一，目的。清洁生产不是以产生更多产品为目的的生产，而是以"减轻或者消除"生产活动"对人类健康和环境的危害"（也就是环境损害）为基本追求的特殊生产。或者说，它是对以产生数量更多使用价值更高的产品为目的的生产的一种附加，这种附加是与常规生产不同的目标追求。

第二，条件。这个条件就是实现清洁生产目的的条件。这个条件简单说就是污染削减或污染物产生、排放减少，详细分解则包括"资源利用率""提高"，"生产、服务和产品使用过程中污染物的产生和排放"减少。清洁生产不是通过别的什么办法实现减轻环境损害的目的，而是通过创造污染削减或污染物产生、排放减少的条件来实现清洁生产的目的。从清洁生产到减轻环境损害，需要借助于污染削减或污染物产生、排放减少这个条件的支持。没有这个条件便不会产生环境损害减轻的结果。在这个意义上，清洁生产的直接追求是创造能够带来环境损害减轻结果的条件。

第三，行动或措施。清洁生产不是社会发展自然发生的生产，而是人为策划有意推动的生产。推动这种生产的行动或措施包括"改进设计、使用清洁的能源和原料、采用先进的工艺技术与设备、改善管理、综合利用"。通过采取这些行动可以创造"资源利用率""提高"，"生产、服务和产品使用过程中污染物的产生和排放"减少的结果，为实现减轻环境损害的目标创造条件。

这个定义暗含的重要信息是，清洁生产不会自然发生，清洁生产的设计目标也不会自然产生。如果说减轻环境损害这个目标能否实现决定于"资源利用率""提高"，"生产、服务和产品使用过程中污染物的产生和排放"减少这个条件是否具备，那么，"资源利用率""提高"，"生产、服务和产品使用过程中污染物的产生和排放"减少这个条件能否具备的决定性因素是是否采取"改进设计、使用清洁的能源和原料、采用先进的工艺技术与设备、改善管理、综合利用"等措施，采取的措施是否有力。社会生产活动不能确保这些措施必然有力，因为，这些措施与常规生产的生产目的——更多的产品、更高的使用价值——并不一致。

二、我国《清洁生产促进法》的执行体制

《清洁生产促进法》第 5 条第 1 款规定："国务院清洁生产综合协调部门负责组织、协调全国的清洁生产促进工作。国务院环境保护、工业、科学技术、财政部门和其他有关部门，按照各自的职责，负责有关的清洁生产促进工作。"在国家层面，国务院建立"清洁生产综合协调部门"。综合协调部门的职责是"组织、协调全国的清洁生产促进工作"。除综合协调部门外，"国务院环境保护、工业、科学技术、财政部门和其他有关部门"也都有与其部门职责相关的"清洁生产促进工作"。这是一个由综合协调部门就清洁生产促进工作对相关职能部门实施"组织、协调"的分工体制。

《清洁生产促进法》第 5 条第 2 款规定："县级以上地方人民政府确定的清洁生产综合协调部门负责组织、协调本行政区域内的清洁生产促进工作。县级以上地方人民政府其他有关部门，按照各自的职责，负责有关的清洁生产促进工作。"按这一规定，在地方层面，地方各级应设立"清洁生产综合协调部门"，给"其他有关部门"部署与本部门职责相关的"清洁生产促进工作"。两类部门应实行以下分工："综合协调部门""负责组织、协调本行政区域内的清洁生产促进工作"，其它部门在"综合协调部门"的"组织、协调"开展"清洁生产促进工作"。这个分工体制与国家层面的分工体制是一致的。

除中央和地方都实行由"综合协调部门""组织、协调""其他有关部门"开展清洁生产促进工作这个分工体制外,《清洁生产促进法》第 5 条第 2 款还规定:"县级以上地方人民政府负责领导本行政区域内的清洁生产促进工作。"根据这一规定,在地方层面,《清洁生产促进法》的执行应当实行在同级人民政府领导下由"综合协调部门""组织、协调""其他有关部门"开展清洁生产促进工作的体制。把第 5 条第 2 款的上述规定与该法第 4 条"国务院和县级以上地方人民政府,应当将清洁生产促进工作纳入国民经济和社会发展规划、年度计划以及环境保护、资源利用、产业发展、区域开发等规划"这一规定结合起来考虑,可以把我国《清洁生产促进法》的执行体制概括为:在国务院和地方各级人民政府领导下,由各级政府的清洁生产综合协调部门组织、协调"其他有关部门"开展工作的体制。

三、我国《清洁生产促进法》的重要内容是国家推行清洁生产

清洁生产不是自然发生的社会生产形式,而是为减轻环境损害实现上述清洁生产目标而人为策划的生产形式,是需要借助于其它推动力才能实行的生产活动。根据我国《清洁生产促进法》的规定,清洁生产是需要国家来推行的生产。从《清洁生产促进法》的相关规定可以看出,该法的重要内容之一是宣布国家推行清洁生产,要求从中央到地方的各级国家机关推行清洁生产。

前已引述,《清洁生产促进法》第 4 条要求国务院和县级以上地方人民政府,"将清洁生产促进工作纳入国民经济和社会发展规划、年度计划以及环境保护、资源利用、产业发展、区域开发等规划"。因为清洁生产需要政府推行,各级政府担当推行清洁生产的使命,所以它们才需要将这项工作,准确些说是将对这项工作的推行"纳入国民经济和社会发展规划"、其它各项规划。《清洁生产促进法》第 8 条规定的由"国务院清洁生产综合协调部门会同国务院环境保护、工业、科学技术部门和其他有关部门"编制的"国家清洁生产推行规划"是国家推行清洁生产的重要手段。该条还规定:"国家清洁生产推行规划应当包括:推行清洁生产的目标、主要任务和保障措

施，按照资源能源消耗、污染物排放水平确定开展清洁生产的重点领域、重点行业和重点工程。"（第2款）该款规定的"国家清洁生产推行规划"既有目标、任务，又有保障措施，既规定了工作重点又有科学依据，是能够产生推行效果的工作规划。该款规定的规划还是具有极大权威的清洁生产推行规划。还是在这一条，《清洁生产促进法》规定："国务院有关行业主管部门根据国家清洁生产推行规划确定本行业清洁生产的重点项目，制定行业专项清洁生产推行规划并组织实施。"（第3款）"县级以上地方人民政府根据国家清洁生产推行规划、有关行业专项清洁生产推行规划，按照本地区节约资源、降低能源消耗、减少重点污染物排放的要求，确定本地区清洁生产的重点项目，制定推行清洁生产的实施规划并组织落实。"（第4款）"国务院有关行业主管部门""确定本行业清洁生产的重点项目，制定行业专项清洁生产推行规划"要以国家清洁生产推行规划为"根据"，"县级以上地方人民政府""确定本地区清洁生产的重点项目，制定推行清洁生产的实施规划"也要以国家清洁生产推行规划为"根据"。以其为"根据"就是服从其权威。如果说《清洁生产促进法》设计了一个清洁生产推行规划体系的话，那么，这个规划体系的核心是由"国务院清洁生产综合协调部门会同国务院环境保护、工业、科学技术部门和其他有关部门"编制的"国家清洁生产推行规划"。由"国家清洁生产推行规划""行业专项清洁生产推行规划"、地方各级"推行清洁生产的实施规划"共同组成的清洁生产推行规划体系，是国家推行清洁生产的基本依据，也是清洁生产推行成功的基本保障。

《清洁生产促进法》对国家推行清洁生产提出的重要要求是为推行清洁生产提供财政保障。该法第9条规定："中央预算应当加强对清洁生产促进工作的资金投入，包括中央财政清洁生产专项资金和中央预算安排的其他清洁生产资金，用于支持国家清洁生产推行规划确定的重点领域、重点行业、重点工程实施清洁生产及其技术推广工作，以及生态脆弱地区实施清洁生产的项目。""县级以上地方人民政府应当统筹地方财政安排的清洁生产促进工作的资金，引导社会资金，支持清洁生产重点项目。"有了财政保障，清洁生产的推行才有可能取得成功。

四、我国《清洁生产促进法》促进清洁生产的政策工具

国家推行清洁生产的重要推行方式是运用政策工具。《清洁生产促进法》规定和使用的促进清洁生产的政策工具主要有三种，即财政税收政策、产业政策、技术开发和推广政策。

（一）财政税收政策

《清洁生产促进法》"清洁生产的推行"章的第1条（总第7条）就规定："国务院应当制定有利于实施清洁生产的财政税收政策。"国家制定让生产者可以获利或少受损害的财政税收政策，可以引导生产者主动选择相关政策支持开展的生产活动，或主动选择使用相关政策提倡的技术标准、工艺技术等。

《清洁生产促进法》第33条要求给予"依法利用废物和从废物中回收原料生产产品"的生产者的"税收优惠"就应当是以"有利于实施清洁生产的财政税收政策"为依据的"优惠"。这个政策依据就是《关于加快推行清洁生产的意见》所说的"节能、节水、资源综合利用以及技术进步等方面减免税的优惠政策"（第二章"统筹规划，完善政策"第三节"完善和落实促进清洁生产的政策"）。

《清洁生产促进法》第34条关于企业可以将"用于清洁生产审核和培训的费用""列入企业经营成本"的规定也属于此类财政税收政策。《关于加快推行清洁生产的意见》明确规定："为鼓励企业实施清洁生产，企业开展清洁生产审核和培训等活动的费用允许列入企业经营成本或相关费用科目。"（第二章"统筹规划，完善政策"第三节"完善和落实促进清洁生产的政策"）

（二）产业政策

《清洁生产促进法》第7条第2款要求"国务院及其有关部门和省、自治区、直辖市人民政府"，"制定有利于实施清洁生产的产业政策"。产业政策是关于产业发展方向、产业结构调整等的国家政策，也是国家引导生产者包括投资方向、技术装备更新等在内的生产行为的政策杠杆。比如，优先发

展清洁能源的产业政策能够引导更多的能源企业将资金、技术等投向风能、太阳能产业。

《大气污染防治法》第 27 条规定："国务院经济综合主管部门会同国务院有关部门确定严重污染大气环境的工艺、设备和产品淘汰期限，并纳入国家综合性产业政策目录。"这一规定提供了运用产业政策促进清洁生产的一个实例。

（三）技术开发和推广政策

《清洁生产促进法》第 7 条第 2 款要求"国务院及其有关部门和省、自治区、直辖市人民政府"，"制定有利于实施清洁生产"的"技术开发和推广政策"。"有利于实施清洁生产"的"技术开发和推广"政策在很大程度上就是"有利于实施清洁生产"的"技术开发和推广"的支持政策。《清洁生产促进法》第 31 条要求"对从事清洁生产研究、示范和培训"，"实施国家清洁生产重点技术改造项目"，实施该法第 28 条规定的"自愿节约资源、削减污染物排放量协议中载明的技术改造项目"的生产者"给予资金支持"，就属于"技术开发和推广"支持政策。

五、我国《清洁生产促进法》促进清洁生产的引导激励措施

《清洁生产促进法》不仅要求用产业政策等政策杠杆促进清洁生产，而且建立了促进企业开展清洁生产的引导激励措施体系。该法建立的引导激励措施体系包括以下具体措施：

（一）号召

《清洁生产促进法》自身使用的重要的引导激励措施是号召，即对生产者发出开展清洁生产的号召。

《清洁生产促进法》第三章"清洁生产的实施"共有 12 条（第 18—29 条），其中 10 条使用了"应当"这个情感动词，2 条使用了"可以"。与其它法律中的"应当"常常包含以不利后果为保障的义务不同，《清洁生产促进法》中的"应当"主要是相对于开展清洁生产而言的当为、合适。例如，该法第 22 条规定："农业生产者应当科学地使用化肥、农药、农用薄膜和饲

料添加剂，改进种植和养殖技术，实现农产品的优质、无害和农业生产废物的资源化，防止农业环境污染。"这一规定是对"农业生产者"发出的号召，而非对它们下达的命令，也不是对它们预设的"不如此必受罚"行为规范。再如，该法第 24 条规定："建筑工程应当采用节能、节水等有利于环境与资源保护的建筑设计方案、建筑和装修材料、建筑构配件及设备。"这里的"应当"显然不等于"必须"，因为该条第 2 款用"必须"引出的要求与写在"应当"之后的要求具有质的不同。第 2 款规定："建筑和装修材料必须符合国家标准。"建筑企业不执行该款提出的要求依法须承担不利后果，而由"应当"引出的那些要求不具有这样的强制力。

大致说来，《清洁生产促进法》第三章"清洁生产的实施"中用"应当"引出要求的那 10 条都是对生产者发出的号召。它们的强行性效力与第三章最后两条用"可以"提出的要求的效力大致相同。最后两条都是生产者"可以自愿"为或"可以根据自愿的原则"为某事项（第 28、29 条）。

（二）宣传教育

《清洁生产促进法》第 15 条第 3 款要求"新闻出版、广播影视、文化等单位和有关社会团体"，"发挥各自优势做好清洁生产宣传工作"。该法第 16 条第 2 款给"各级人民政府"提供的"鼓励公众购买和使用节能、节水、废物再生利用等有利于环境与资源保护的产品"的"措施"是"宣传、教育"。此外，该法第 6 条第 2 款还将"社会团体和公众参与清洁生产的宣传、教育"列为"国家鼓励"的对象。

（三）表彰奖励

《清洁生产促进法》"鼓励措施"章第 1 条（总第 30 条）规定的引导激励措施就是"表彰奖励"。该条还宣布建立专门用来促进清洁生产的表彰奖励制度——清洁生产表彰奖励制度。该条规定的表彰奖励对象是"在清洁生产工作中做出显著成绩的单位和个人"。"在清洁生产工作中做出显著成绩的单位和个人"应当包括第 6 条规定的在"清洁生产的宣传、教育"中"做出显著成绩"的人。

(四) 指引

指引就是给生产者提供具体的优选行为方案。《清洁生产促进法》规定的最具典型的指引措施是"清洁生产指南"和有利于开展清洁生产的"技术、工艺、设备和产品"等的"导向目录"。该法第 11 条规定："国务院清洁生产综合协调部门会同国务院环境保护、工业、科学技术、建设、农业等有关部门定期发布清洁生产技术、工艺、设备和产品导向目录。"同条第 2 款规定："国务院清洁生产综合协调部门、环境保护部门和省、自治区、直辖市人民政府负责清洁生产综合协调的部门、环境保护部门会同同级有关部门，组织编制重点行业或者地区的清洁生产指南，指导实施清洁生产。"

如果说有利于开展清洁生产的"技术、工艺、设备和产品"等的"导向目录"对生产者提供的是正向指引的话，那么，《清洁生产促进法》还采用了负面指引措施。第 12 条规定："国务院有关部门按照职责分工，制定并发布限期淘汰的生产技术、工艺、设备以及产品的名录。"该条规定的"负面"指引的意义在于向生产者指明哪些路走不通，应当及早选择通向光明前景的路线。

《清洁生产促进法》规定的"产品标志"（第 13 条）、"认证"（第 29 条）等对生产者也都具有指引作用。

(五) 服务

《清洁生产促进法》要求该法的执行主体通过对生产者实行清洁生产提供服务，包括克服实行清洁生产可以遇到的不便，引导生产者实行清洁生产。《清洁生产促进法》规定的服务主要包括技术服务、信息服务、人力资源供给服务等。

《清洁生产促进法》第 10 条规定："国务院和省、自治区、直辖市人民政府的有关部门，应当组织和支持建立促进清洁生产信息系统和技术咨询服务体系，向社会提供有关清洁生产方法和技术、可再生利用的废物供求以及清洁生产政策等方面的信息和服务。""组织和支持建立促进清洁生产信息系统"是为了给生产者提供清洁生产信息服务。信息服务还包括满足生产者对"有关清洁生产方法和技术、可再生利用的废物供求"等方面的信息需求。

"组织和支持建立""技术咨询服务体系"是为了对生产者提供技术咨询服务。《清洁生产促进法》第6条规定的"清洁生产技术""推广"应该也可以表现为对生产者提供技术服务。

《清洁生产促进法》第15条规定:"国务院教育部门,应当将清洁生产技术和管理课程纳入有关高等教育、职业教育和技术培训体系。"该条对"国务院教育部门"提出的要求对清洁生产的重要意义在于培养更多掌握"清洁生产技术"知识和清洁生产"管理"知识的人才,为社会或具体的生产者提供更加丰富的人力资源供应。该条第2款指出了这一价值——产生更多"清洁生产管理和技术人员"。

(六) 扶持

清洁生产需要采取"改进设计、使用清洁的能源和原料、采用先进的工艺技术与设备、改善管理、综合利用"等行动或措施。采取此类行动或措施往往需要付出生产率降低、生产成本提高等代价。这份代价,考虑到激烈的市场竞争,常常为企业难以承受。《清洁生产促进法》规定的扶持就是帮助生产者减少实施清洁生产的代价,或渡过向清洁生产转变可能遇到的经济难关的措施。

《清洁生产促进法》规定的扶持首先是资金支持。该法第31条要求"县级以上人民政府""对从事清洁生产研究、示范和培训"等的"技术改造项目"给予"资金支持"。同条还要求"县级以上人民政府"对写在"自愿与清洁生产综合协调部门和环境保护部门签订"的"进一步节约资源、削减污染物排放量"协议(第28条)中的"技术改造项目"给予"资金支持"。人民政府的资金支持可以降低相关生产或研究单位的经济负担。有人民政府的这一资金扶持,相关生产者会更积极地开展"进一步节约资源、削减污染物排放量"等活动。

《清洁生产促进法》第32条规定:"在依照国家规定设立的中小企业发展基金中,应当根据需要安排适当数额用于支持中小企业实施清洁生产。"根据该条从"中小企业发展基金"中划出的"适当数额"的资金就是用来支持"中小企业实施清洁生产"的扶持资金。

《清洁生产促进法》还规定了一项特别的扶持措施——购买由清洁生产产出的产品。该法第 16 条规定："各级人民政府应当优先采购节能、节水、废物再生利用等有利于环境与资源保护的产品。"采购清洁生产产出的产品，也就是扩大清洁生产产出产品的销路，从而也就是帮助清洁生产的生产者增加收入。有了这份稳定的或相对稳定的收入，生产者便可安心地开展清洁生产。

（七）督促

正像指引有正向指引和"负面"指引一样，促进清洁生产的措施有号召、引导，也有督促、强制。《清洁生产促进法》规定的督促手段之一是"强制性清洁生产审核"。

该法第 27 条第 2 款规定对有（1）"污染物排放超过国家或者地方规定的排放标准，或者虽未超过国家或者地方规定的排放标准，但超过重点污染物排放总量控制指标"、（2）"超过单位产品能源消耗限额标准构成高耗能"、（3）"使用有毒、有害原料进行生产或者在生产中排放有毒、有害物质"三种"情形"的企业"实施强制性清洁生产审核"。这三类企业存在的生产情形都是与清洁生产要求或清洁生产目标相背离的。为了推进清洁生产，使更多生产者选择清洁生产这种生产形式，必须对这三类企业开展"调查和诊断"，帮助它们"找出能耗高、物耗高、污染重的原因"，对它们提出"减少有毒有害物料的使用、产生，降低能耗、物耗以及废物产生的方案"，最后迫使它们采用"技术经济及环境可行的清洁生产方案"（《清洁生产审核办法》第 2 条）。《清洁生产促进法》第 27 条要求"县级以上地方人民政府有关部门""对企业实施强制性清洁生产审核的情况进行监督"。该条规定的监督就是对相关企业采用"减少有毒有害物料的使用、产生，降低能耗、物耗以及废物产生的方案"的督促，甚至就是对它们采用"技术经济及环境可行的清洁生产方案"的督促。

《清洁生产促进法》还规定了稍微柔和一点的督促——舆论的督促，或者说是社会的督促。该法第 17 条规定："省、自治区、直辖市人民政府负责清洁生产综合协调的部门、环境保护部门，根据促进清洁生产工作的需要，在本地区主要媒体上公布未达到能源消耗控制指标、重点污染物排放控制指标的企业的名单，为公众监督企业实施清洁生产提供依据。"该条所说的"名单"实际上就是黑名单，是作为舆论谴责对象的名单。"为公众监督企业实施清洁生产提供依据"实际上就是发动"公众"谴责黑名单上的企业。该条第2款接着规定："列入前款规定名单的企业，应当按照国务院清洁生产综合协调部门、环境保护部门的规定公布能源消耗或者重点污染物产生、排放情况，接受公众监督。"这一规定的意图是明确的，那就是让相关企业在"公众监督"之下，迫于公众谴责之压力，改善"能源消耗或者重点污染物产生、排放"，尽快获得从黑名单上除名的资格。

(八) 禁止

《清洁生产促进法》规定的否定力最强的督促、强制措施是禁止，作为法律命令的禁止，可以引起行政的甚至刑事的处罚的禁止。

《清洁生产促进法》一方面用了很多表达号召的"应当"这个词汇，另一方面也在多个条款中规定了禁止。比如，第22条第2款规定："禁止将有毒、有害废物用作肥料或者用于造田。"再如，第24条第2款规定："禁止生产、销售和使用有毒、有害物质超过国家标准的建筑和装修材料。"

禁止的另一种形式是废止，即蠲除原本实行的做法的正当地位或合法地位，在法律上剥夺其继续发生的理由。强制淘汰就是这种形式的禁止。《清洁生产促进法》第12条规定："国家对浪费资源和严重污染环境的落后生产技术、工艺、设备和产品实行限期淘汰制度。"限期淘汰是必须接受的淘汰。我国《大气污染防治法》规定，对"严重污染大气环境的工艺、设备和产品实行淘汰制度"(第27条)。如果违反该规定，"生产、进口、销售或者使用"国家明令淘汰的工艺、设备、产品，将招致"责令改正，没收违法所得，并处货值金额一倍以上三倍以下的罚款"等不利后果；如果拒不改正，换来的将是有关部门"责令停业、关闭"的命令(第101条)。(关于强制淘汰的更多内容可参阅本书第七章)

参考文献：

1. 孙佑海：《关于清洁生产立法若干问题的思考》，《环境保护》2002 年第 9 期。

2. 徐祥民、时军：《论环境法的激励原则》，《郑州大学学报》2008 年第 4 期。

3. 杜群：《生态补偿的法律关系及其发展现状和问题》，《现代法学》2005 年第 3 期。

4. 巩固：《激励理论与环境法研究的实践转向》，《郑州大学学报》2016 年第 4 期。

思考题：

1. 我国环保引导激励措施法建设的主要成就。
2. 我国《清洁生产促进法》使用的政策杠杆有哪些？
3. 我国《清洁生产促进法》建立的环保引导激励措施体系。

第十三章　环保引导激励措施法（下）

本章主要学习：（一）我国《循环促进法经济法》基本知识；（二）我国《环境保护税法》和《资源税法》基本知识；（三）我国生态补偿法律制度建设状况。

第一节　我国的《循环经济促进法》

循环经济（Circular Economy）是推进可持续发展战略的一种优选模式，强调以循环发展模式替代传统的线性增长模式，表现为以"资源—产品—再生资源"和"生产—消费—再循环"的模式充分利用资源，最大限度减少污染物最终排放。发展循环经济可以为经济发展增加资源供给，有效减少污染物排放。而要实行循环经济这种能够更好实现资源节约、污染防治同经济社会发展相协调的发展模式，必须借助于统一的社会规范和协调的法律体系的支持。[①]

本节主要学习：（一）《循环经济促进法》的主要内容；（二）配合《循环经济促进法》施行的环保引导激励政策。

[①] 参见冯之浚《关于〈中华人民共和国循环经济法（草案）〉的说明——2007年8月26日在第十届全国人民代表大会常务委员会第二十九次会议上》。

一、《循环经济促进法》的主要内容

我国现行《循环经济促进法》由第十一届全国人民代表大会常务委员会第四次会议于 2008 年 8 月 29 日通过,自 2009 年 1 月 1 日起施行。2018 年 10 月 26 日,《循环经济促进法》根据第十三届全国人民代表大会常务委员会第六次会议通过的《关于修改〈中华人民共和国野生动物保护法〉等十五部法律的决定》进行了第一次修正。

《循环经济促进法》共 7 章 58 条,以"减量化、再利用、资源化"为主线。除第六章"法律责任"、第七章"附则"外,第一章"总则"共 11 条(第 1—11 条)规定了立法目的(第 1 条),重要概念(第 2 条),循环经济发展的方针、原则、监管体制及对产业政策和规划的要求(第 3—6 条)等;第二章"基本管理制度"共 6 条(第 12—17 条),分别规定了发展规划制度(第 12 条)、资源利用和污染物排放总量控制制度(第 13 条)、评价指标和考核制度(第 14 条)、以生产者为主的责任延伸制度(第 15 条)、重点企业监督管理制度(第 16 条)、标准和标识制度(第 17 条)等;第三章"减量化"共 11 条(第 18—28 条),分别规定了循环经济技术、工艺、设备、材料、产品名录管理制度(第 18 条),生态设计制度(第 19 条),企业节水制度(第 20 条),企业节油制度(第 21 条),矿业领域、建筑业领域、农业领域资源节约利用(第 22—24 条)等;第四章"再利用和资源化"共 13 条(第 29—41 条),分别规定了区域循环经济发展(第 29 条),工业废物、废水、余热、余压综合利用(第 30—32 条),建筑废物、农业废物、林业废物综合利用(第 33—35 条),产业废物交换和回收体系建设(第 36、37 条)等;第五章"激励措施"共 7 条(第 42—48 条),分别规定了资金支持政策(第 42、43 条),税收优惠政策(第 44 条),投资和信贷支持政策(第 45 条),价格、收费、回收政策(第 46 条),政府采购政策(第 47 条),表彰和奖励(第 48 条)等。

从环保引导激励的角度看,《循环经济促进法》的主要内容可以大致分为三个方面:一是激励措施,大致对应第五章"激励措施"的规定;二是引导措施，大致对应第三章"减量化"和第四章"再利用和资源化"的规定；三是促进循环经济发展管理制度，大致对应第二章"基本管理制度"的规定。

(一)《循环经济促进法》规定的激励措施

促进循环经济的发展必须调动各行各业各类主体的积极性。《循环经济促进法》专设第五章，对激励措施（主要是各种激励政策）作了比较具体的规定。

第一，资金支持政策。《循环经济促进法》第42条要求国务院和省、自治区、直辖市人民政府"设立发展循环经济的有关专项资金"，支持循环经济的科技研究开发、循环经济技术和产品的示范与推广、重大循环经济项目的实施、发展循环经济的信息服务等。《循环经济促进法》第43条规定，国务院和省、自治区、直辖市人民政府及其有关部门应当将循环经济重大科技攻关项目的自主创新研究、应用示范和产业化发展"列入国家或者省级科技发展规划和高技术产业发展规划"，并安排"财政性资金""予以支持"；利用"财政性资金"引进循环经济重大技术、装备的，"应当制定"消化、吸收和创新方案；有关主管部门应当根据实际需要建立协调机制，对重大技术、装备的引进和消化、吸收、创新实行统筹协调，并"给予资金支持"。

第二，税收优惠政策。《循环经济促进法》第44条规定，国家对促进循环经济发展的产业活动"给予税收优惠"，并"运用税收等措施""鼓励"进口先进的节能、节水、节材等技术、设备和产品，限制在生产过程中耗能高、污染重的产品的出口；企业使用或者生产列入国家清洁生产、资源综合利用等鼓励名录的技术、工艺、设备或者产品的，按照国家有关规定"享受税收优惠"。

第三，投资支持政策。《循环经济促进法》第45条规定，县级以上人民政府循环经济发展综合管理部门在制定和实施投资计划时，"应当"将"节能、节水、节地、节材、资源综合利用等项目""列为重点投资领域"。

第四，信贷支持政策。根据《循环经济促进法》第45条，一方面，对符合国家产业政策的"节能、节水、节地、节材、资源综合利用等项目"，金融机构"应当给予""优先贷款等信贷支持",并"积极提供配套金融服务";另一方面,对生产、进口、销售或者使用"列入淘汰名录的技术、工艺、设备、材料或者产品的企业",金融机构"不得提供""任何形式的授信支持"。

第五,价格政策。《循环经济促进法》第46条规定,国家"实行有利于资源节约和合理利用的""价格政策",引导单位和个人节约和合理使用水、电、气等资源性产品。国务院和省、自治区、直辖市人民政府的价格主管部门"应当"按照国家产业政策,对"资源高消耗行业中的限制类项目","实行限制性的价格政策";对"利用余热、余压、煤层气以及煤矸石、煤泥、垃圾等低热值燃料的并网发电项目","按照有利于资源综合利用的原则""确定其上网电价"。

第六,收费政策。《循环经济促进法》第46条规定,省、自治区、直辖市人民政府可以根据本行政区域经济社会发展状况,"实行垃圾排放收费制度";收取的费用"专项用于"垃圾分类、收集、运输、贮存、利用和处置,不得挪作他用。

第七,回收政策。《循环经济促进法》第46条规定,国家鼓励通过以旧换新、押金等方式回收废物。其中,通过押金方式回收废物,实践中通常的做法是预先收取一定数额的押金,在完成相应废品的回收后再将押金退还给消费者。

第八,政府优先采购政策。《循环经济促进法》第47条规定,国家"实行有利于循环经济发展的""政府采购政策";使用财政性资金进行采购,"应当优先采购""节能、节水、节材和有利于保护环境的产品及再生产品"。

此外,《循环经济促进法》在第48条还专门规定了"表彰奖励"。不仅"县级以上人民政府及其有关部门""应当"对在循环经济"管理""科学技术研究""产品开发""示范和推广"等工作中做出显著成绩的单位和个人"给予表彰和奖励",同时"企业事业单位"也"应当"对在循环经济发展中做出突出贡献的集体和个人"给予表彰和奖励"。

(二)《循环经济促进法》规定的引导措施

规范市场主体经营管理，引导产业结构转型升级，不仅是国家宏观调控的有效手段，更是发展循环经济的题中之义。《循环经济促进法》第三、第四章对市场主体生产、流通、消费等过程中的资源节约和循环利用活动作了比较全面的规定，建立了通常所说的《循环经济促进法》促进循环经济发展的专门制度。

第一，名录管理制度。通过名录方式对循环经济相关技术、工艺、设备、材料、产品等进行管理，是减量化活动的内在要求，也是提高资源利用效率的重要手段。《循环经济促进法》第18条规定了名录管理制度，明确名录的发布主体是"国务院循环经济发展综合管理部门会同国务院生态环境等有关主管部门"；名录的发布时限是"定期"；名录的类别是"鼓励""限制""淘汰"三类；名录的管理对象是"技术""工艺""设备""材料""产品"五项。

第二，生态设计制度。生态设计，通常也称环境友好设计或绿色设计，其基本含义是指在工艺、设备、产品及包装物等的设计中综合考虑资源和环境要素，减少资源消耗和环境影响。《循环经济促进法》第19条规定了生态设计制度，对工艺、设备、产品及包装物设计提出了以下原则要求：其一，应当符合减少资源消耗和废物产生的要求；其二，应当优先选择符合生态设计要求的材料和设计方案；其三，应当符合有关国家标准的强制性要求。

《清洁生产促进法》（第20条）、《固体废物污染环境防治法》（第66条）等法律也规定了生态设计制度。

第三，资源节约、综合利用制度。资源节约、综合利用要求在经济过程中最大限度地提高资源利用效率和效益，同时减少废物对环境的污染和破坏。《循环经济促进法》关于企业节水（第20条），企业节油（第21条），矿业领域、建筑业领域、农业领域资源节约利用（第22—24条），公共部门和服务性企业资源节约利用（第25、26条），再生水使用（第27条），工业废物、废水、余热、余压综合利用（第30—32条），建筑废物、农业废物、林业废物综合利用（第33—35条）等都属于资源节约、综合利用制度。

第四，一次性消费品生产和销售限制制度。一次性消费品过度生产和消费既会造成资源浪费又会造成环境污染。为了减少资源浪费，防止污染，《循环经济促进法》第28条规定了一次性消费品生产和消费限制制度，明确国家"在保障产品安全和卫生的前提下"，"限制""一次性消费品"的"生产销售"。

第五，废物回收和再利用制度。废物回收和再利用是循环经济的重要内容。《循环经济促进法》专设第四章"再利用和资源化"，不仅对产业废物交换信息系统、废物回收体系建设作了明确规定（第36、37条），同时对废电器电子产品、报废机动车船、废轮胎、废铅酸电池以及机动车零部件、工程机械、机床等特殊产品或部件的再利用作了专门规定（第38—40条）。

第六，生活垃圾分类管理制度。生活垃圾分类一般是指按照一定规范或标准，将日常生活中或者为日常生活提供服务的活动中产生的固体废弃物分类投放、收集、运输、处置以实现减量化、资源化、无害化的一系列活动的总称。生活垃圾分类的目的是实现对生活垃圾的再利用。《循环经济促进法》第41条规定了生活垃圾分类管理制度，明确县级以上人民政府应当统筹规划建设"城乡生活垃圾""分类收集和资源化利用""设施"，建立和完善"分类收集和资源化利用""体系"，提高生活垃圾资源化率。

(三)《循环经济促进法》规定的基本管理制度

循环经济发展管理制度是以制度方式回应实践需要，解决实践问题，切实推进循环经济发展和实现循环经济立法目标的最主要的手段。《循环经济促进法》专设第二章"基本管理制度"，规定了循环经济发展的若干基本制度。

第一，循环经济发展规划制度。根据2005年10月22日国务院发布的《关于加强国民经济和社会发展规划编制工作的若干意见》（国发〔2005〕33号），我国的规划管理体系由三级三类组成，而循环经济发展规划属于该体系中的专项规划。它是以循环经济这一特定领域为对象编制的规划，是政府指导循环经济领域发展以及审批、核准重大项目，安排政府投资和财政支出预算，制定循环经济领域相关政策的依据。《循环经济促进法》第12条规定了循环经济发展规划制度，明确规划的编制主体是"设区的市级以上人民政府循环经济发展综合管理部门"和"本级人民政府生态环境等有关主管部门"；规划的批准主体是与编制主体同级的人民政府；规划的内容应当包括"规划目标、适用范围、主要内容、重点任务和保障措施等，并规定资源产出率、废物再利用和资源化率等指标"。此外，《循环经济促进法》第13条还规定，县级以上地方人民政府应当依据上级人民政府下达的本行政区域"主要污染物排放指标""建设用地指标""用水总量控制指标"等"规划和调整"本行政区域的产业结构。

第二，循环经济发展评价制度。循环经济发展评价指标是评价国家机关、企事业单位及公民等资源节约和循环利用情况的依据，也是衡量区域经济、社会、生态环境协调发展状况的标准。《循环经济促进法》第14条规定了循环经济发展评价制度，明确国务院循环经济发展综合管理部门会同国务院统计、生态环境等有关主管部门建立和完善"循环经济""评价指标体系"。该条还规定，上级人民政府根据既定循环经济主要评价指标，有权对下级人民政府发展循环经济的状况"定期进行""考核"。

第三，以生产者为主的责任延伸制度。以生产者为主的责任延伸制度起源于生产者责任延伸制度，目的主要是鼓励生产者在设计、生产产品过程中更多地考虑产品的使用、废弃等可能产生的环境资源。在传统法律（如民法、产品质量法）中，生产者只需要对产品本身的质量承担责任。《循环经济促进法》对生产者提出了超出传统法律已有要求的新要求。按照《循环经济促进法》的要求，生产者应当通过对产品废弃后的回收、利用和处置等，减少或降低因产品废弃对环境造成的影响。此外，由于产品的销售、使用也处在产品产生或可能产生环境影响的产品生命周期之内，产品的销售者、消费者也应对避免或减少环境影响担负一定的责任。这种以生产者为主的责任延伸制度已被一些国家的立法确立，并经实践证明具有积极意义。我国《循环经济促进法》第15条规定了以生产者为主的责任延伸制度，明确生产者、销售者、消费者等不同主体对产品及其包装物的回收、利用、处置应当承担相应责任。

第四，重点企业重点监督管理制度。为了保证循环经济发展的各项目标得以实现，在当前和今后一个时期对重点行业的高耗能、高耗水企业进行重点监督管理是十分必要的。《循环经济促进法》第 16 条规定了重点企业重点监督管理制度。根据该条，重点企业是指"钢铁、有色金属、煤炭、电力、石油加工、化工、建材、建筑、造纸、印染等行业年综合能源消费量、用水量超过国家规定总量的"企业；重点监督是指对前述重点企业的"能耗"和"水耗"进行针对性监督。

第五，循环经济统计制度。《循环经济促进法》第 16 条第 1 款规定，国家建立健全"循环经济统计制度"，加强"资源消耗""综合利用""废物产生"等活动的统计管理，并将主要统计指标定期向社会公布。

第六，循环经济标准制度。《循环经济促进法》第 16 条第 2 款规定，国务院标准化主管部门会同国务院循环经济发展综合管理、生态环境等有关主管部门建立健全"循环经济标准体系"，制定和完善"节能""节水""节材""废物再利用""废物资源化"等标准。

第七，循环经济标识制度。根据《循环经济促进法》第 16 条第 3 款，国家建立健全"能源效率标识"等产品资源消耗"标识制度"。所谓"能源效率标识"，根据 2016 年修订的即现行的《能源效率标识管理办法》，是指"表示用能产品能源效率等级等性能指标的一种信息标识"（第 2 条）。

二、配合《循环经济促进法》施行的环保引导激励政策

为配合《循环经济促进法》的施行，我国制定了许多与循环经济发展相关的环保引导激励政策。

根据《"十四五"循环经济发展规划》，我国"十四五"循环经济发展在政策保障方面必须做好以下四项工作：一是健全循环经济法律法规标准。主要包括：推动修订循环经济促进法，进一步明确相关主体权利义务。研究修订废弃电器电子产品回收处理管理条例，健全配套政策，更好发挥市场作用。鼓励各地方制定促进循环经济发展的地方性法规。完善循环经济标准体系，健全绿色设计、清洁生产、再制造、再生原料、绿色包装、利废建材等

标准规范，深化国家循环经济标准化试点工作。二是完善循环经济统计评价体系。主要包括：研究完善循环经济统计体系，逐步建立包括重要资源消耗量、回收利用量等在内的统计制度，优化统计核算方法，提升统计数据对循环经济工作的支撑能力。完善循环经济发展评价指标体系，健全循环经济评价制度，鼓励开展第三方评价。三是加强财税金融政策支持。主要包括：统筹现有资金渠道，加强对循环经济重大工程、重点项目和能力建设的支持。加大政府绿色采购力度，积极采购再生资源产品。落实资源综合利用税收优惠政策，扩大环境保护、节能节水等企业所得税优惠目录范围。鼓励金融机构加大对循环经济领域重大工程的投融资力度。加强绿色金融产品创新，加大绿色信贷、绿色债券、绿色基金、绿色保险对循环经济有关企业和项目的支持力度。四是强化行业监管。主要包括：加强对报废机动车、废弃电器电子产品、废旧电池回收利用企业的规范化管理，严厉打击非法改装拼装、拆解处理等行为，加大查处和惩罚力度。强化市场监管，严厉打击违规生产销售国家明令禁止的塑料制品，严格查处可降解塑料虚标、伪标等行为。加强废旧物资回收、利用、处置等环节的环境监管。

第二节　我国的《环境保护税法》和《资源税法》

环境税，也称环境保护税、生态税、绿色税、庇古税，是20世纪末国际税收领域兴起的一个概念，至今还没有一个被广泛接受的定义。从思想历史看，通过税收方式解决环境问题特别是环境污染问题最早可以追溯到英国经济学家庇古。[①] 环境税作为一种把环境污染和生态破坏的社会成本，内化到生产成本和市场价格中去，再通过市场机制来分配环境资源的经济手段，有广义和狭义之分。广义的环境税，是指一国税收体系中与环境资源利用、保护等有关的各个税种税目的总称。除环境污染税、自然资源税外，还包括税收优惠政策等。狭义的环境税仅指环境污染税，即国家对导致环境污染的

---

① 邓保生主编：《环境税开征问题研究》，中国税务出版社2015年版，第6页。

企事业单位和其他生产经营者开征的一种特殊的税种，通常以环境污染物的排放量作为计算基数。

本节主要学习：（一）《环境保护税法》的主要内容；（二）《资源税法》的环保内容。

一、《环境保护税法》的主要内容

我国现行《环境保护税法》由第十二届全国人民代表大会常务委员会第二十五次会议于2016年12月25日通过，2018年10月26日根据第十三届全国人民代表大会常务委员会第六次会议《关于修改〈中华人民共和国野生动物保护法〉等十五部法律的决定》进行了第一次修正。

《环境保护税法》共5章28条。除第五章"附则"外，第一章"总则"共6条（第1—6条），分别规定了立法目的（第1条）、纳税人（第2条）、征税对象和征税范围（第3—6条）；第二章"计税依据和应纳税额"共5条（第7—11条），分别规定了应税污染物的计税依据（第7—10条）、应税污染物的应纳税额（第11条）；第三章"税收减免"共2条（第12、13条），分别规定了暂予免征环境保护税的情形（第12条）、减征环境保护税的情形（第13条）；第四章"征收管理"共11条（第14—24条），分别规定了征收管理的分工（第14条），征收管理的合作（第15条），纳税人的纳税义务（第16、17条），环境保护税的申报缴纳（第18、19条），税务机关比对数据资料的职责（第20条），税务机关核定污染物排放种类、数量和应纳税额的职责（第21条），从事海洋工程的特殊纳税人的税款申报缴纳（第22条），相关主体违反《环境保护税法》的法律责任（第23条），激励纳税人的措施（第24条）。

从环保引导激励的角度看，《环境保护税法》的主要内容可以大致分为两个方面：一是纳税人及其纳税义务，大致对应第一章"总则"、第二章"计税依据和应纳税额"和第三章"税收减免"的规定；二是税收征收管理部门及其职责，大致对应第四章"征收管理"的规定。

(一) 纳税人及其纳税义务

《环境保护税法》对环境保护税的纳税人、征税对象、计税依据、税目税额、减免征情形、申报缴纳等作了比较具体的规定。

1. 纳税人。为了与《环境保护法》相衔接，根据《环境保护税法》第2条，环境保护税的纳税人是指在中华人民共和国领域和中华人民共和国管辖的其他海域"直接向环境排放"应税污染物的企业事业单位和其他生产经营者。其中，直接向环境排放应税污染物是指应税污染物没有经过稀释、降解等处理而被径直排入环境。根据《环境保护税法》第4条，"有下列情形之一的，不属于直接向环境排放污染物，不缴纳相应污染物的环境保护税：（一）企业事业单位和其他生产经营者向依法设立的污水集中处理、生活垃圾集中处理场所排放应税污染物的；（二）企业事业单位和其他生产经营者在符合国家和地方环境保护标准的设施、场所贮存或者处置固体废物的。"但是，依法设立的城乡污水集中处理、生活垃圾集中处理场所超过国家和地方规定的排放标准向环境排放应税污染物的，应当缴纳环境保护税。企业事业单位和其他生产经营者贮存或者处置固体废物不符合国家和地方环境保护标准的，应当缴纳环境保护税。

2. 征税对象。环境保护税的征税对象（也称课税对象或征税客体）即《环境保护税法》规定的应税污染物。根据《环境保护税法》第3条，环境保护税的应税污染物是指该法所附"环境保护税税目税额表"和"应税污染物和当量值表"规定的4类污染物：大气污染物、水污染物、固体废物、噪声。

3. 计税依据。根据《环境保护税法》第7条，应税大气污染物按照污染物排放量折合的污染当量数确定；应税水污染物按照污染物排放量折合的污染当量数确定；应税固体废物按照固体废物的排放量确定；应税噪声按照超过国家规定标准的分贝数确定。其中，应税大气污染物、水污染物的污染当量数，以该污染物的排放量除以该污染物的污染当量值计算。每种应税大气污染物、水污染物的具体污染当量值，依照《环境保护税法》所附"应税污染物和当量值表"执行。

4.应纳税额。根据《环境保护税法》第11条，应税大气污染物的应纳税额为污染当量数乘以具体适用税额；应税水污染物的应纳税额为污染当量数乘以具体适用税额；应税固体废物的应纳税额为固体废物排放量乘以具体适用税额；应税噪声的应纳税额为超过国家规定标准的分贝数对应的具体适用税额。

5.减免征情形。《环境保护税法》第12条规定了环境保护税的5种暂予免征情形：一是农业生产（不包括规模化养殖）排放应税污染物的；二是机动车、铁路机车、非道路移动机械、船舶和航空器等流动污染源排放应税污染物的；三是依法设立的城乡污水集中处理、生活垃圾集中处理场所排放相应应税污染物，不超过国家和地方规定的排放标准的；四是纳税人综合利用的固体废物，符合国家和地方环境保护标准的；五是国务院批准免税的其他情形。

《环境保护税法》第13条规定了环境保护税的两种减征情形：一是纳税人排放应税大气污染物或者水污染物的浓度值低于国家和地方规定的污染物排放标准百分之三十的，减按百分之七十五征收环境保护税；二是纳税人排放应税大气污染物或者水污染物的浓度值低于国家和地方规定的污染物排放标准百分之五十的，减按百分之五十征收环境保护税。

6.申报缴纳。依法缴纳环境保护税是纳税人的义务。根据《环境保护税法》第16条，纳税义务发生时间为纳税人排放应税污染物的当日。

此外，根据《环境保护税法》第17条，环境保护税实行申报缴纳；纳税人应当向应税污染物"排放地"的税务机关"申报缴纳"环境保护税，对申报的真实性和完整性负责。

(二) 税收征收管理部门及其职责

环境保护"费改税"后，环境保护税由税务机关负责征收管理，同时又离不开生态环境主管部门的配合。《环境保护税法》对环境保护税的征收管理机关及其职责，以及征收管理机关与其他相关部门的协作机制作了规定。

根据《环境保护税法》第14条，环境保护税由税务机关依照《税收征收管理法》和《环境保护税法》的有关规定征收管理。生态环境主管部门依照本法和有关环境保护法律法规的规定负责对污染物的监测管理。县级以上地方人民政府应当建立税务机关、生态环境主管部门和其他相关单位分工协作工作机制，加强环境保护税征收管理，保障税款及时足额入库。

二、《资源税法》的环保内容

我国《资源税法》由第十三届全国人民代表大会常务委员会第十二次会议于 2019 年 8 月 26 日通过，自 2020 年 9 月 1 日起施行。

《资源税法》未分章，共 17 条，分别规定了纳税人（第 1 条），征税对象和征税范围（第 2 条），计税方式和应纳税额（第 3—5 条），国务院决定免征资源税的情形（第 6 条），省、自治区、直辖市决定免征或者减征资源税的情形（第 7 条），减免征的特别要求（第 8 条），征收管理机关及其职责（第 9 条），纳税人的纳税义务（第 10、11 条），资源税的申报缴纳（第 12 条），相关主体违反《资源税法》的法律责任（第 13 条），水资源税的特别要求（第 14 条），中外合作开采陆上、海上石油资源的企业缴纳资源税的特别要求（第 15 条），重要概念的含义（第 16 条），施行时间（第 17 条）等。

《资源税法》关于征税对象、减免征税情形等规定体现了环保引导激励的要求。

根据《资源税法》的相关规定，资源税的征税对象是应税资源，即《资源税法》所附"资源税税目税率表"规定的 5 类资源，其中包括能源矿产、金属矿产、非金属矿产、水气矿产、盐。为有效引导激励企业，《资源税法》特别授权国务院可以根据国民经济和社会发展需要规定减免税情形。根据《资源税法》第 7 条第 2 款，国务院规定免征或者减征资源税的情形限于"有利于促进资源节约集约利用、保护环境"等。此外，该法规定，国务院行使第 7 条第 2 款规定的权力，须报全国人民代表大会常务委员会备案。

第三节　我国的生态补偿制度

生态补偿制度，也称生态保护补偿制度、生态效益补偿制度，一般是指对为保护环境做出牺牲或其它贡献者给予补偿的制度。国家发展和改革委员会主任徐绍史2013年4月23日在第十二届全国人民代表大会常务委员会第二次会议上作的《国务院关于生态补偿机制建设工作情况的报告》认为，生态补偿制度是一种"在综合考虑生态保护成本、发展机会成本和生态服务价值的基础上，采取财政转移支付或市场交易等方式，对生态保护者给予合理补偿，是明确界定生态保护者与受益者权利义务、使生态保护经济外部性内部化的公共制度安排"。

本节主要学习：（一）我国生态补偿制度的建设现状；（二）我国生态补偿制度的主要内容。

一、我国生态补偿制度的建设现状

我国尚未制定统一的生态补偿法或生态补偿条例，有关生态补偿的规定散见于《环境保护法》《森林法》《海洋环境保护法》《水土保持法》《南水北调工程供用水管理条例》等法律法规和相关规范性文件。《环境保护法》第31条对生态补偿制度作了一般规定，明确国家"建立、健全生态保护补偿制度"。一方面，国家加大对生态保护地区的"财政转移支付"力度，有关地方人民政府应当落实"生态保护补偿资金"，确保其用于生态保护补偿；另一方面，国家指导受益地区和生态保护地区人民政府通过"协商或者按照市场规则"进行生态保护补偿。此外，《森林法》第7条规定："国家建立森林生态效益补偿制度"；《海洋环境保护法》第24条第1款规定："国家建立健全海洋生态保护补偿制度。"此外，《水污染防治法》（第8条）、《水土保持法》（第31条）、《长江保护法》（第76条）、《乡村振兴促进法》（第34条）、《海南自由贸易港法》（第35条）、《湿地保护法》（第36条）等也都有同类规定。实践中，对生态补偿制度建设和运行更具指导意义的是有关生态补偿的规范性文件，如 2021 年 9 月 12 日中共中央办公厅、国务院办公厅印发的《关于深化生态保护补偿制度改革的意见》；2018 年 12 月 28 日国家发展改革委等 9 部门印发的《建立市场化、多元化生态保护补偿机制行动计划》；2016 年 4 月 28 日国务院印发的《国务院办公厅关于健全生态保护补偿机制的意见》等。这些规范性文件对于不断完善转移支付制度，探索建立多元化生态保护补偿机制，逐步扩大补偿范围，合理提高补偿标准，有效调动全社会参与生态环境保护的积极性发挥了重要作用。

近年来，我国不少地区在大力实施生态保护建设工程的同时，积极探索生态补偿制度建设，在森林、草原、湿地、流域和水资源、海洋、矿产资源以及重点生态功能区等领域取得了积极进展，颁布了一系列生态补偿地方法规和其它规范性文件，如《苏州市生态补偿条例》（2014 年 10 月 1 日起施行）、《无锡市生态补偿条例》（2019 年 6 月 1 日起施行）、《海南省生态保护补偿条例》（2021 年 1 月 1 日起施行）、《南京市生态保护补偿办法》（2021 年 10 月 15 日起施行）等。此外还有《贵州省人民政府办公厅关于印发贵州省赤水河等流域生态保护补偿办法的通知》（2020 年 12 月 24 日发布）、《山东省生态环境厅、山东省财政厅关于印发流域横向生态补偿机制实施办法的通知》（2021 年 8 月 16 日发布）等。

二、我国生态补偿制度的主要内容

我国相关法律法规和规范性文件对生态补偿的主体、范围、方式、形式等作了比较具体的规定，已基本建立符合我国国情的生态补偿制度。

（一）生态补偿主体

生态补偿的主体是指依照法律规定或合同约定以费用、技术、实物、服务、政策等形式给予或者接受他人补偿的组织和个人。生态补偿的主体包括补偿主体（如生态受益者、生态环境开发利用者）和受偿主体（如生态保护者）两类。

政府是生态补偿制度的重要补偿主体。政府实施生态补偿主要基于两方面的原因：首先，国家的职能。国家应当履行各方面职能，用好国家权力，对环境资源进行保护利用。政府是国家权力的执行机关，应当勤勉尽责实施生态补偿行为。其次，环境资源的固有属性。良好的环境资源作为公共产品一般而言适宜由政府进行养护和利用。

企事业单位和个人也是常见的生态补偿主体。在经济活动过程中，企事业单位和个人一方面可能导致环境污染或生态破坏，另一方面也可能因为积极参与环境资源保护而有所牺牲，所以也可能成为生态补偿的主体。因此，根据"谁污染谁治理""谁破坏谁恢复""谁受益谁补偿"等原则，企事业单位和个人应当对经济活动过程中的环境资源开发利用或者保护行为进行生态补偿。根据《海南省生态保护补偿条例》第17条，"承担生态保护责任"的下列单位和个人可以获得生态保护补偿：市、县、自治县人民政府及其派出机关；乡镇人民政府；村（居）民委员会；集体经济组织及成员；其他应当获得生态保护补偿的单位和个人。《苏州市生态补偿条例》第3条也规定，应当对因"承担生态环境保护责任使经济发展受到一定限制的"区域内的有关"组织"和"个人"给予补偿。

（二）生态补偿范围

党的十八大以来，我国生态保护补偿制度建设不断推进，重点领域、重点区域、流域上下游以及市场化补偿范围逐步扩大，补偿投入力度逐步加大，取得积极进展和初步成效。从各地立法和政策制度实践看，生态补偿的范围主要包括江河源头、重要水源地、水土流失重点防治区、蓄滞洪区、受损河湖等重点区域、公益林、近海、基本农田等等。

以《无锡市生态补偿条例》为例，该条例第9条列举规定了生态补偿的范围，包括永久基本农田、水稻田、市属蔬菜基地、种质资源保护区、生态公益林、重要湿地、集中式饮用水水源保护区、清水通道维护区、重要水源涵养区、市（县级市、区）人民政府确定补偿的其他区域。与《无锡市生态补偿条例》不同，《南京市生态保护补偿办法》以"概括+列举"方式规定了生态保护补偿的范围。根据《南京市生态保护补偿办法》第9条，生态保护补偿的范围限于"重要生态保护区域"，即"根据国家、省、市国土空间规划、环境保护规划，对维护生态安全、改善生态环境、提供优质生态产品具有重要意义的生态空间。"第 10 条进一步具体规定，重要生态保护区域的范围包括："生态空间保护区域"，即"国家级生态保护红线和省级生态空间管控区域"；"耕地"，即"符合国土空间调查、规划、用途管制用地用海分类指南认定标准，实际种植农作物的耕地，具体根据相关行业主管部门牵头组织认定的承包经营权确权登记耕地面积确定"；"生态公益林"，即"市级以上人民政府批准的生态公益林和高等级公路两侧公益林、沿江沿河（湖）防护林和重点工业园区周边的工业防污林"；"水利风景区"，即"省级以上水利部门确定的国家级、省级水利风景区"。

（三）生态补偿方式

在我国，生态补偿的方式大致分为两种：纵向生态补偿与横向生态补偿。纵向生态补偿通常是采取财政转移支付方式进行生态补偿；横向生态补偿通常是通过协商、市场交易等方式进行生态补偿。我国《环境保护法》第 31 条第 2、3 款分别规定了纵向生态补偿与横向生态补偿。又例如，《南京市生态保护补偿办法》第 3 条第 2 款规定："本办法所称生态保护补偿，是指通过财政转移支付或者市场交易等方式，对生态保护者因履行生态保护责任所增加的支出和付出的成本，予以适当补偿的活动。"

然而，我国生态补偿制度在实践中一直面临企业和社会公众参与度不高，优良生态产品和生态服务供给不足等矛盾和问题。鉴于此，《关于深化生态保护补偿制度改革的意见》提出"围绕国家生态安全重点，健全综合补偿制度"，"坚持生态保护补偿力度与财政能力相匹配、与推进基本公共服务均等化相衔接，按照生态空间功能，实施纵横结合的综合补偿制度，促进生态受益地区与保护地区利益共享"。一方面，加大纵向生态补偿力度，突出纵向生态补偿重点，改进纵向生态补偿办法。例如，结合中央财力状况逐步增加重点生态功能区转移支付规模，同时各地加大生态补偿资金投入力度，因地制宜出台生态补偿引导性政策和激励约束措施，调动省级以下地方政府积极性。另一方面，健全横向生态补偿机制，巩固跨省流域横向生态补偿机制试点成果的同时，鼓励地方加快重点流域跨省上下游横向生态补偿机制建设，开展跨区域联防联治，同时探索大气等其他生态环境要素横向生态补偿方式。

(四) 生态补偿形式

按照补偿形式不同,生态补偿可以分为资金补偿、实物补偿、政策补偿和智力补偿。资金补偿是最常见的补偿形式,主要有补偿金、赠款、减免税收、退税、信用担保的贷款、补贴、财政转移支付、贴息、加速折旧等。资金补偿是最常见的补偿形式。补偿主体可以直接向受偿主体提供补偿,也可以通过补偿相关机构或组织,对受偿主体进行间接补偿,从而使补偿的实现更为有效。例如,根据《南京市生态保护补偿办法》的相关规定,耕地补偿标准为每年每亩300元;生态公益林补偿标准为每年每亩100元;国家级、省级水利风景区补偿标准分别为每年不超过200万元、100万元。

实物补偿是指补偿主体运用物资、土地等对受偿主体进行补偿,提供受偿主体生产要素和生活要素,以改善受偿主体的境况。

政策补偿是中央政府对地方政府,省级政府对下级政府的权利和机会进行补偿。受偿主体在政策范围内,利用制定政策的优先权和优惠待遇,制定一系列创新性的政策,促进发展并筹集资金。利用制度资源和政策资源进行补偿是十分重要的,尤其是对资金匮乏、经济落后的地区来说更为重要。

智力补偿是补偿者开展智力服务,提供无偿技术咨询和指导,培训受补偿地区的生产技能、技术含量和管理组织水平。例如,《海南省生态保护补偿条例》第14条第2款规定:"鼓励生态受益地区与生态保护地区通过签订生态保护补偿协议,采取资金补偿、对口协作、产业转移、人才培训、共建园区等方式开展横向生态保护补偿活动。"

参考文献:

1. 申进忠:《产品导向环境政策研究》,法律出版社2013年版。

2. 辛帅:《论生态补偿制度的二元性》,《江西社会科学》2020年第4期。

3. 徐祥民主编:《常用中国环境法导读》第二十章,法律出版社2017年版。

思考题：

1. 论述我国《循环经济促进法》中的环保引导激励措施。

2. 论述我国《环境保护税法》中的环保引导激励措施。

3. 谈谈我国生态补偿制度的建设现状。

第十四章　环境强制保护和环境保护规划法（上）

环境保护既是每个社会主体都应有所付出的神圣事业，对于人类整体来说，它也是无法放弃，不能做放弃选择的事业。环境保护的不可放弃特征在政治国家法律上的突出反映就是实施强制保护。环境强制保护法就是国家对环境实施强制保护的法。环境保护规划是开展环境保护的，尤其是对环境实施强制保护的最有效的制度工具。环保规划法就是关于环境保护规划的内容、环保规划的制定和实施等行为规范构成的整体。我国环境保护法运用了多项强制保护措施，采用了多种类型的环保规划，形成了环境强制保护法分支和环保规划法分支。

本章主要学习：（一）环境强制保护法和环保规划法基本知识；（二）我国环保规划法基本知识。

第一节　我国环境强制保护法和环保规划法的建设状况

环境保护既需要用引导激励的办法激发社会主体保护环境的热情，也需要运用国家力量强制推行，通过制定并执行规划的方式有组织有计划有步骤地实施。我国的环境强制保护法和环保规划法在国家强制推行环境保护和运用环保规划推动环境保护的实践中逐步建立并不断完善。

一、《环境保护法》、环境保护事务法和其它相关法律中的环境强制保护与环保规划

我国《环境保护法》和污染防治法、资源损害防治法、生态损害防治法、自然地理环境损害防治法各环境保护事务法，都对实行环境强制保护做了规定。

（一）《环境保护法》为环境强制保护、环境规划保护奠定基础

经过多次修正修订的我国《环境保护法》不仅宣示了国家保护环境的基本政策——"保护环境是国家的基本国策"（第4条），而且为对环境实行强制保护（环境强制保护）、运用规划手段实施环境保护（环境规划保护）奠定了基本原则、基本制度、基本行为规范的基础。

1.《环境保护法》要求各级政府将环境保护纳入本行政区的国民经济和社会发展规划。《环境保护法》第13条规定："县级以上人民政府应当将环境保护工作纳入国民经济和社会发展规划。"对于地方政府来说，国民经济和社会发展规划规定的事务是不可取舍的事务，也是需要接受上级政府和本行政区人民检验的事务。环境保护走进国民经济和社会发展规划就意味着已经上升为由政府强制实施的事业。

2.《环境保护法》建立了环境保护目标责任制和考核评价制度，把改善环境质量规定为对地方政府政绩的评价指标。《环境保护法》第26条规定："国家实行环境保护目标责任制和考核评价制度。县级以上人民政府应当将环境保护目标完成情况纳入对本级人民政府负有环境保护监督管理职责的部门及其负责人和下级人民政府及其负责人的考核内容，作为对其考核评价的重要依据。考核结果应当向社会公开。"第27条规定："县级以上人民政府应当每年向本级人民代表大会或者人民代表大会常务委员会报告环境状况和环境保护目标完成情况，对发生的重大环境事件应当及时向本级人民代表大会常务委员会报告，依法接受监督。"环境强制保护是政府推行的保护，向地方政府施加改善环境质量的责任，给环境强制保护奠定了政治基础。

3.《环境保护法》规定了对环境实施强制保护的措施。《环境保护法》

第 29 条规定:"国家在重点生态功能区、生态环境敏感区和脆弱区等区域划定生态保护红线,实行严格保护。"这里的"严格保护"不是一般的不得损伤,而是强制保护,不允许其受伤。第 29 条还规定:"各级人民政府对具有代表性的各种类型的自然生态系统区域,珍稀、濒危的野生动植物自然分布区域,重要的水源涵养区域,具有重大科学文化价值的地质构造、著名溶洞和化石分布区、冰川、火山、温泉等自然遗迹,以及人文遗迹、古树名木,应当采取措施予以保护,严禁破坏。"(第 2 款)该款规定的强制保护是设保护区,用划定保护区实行严格保护的方式"予以保护",防止保护对象被"破坏"。

(二)《海洋环境保护法》《水法》《土地管理法》等环境保护事务法、其它相关法律建立环境强制保护和规划保护的基本制度框架

近年修订的《海洋环境保护法》《水法》《土地管理法》等资源损害防治法,《水污染保护法》等污染防治法,《野生动物保护法》等生态损害防治法,《防沙治沙法》等自然地理环境损害防治法,其它相关法律确立了我国对环境实行强制保护和规划保护的制度框架。以下是若干实例:

1.《环境保护法》建立环保规划制度。《环境保护法》第 13 条规定:"国务院环境保护主管部门会同有关部门,根据国民经济和社会发展规划编制国家环境保护规划,报国务院批准并公布实施。""县级以上地方人民政府环境保护主管部门会同有关部门,根据国家环境保护规划的要求,编制本行政区域的环境保护规划,报同级人民政府批准并公布实施。"

2.《海洋环境保护法》建立海洋自然保护区和海洋特别保护区制度。《海洋环境保护法》第 21 条规定:"国务院有关部门和沿海省级人民政府应当根据保护海洋生态的需要,选划、建立海洋自然保护区。"第 23 条规定:"凡具有特殊地理条件、生态系统、生物与非生物资源及海洋开发利用特殊需要的区域,可以建立海洋特别保护区,采取有效的保护措施和科学的开发方式进行特殊管理。"不管是建立海洋自然保护区,还是建立海洋特别保护区,都是要划定特别区域,对特定区域"采取有效措施"实行"保护"(第 20 条)。

3.《土地管理法》建立基本农田保护制度。《土地管理法》第 33 条规定："国家实行永久基本农田保护制度。"

4.《草原法》建立基本草原保护制度。该法第 43 条规定："国家实行基本草原保护制度。"

5.《海洋环境保护法》建立生态整治恢复制度。《海洋环境保护法》第 20 条第 2 款："对具有重要经济、社会价值的已遭到破坏的海洋生态，应当进行整治和恢复。"

6.《水污染防治法》建立饮用水水源保护区制度。

7.《森林法》建立退耕还林还草制度。《森林法》第 46 条第 2 款规定："各级人民政府应当对国务院确定的坡耕地、严重沙化耕地、严重石漠化耕地、严重污染耕地等需要生态修复的耕地，有计划地组织实施退耕还林还草。"

8.《土壤污染防治法》建立土壤污染"修复"制度。该法第四章为"风险管控和修复"。该章对土壤污染修复做了系统规定。

9.《防沙治沙法》建立封禁保护区制度。《防沙治沙法》第 12 条宣布建立"沙化土地封禁保护区"制度。该法规定，在"实行封禁保护"的区域，"禁止一切破坏植被的活动"（第 22 条）

10.《土地管理法》建立土地复垦制度。该法第 43 条规定："因挖损、塌陷、压占等造成土地破坏，用地单位和个人应当按照国家有关规定负责复垦；没有条件复垦或者复垦不符合要求的，应当缴纳土地复垦费，专项用于土地复垦。复垦的土地应当优先用于农业。"

11.《防洪法》建立防洪规划保留区制度。《防洪法》第 16 条规定："防洪规划确定的河道整治计划用地和规划建设的堤防用地范围内的土地，经土地管理部门和水行政主管部门会同有关地区核定，报经县级以上人民政府按照国务院规定的权限批准后，可以划定为保留区。"

12.《森林法》宣布建立"以国家公园为主体的自然保护地体系"。该法第 31 条规定："国家在不同自然地带的典型森林生态地区、珍贵动物和植物生长繁殖的林区、天然热带雨林区和具有特殊保护价值的其他天然林区，建立以国家公园为主体的自然保护地体系，加强保护管理。"

二、单行环境强制保护法、环保规划法的建设情况

我国《环境保护法》《土地管理法》等资源损害防治法，《水污染防治法》等污染防治法，《野生动物保护法》等生态损害防治法，《防沙治沙法》等自然地理环境损害防治法宣示的环境强制保护原则，建立的环境强制保护和环境规划保护制度框架已经系统化为环境保护手段法的分支——环境强制保护法和环保规划法。

我国环境强制保护法和环保规划法建设取得的主要成就是颁布了一系列行政法规、地方法规和部门规章、地方规章。其中突出的建设成果有：

（一）《自然保护区条例》

《自然保护区条例》于1994年10月9日由国务院令第167号发布，根据2011年1月8日《国务院关于废止和修改部分行政法规的决定》第一次修订，根据2017年10月7日《国务院关于修改部分行政法规的决定》第二次修订。该《条例》共5章44条。《条例》第2条规定："本条例所称自然保护区，是指对有代表性的自然生态系统、珍稀濒危野生动植物物种的天然集中分布区、有特殊意义的自然遗迹等保护对象所在的陆地、陆地水体或者海域，依法划出一定面积予以特殊保护和管理的区域。"

（二）《基本农田保护条例》

《基本农田保护条例》于1998年12月27日由国务院令第257号发布，根据2011年1月8日国务院令第588号《国务院关于废止和修改部分行政法规的决定》修订。《基本农田保护条例》共6章36条。《条例》宣布："国家实行基本农田保护制度"（第2条），建立"基本农田保护区"（第2条第3款）。该《条例》规定："基本农田，是指按照一定时期人口和社会经济发展对农产品的需求，依据土地利用总体规划确定的不得占用的耕地"（第2条第2款）；"基本农田保护区，是指为对基本农田实行特殊保护而依据土地利用总体规划和依照法定程序确定的特定保护区域"（第2条第3款）。

（三）《退耕还林条例》

《退耕还林条例》于 2002 年 12 月 6 日由国务院第 66 次常务会议通过，自 2003 年 1 月 20 日起施行。2016 年 1 月 13 日国务院第 119 次常务会议通过《国务院关于修改部分行政法规的决定》对其做了修改。《条例》规定："国家对退耕还林实行省、自治区、直辖市人民政府负责制。"（第 7 条）"退耕还林实行目标责任制。""县级以上地方各级人民政府有关部门应当与退耕还林工程项目负责人和技术负责人签订责任书，明确其应当承担的责任。"（第 8 条）

（四）《土地复垦条例》

《土地复垦条例》于 2011 年 2 月 22 日由国务院第 145 次常务会议通过，2011 年 3 月 5 日公布并施行。该《条例》规定："本条例所称土地复垦，是指对生产建设活动和自然灾害损毁的土地，采取整治措施，使其达到可供利用状态的活动。"（第 2 条）

（五）《畜禽遗传资源保种场保护区和基因库管理办法》等部门规章

《畜禽遗传资源保种场保护区和基因库管理办法》于 2006 年 5 月 30 日由农业部第 13 次常务会议审议通过，同年 6 月 5 日公布，7 月 1 日起施行。《办法》宣布建立"畜禽遗传资源保种场""畜禽遗传资源保护区"和"畜禽遗传资源基因库"（第 5、6、7 条），授权"省级人民政府畜牧行政主管部门"对"本行政区域内畜禽遗传资源保种场、保护区、基因库"实施"管理"（第 3 条第 2 款）。

国务院相关职能部门发布的环境强制保护和环境规划保护规章还有《水生动植物自然保护区管理办法》（1997 年 10 月 17 日农业部令第 24 号发布，根据 2010 年 11 月 26 日农业部令 2010 年第 11 号《农业部关于修订部分规章的决定》修订）、《饮用水水源保护区污染防治管理规定》（环管字〔1989〕第 201 号）、《海洋自然保护区管理办法》（国海法发〔1995〕251 号）、《国家沙化土地封禁保护区管理办法》（林沙发〔2015〕66 号）等。

（六）《内蒙古自治区基本草原保护条例》等地方法规规章

《内蒙古自治区基本草原保护条例》，于 2011 年 9 月 28 日由内蒙古自治区第十一届人民代表大会常务委员会第 24 次会议通过，于 2011 年 9 月 28 日由内蒙古自治区第十一届人民代表大会常务委员会第二十四次会议通过，根据 2016 年 3 月 30 日内蒙古自治区第十二届人民代表大会常务委员会第二十一次会议《关于修改〈内蒙古自治区基本草原保护条例〉的决定》修正。《条例》以"对基本草原实行特殊保护"（第 1 条）为立法目的，将基本草原界定为"依法确定实行特殊保护的具有草原生态功能和适用于畜牧业生产的天然草原和人工草地"（第 2 条），要求"旗县级以上人民政府""将基本草原保护纳入国民经济和社会发展规划"，并"保障基本草原保护工作所需经费"（第 5 条）。

各地发布了许多环境强制保护和环保规划地方法规规章。如《浙江省饮用水水源保护地条例》（2011 年 12 月 13 日浙江省第十一届人民代表大会常务委员会第三十次会议通过，根据 2018 年 11 月 30 日浙江省第十三届人民代表大会常务委员会第七次会议《关于修改〈浙江省土地利用总体规划条例〉等八件地方性法规的决定》第一次修正，根据 2020 年 11 月 27 日浙江省第十三届人民代表大会常务委员会第二十五次会议《关于修改〈浙江省大气污染防治条例〉等六件地方性法规的决定》第二次修正)、《山东省森林和野生动物类型自然保护区管理办法》（1992 年 9 月 10 日山东省第七届人民代表大会常务委员会第三十次会议通过，1992 年 9 月 10 日山东省人民代表大会常务委员会公告公布施行，根据 1997 年 10 月 15 日山东省第八届人民代表大会常务委员会第三十次会议《关于修订〈山东省农业机械管理条例〉等十一件地方性法规的决定》第一次修正，根据 2004 年 11 月 25 日山东省第十届人民代表大会常务委员会第十一次会议《关于修改〈山东省人才市场管理条例〉等十件地方性法规的决定》第二次修正，根据 2010 年 9 月 29 日山东省第十一届人民代表大会常务委员会第十九次会议《关于修改〈山东省乡镇人民代表大会工作若干规定〉等二十件地方性法规的决定》第三次修正)、《吉林省自然保护区条例》（1997 年 5 月 18 日吉林省第八届人民代表大会常务委员会第三十一次会议通过，1997 年 5 月 30 日公布施行)、《甘肃省自然保护区管理条例》（1999 年 9 月 26 日甘肃省第九届人民代表大会常务委员会第十二次会议通过)、《延边朝鲜族自治州长白松省级自然保护区管理条例》(1999年1月18日延边朝鲜族自治州第十一届人民代表大会第二次会议通过，1999年3月31日吉林省第九届人民代表大会常务委员会第九次会议批准)、《陕西省城市饮用水水源保护区环境保护条例》(2002年3月28日陕西省第九届人民代表大会常务委员会第二十八次会议通过)等。

第二节　我国的环保规划法

我国的环境强制保护法和环保规划法，作为一个整体，已经成为我国环境保护手段法体系中的重要组成部分，但对它们做内部结构的梳理，呈现出的是这样一种现状：在专门法律文件中，更多的是环境保护区法、环境修复法等，属于环保规划法的很少。

我国的环保规划法主要表现为一些环境保护事务法中的篇章（如《水土保持法》第二章"规划"、《草原法》第三章"规划"、《森林法》第三章"发展规划"、《土地管理法》第三章"土地利用总体规划"、《防沙治沙法》第二章"防沙治沙规划"、《土壤污染防治法》第二章"规划、标准、普查和监测"、《城乡规划法》的相关规定、《城市规划编制办法》的相关内容、《循环经济发展规划编制指南》（发改办环资〔2010〕3311号）等规划编制技术规范文件。这些文件或篇章、相关规定还没有形成系统的环保规划法，但已经建立环保规划法的一些重要制度和其它构件。这些文件已经建立的环保规划的重要制度主要有以下几方面。

一、环保规划的编制主体

由于环保规划有不同类型，相关法律对环保规划制定主体的规定也有所不同。概括起来主要有以下几种情况：

（一）各级人民政府相关职能部门

《环境保护法》第13条规定："国务院环境保护主管部门会同有关部门，根据国民经济和社会发展规划编制国家环境保护规划"，"县级以上地方人民政府环境保护主管部门会同有关部门，根据国家环境保护规划的要求，编制本行政区域的环境保护规划。"根据这一规定，不管是中央层面还是地方层面，环境保护规划的编制主体都由两类机关组成，一类是"主管"机关或"主管"部门，另一类是"有关"机关或"有关"部门。

《土壤污染防治法》第 11 条第 2 款："设区的市级以上地方人民政府生态环境主管部门应当会同发展改革、农业农村、自然资源、住房城乡建设、林业草原等主管部门，根据环境保护规划要求、土地用途、土壤污染状况普查和监测结果等，编制土壤污染防治规划。"地方各级人民政府的"生态环境主管部门"和"发展改革、农业农村、自然资源、住房城乡建设、林业草原等主管部门"，都是土壤污染防治规划的编制主体。在"生态环境主管部门"和"发展改革、农业农村、自然资源、住房城乡建设、林业草原等主管部门"之间的关系大致可以概括为主和辅的关系。《草原法》第 17 条第 2 款："县级以上地方人民政府草原行政主管部门会同同级有关部门依据上一级草原保护、建设、利用规划编制本行政区域的草原保护、建设、利用规划，报本级人民政府批准后实施。"该款规定的"草原保护、建设、利用规划"的重要组成部分是"草原保护"规划。该款规定的规划编制主体是以为"主"的"地方人民政府草原行政主管部门"和为"辅"的"同级有关部门"。

（二）国务院环境保护主管部门、经济综合宏观调控、水行政等部门和有关省、自治区、直辖市人民政府

《水污染防治法》中的"国家确定的重要江河、湖泊的流域水污染防治规划"的编制主体是国务院环境保护主管部门、经济综合宏观调控、水行政等部门和有关省、自治区、直辖市人民政府。该法第 15 条规定："国家确定的重要江河、湖泊的流域水污染防治规划，由国务院环境保护主管部门会同国务院经济综合宏观调控、水行政等部门和有关省、自治区、直辖市人民政府编制。"其中，为"主"的是国务院环境保护主管部门，为"辅"的是国务院经济综合宏观调控、水行政等部门和有关省、自治区、直辖市人民政府。

(三) 有关省、自治区、直辖市人民政府环境保护主管部门、同级水行政等部门，有关市、县人民政府

《水污染防治法》中除"国家确定的重要江河、湖泊的流域"之外的"其他跨省、自治区、直辖市江河、湖泊的流域"的水污染防治规划，其编制主体是"有关省、自治区、直辖市人民政府环境保护主管部门会同同级水行政等部门和有关市、县人民政府"。《水污染防治法》第15条第2款规定："前款规定外的其他跨省、自治区、直辖市江河、湖泊的流域水污染防治规划，根据国家确定的重要江河、湖泊的流域水污染防治规划和本地实际情况，由有关省、自治区、直辖市人民政府环境保护主管部门会同同级水行政等部门和有关市、县人民政府编制。"

(四) 省、自治区、直辖市人民政府环境保护主管部门和相关部门

《水污染防治法》规定的省、自治区、直辖市内跨县江河、湖泊流域的水污染防治规划编制主体是省、自治区、直辖市人民政府环境保护主管部门和同级的水行政等相关部门。该法第15条第3款规定："省、自治区、直辖市内跨县江河、湖泊的流域水污染防治规划，根据国家确定的重要江河、湖泊的流域水污染防治规划和本地实际情况，由省、自治区、直辖市人民政府环境保护主管部门会同同级水行政等部门编制。"

(五) 城市人民政府

《城市规划编制办法》第11条规定："城市人民政府负责组织编制城市总体规划和城市分区规划。"虽然该条有"具体工作由城市人民政府建设主管部门（城乡规划主管部门）承担"的规定，但以"保护生态环境"为基本原则之一（第4条），以"确定生态环境、土地和水资源、能源""目标和保护要求"为"纲要"（第29条）的城市总体规划的编制主体还是城市人民政府。

二、环保规划的层级

我国一些法律为环保规划的制定和实施规定了一条统一规划原则。《草原法》第17条规定："国家对草原保护、建立、利用实行统一规划制度。"

这个原则的重要内涵是不同层级的规划之间的"统一"。具体说就是低层级的规划与高层级的规划相"统一"。

按《草原法》第 17 条的规定，由"国务院草原行政主管部门会同国务院有关部门""编制"的"全国"草原保护规划是中央层面的规划。用该条使用的措辞可以称全国草原保护规划。全国草原规划是全国环保规划中按保护对象划分的环保规划类型之一。《草原法》在同一条第 2 款规定的"县级以上地方人民政府草原行政主管部门会同同级有关部门"编制的草原保护规划，都是地方层面的规划，可统称之为地方草原保护规划。地方草原保护规划属于地方环保规划中的一个类型。

《水污染防治法》第 15 条规定的"国家确定的重要江河、湖泊的流域水污染防治规划"应当属于中央层面的环保规划，可称全国水污染防治规划。

根据《草原法》第 17 条第 2 款关于县级以上"各级"依据上一级"编制的"规划"编制本行政区域"规划的表达，地方环保规划可以根据规划编制机关所处的地方层级分为县级草原保护规划、市级草原保护规划、省级草原保护规划。把《草原法》的这个划分运用到全国环保规划体系之中，可以把地方环保规划划分为从上到下，省级环保规划、市级环保规划、县级环保规划。

《草原法》第 17 条第 2 款对地方草原保护规划的编制提出了一个要求，即"依据上一级草原保护、建设、利用规划编制本行政区域的草原保护、建设、利用规划"。该规定是对环境保护统一规划原则的具体表达。《森林法》把这个"统一"的原则直接表达为"下级"的规划"依据上级"的规划"编制"（第 25 条）。

《水污染防治法》第 15 条第 2 款规定的"其他跨省、自治区、直辖市江河、湖泊的流域水污染防治规划"在规划层级上应当属于跨省级规划。

《土地管理法》还给土地利用规划设计了乡镇层级的规划。该法第 20 条给予的名称是"乡（镇）土地利用总体规划"。

从上引法律法规等的规定来看，我国的环保规划一共存在 6 级，全国环保规划、跨省级环保规划、省级环保规划、市级环保规划、县级环保规划、乡（镇）级环保规划。

三、环保规划的类型

从我国环境保护实践和相关法律法规规章等的规定来看，我国现有环保规划，除按效力等级划分的类型外，主要有以下类型：

(一) 按环境保护事务领域划分的环保规划类型

按环境保护事务领域划分，我国的环保规划有以下 5 种类型：

1. 综合环境保护规划。《环境保护法》第 13 条规定的就是综合性环境保护规划。

2. 资源损害防治规划。《土地管理法》第 4 条规定的"土地利用总体规划"，仅考虑"严格限制农用地转为建设用地""对耕地实行特殊保护"的内容（第 4 条），是土地资源损害防治规划。

3. 污染防治规划。《土壤污染防治法》第二章"规划、标准、普查和监测"中的规划，或依据该章要求制定的规划，是土壤污染防治规划。

4. 自然地理环境损害防治规划。《防沙治沙法》第二章规定的"防沙治沙规划"是自然地理环境损害防治规划。

5. 生态损害防治规划。依据《森林法》第 24 条制定的以"提升森林生态系统质量和稳定性"为内容的"规划"属于生态损害防治规划或生态保护规划。

(二) 按适用范围划分的环保规划类型

按适用范围划分，我国的环保规划有流域规划和流域内行政区规划（简称行政区规划）两种类型。

按《水污染防治法》第 16 条的规定，水污染防治规划可以划分为流域水污染防治规划和流域内行政区水污染防治规划。流域水污染防治规划包括(1) 国家确定重要江河、湖泊流域水污染防治规划。这种规划"由国务院环境保护主管部门会同国务院经济综合宏观调控、水行政等部门和有关省、自治区、直辖市人民政府编制"。(2) 其他跨省、自治区、直辖市江河、湖泊流域水污染防治规划。这种规划由有关省、自治区、直辖市人民政府环境保护主管部门会同同级水行政等部门和有关市、县人民政府编制。(3) 省、自治区、直辖市内跨县江河、湖泊流域水污染防治规划。这种规划由省、自治区、直辖市人民政府环境保护主管部门会同同级水行政等部门编制。行政区水污染防治规划，是由处于流域内的行政区制定的用于防治流域污染的规划。这种规划由县级以上地方人民政府"组织制定"。

(三) 按规划与其它相关规划关系划分的环保规划类型

按环保规划与其它相关规划的关系划分，环保规划大致有两类，一类是环保单独规划，另一类是环保专项规划。

1. 环保单独规划。指适用于某个环保事务领域的独立存在的环保规划。《土壤污染防治法》中的土壤污染防治规划是环保单独规划，即适用于污染防治领域的独立存在的环保规划。

2. 环保专项规划。指作为其它覆盖范围更大的规划之中的以保护环境为内容的专项规划。《林业法》建立的规划制度中的规划称"林业发展规划"。该法第 25 条规定："县级以上人民政府林业主管部门应当根据森林资源保护发展目标，编制林业发展规划。"该法设立的林业发展规划包含若干"专项规划"。《森林法》第 26 条规定："县级以上人民政府林业主管部门可以结合本地实际，编制林地保护利用、造林绿化、森林经营、天然林保护等相关专项规划。"这些专项规划中的"天然林保护"规划就是环保规划。这种环保规划是作为"林业发展规划"之组成部分的或根据"林业发展规划"的要求编制的"专项规划"。以保护环境为规划内容的专项规划是环保专项规划。

四、环保规划

按《城乡规划法》和《城乡规划编制办法》的规定，制定环保规划主要经过以下几个阶段：

(一) 编制环保规划

编制环保规划是指有编制权的机关编制环保规划草案。

有些环保规划的编制须要委托专业机构执行。例如：《城乡规划法》规定：“城乡规划组织编制机关应当委托具有相应资质等级的单位承担城乡规划的具体编制工作。”"从事城乡规划编制工作"需要具备一定的"条件"。该法第24条规定了"承担城乡规划的具体编制工作"的单位应当具备的条件。

不过，《城乡规划编制办法》还给编制阶段设置了一个前置程序——前期研究。《办法》在编制程序条规定的第一道程序是"组织前期研究"。前期研究环节将产生的"研究"成果是"进行编制工作的报告"（第3条第1项），或可概括为规划编制计划报告。

（二）征求公众意见

《城乡规划法》第26条规定："城乡规划报送审批前，组织编制机关应当依法将城乡规划草案予以公告，并采取论证会、听证会或者其他方式征求专家和公众的意见"。根据该法的规定，"论证会、听证会或者其他方式征求专家和公众的意见"不只是一个过程，而是听取意见、采纳意见的一个工作阶段。该法第26条第2款规定："组织编制机关应当充分考虑专家和公众的意见，并在报送审批的材料中附具意见采纳情况及理由。"

《城乡规划编制办法》还对这个阶段的要求做了进一步细化。《办法》第16条规定："在城市总体规划报送审批前，城市人民政府应当依法采取有效措施，充分征求社会公众的意见。""在城市详细规划的编制中，应当采取公示、征询等方式，充分听取规划涉及的单位、公众的意见。"

（三）专题研究

《城乡规划编制办法》对城乡规划的编制还设置了一个专题研究程序。该《办法》第14条规定："在城市总体规划的编制中"遇到"涉及资源与环境保护"等"重大专题"，"应当在城市人民政府组织下，由相关领域的专家领衔进行研究"。

（四）审核、审查

对一些需要报国务院批准的规划，相关法律文件为其规定了一道审查或审核的程序。例如：《水污染防治法》第15条规定："前款规定外的其他跨省、自治区、直辖市江河、湖泊的流域水污染防治规划，根据国家确定的重要江河、湖泊的流域水污染防治规划和本地实际情况，由有关省、自治区、直辖市人民政府环境保护主管部门会同同级水行政等部门和有关市、县人民政府编制，经有关省、自治区、直辖市人民政府审核，报国务院批准。""经有关省、自治区、直辖市人民政府审核"是"报国务院批准"的前置程序。再如：《土地管理法》第27条规定的"省、自治区人民政府所在地的市、人口在一百万以上的城市以及国务院指定的城市的土地利用总体规划"在"报国务院批准"前也须要"经省、自治区人民政府审查同意"。

（五）报批

《环境保护法》在授权国务院环境保护主管部门等、县级以上地方人民政府环境保护主管部门等编制"国家环境保护规划"和"本行政区域的环境保护规划"时，对规划的实施设定了一个条件——报批。"国务院环境保护主管部门会同有关部门"编制的"国家环境保护规划"须"报国务院批准"才能"实施"（第13条第2款）。该款原文为"报国务院批准并公布实施"。"县级以上地方人民政府环境保护主管部门会同有关部门"编制的"本行政区域的环境保护规划"须"报同级人民政府批准"才能"实施"（第13条第2款）。该款原文为"报同级人民政府批准并公布实施"。

报批是环保规划制定的关键阶段，因为环保规划只有在经过有权机关批准之后才能实施。

对报批程序，相关法律大多简单表述为"报……批准后实施"。例如，《环境保护法》写作"报国务院批准并公布实施"，"报同级人民政府批准并公布实施"（第13条）。再如《土壤污染防治法》写作"报本级人民政府批准后公布实施"（第11条）。

由于环保规划有层级高低，所以审批机关也有高低之分。上引《环境保护法》第13条规定，"国家环境保护规划"由国务院审批；地方各级编制的"本行政区域的环境保护规划"由"本级人民政府审批"。

对审批机关层级与规划层级之间的对应关系，《土地管理法》表述为"分级审批"。该法第21条规定："土地利用总体规划实行分级审批。"该法规定的分级审批安排是："省、自治区、直辖市的土地利用总体规划，报国务院批准。""省、自治区人民政府所在地的市、人口在一百万以上的城市以及国务院指定的城市的土地利用总体规划，经省、自治区人民政府审查同意后，报国务院批准。""本条第二款、第三款规定以外的土地利用总体规划，逐级上报省、自治区、直辖市人民政府批准；其中，乡（镇）土地利用总体规划可以由省级人民政府授权的设区的市、自治州人民政府批准。土地利用总体规划一经批准，必须严格执行。"

对审批，《城乡规划法》安排了一个审慎处理的程序——专家和有关部门审查。该法第27条规定："省域城镇体系规划、城市总体规划、镇总体规划批准前，审批机关应当组织专家和有关部门进行审查。"这是为确保规划的有效实施而安排的一个审批环节。

（六）备案

对一些由省级人民政府审批的环保规划，相关法律法规规定的备案程序。例如：《水污染防治法》第15条第3款规定："省、自治区、直辖市内跨县江河、湖泊的流域水污染防治规划，根据国家确定的重要江河、湖泊的流域水污染防治规划和本地实际情况，由省、自治区、直辖市人民政府环境保护主管部门会同同级水行政等部门编制，报省、自治区、直辖市人民政府批准，并报国务院备案。"

（七）公布实施

上述"报国务院批准并公布实施""报同级人民政府批准并公布实施""报本级人民政府批准后公布实施"都把批准和公布实施放在一起，但实际上批准和公布实施一般都是由两个不同的主体来完成的。公布实施的主体一般来说是规划的编制主体，同时也是规划的执行主体，而审批主体一般不参与规划的实施。公布实施是规划被批准后的一个阶段，也是环保规划制定程序的最后一个阶段。

五、环保规划与国民经济和社会发展规划的关系

根据《环境保护法》的规定，可以把环保规划与国民经济和社会发展规划的关系概括为以下两个方面：

(一) 环保规划以国民经济和社会发展规划为制定根据

《环境保护法》第13条第2款规定："国务院环境保护主管部门会同有关部门，根据国民经济和社会发展规划编制国家环境保护规划"。

《土地管理法》等法律法规也有类似要求。例如，《土地管理法》第15条规定："各级人民政府应当依据国民经济和社会发展规划、国土整治和资源环境保护的要求、土地供给能力以及各项建设对土地的需求，组织编制土地利用总体规划。"

(二) 环保规划应当纳入国民经济和社会发展规划

《环境保护法》第13条规定："县级以上人民政府应当将环境保护工作纳入国民经济和社会发展规划"。

《森林法》等法律法规都有类似规定。例如：《森林法》第23条规定："县级以上人民政府应当将森林资源保护和林业发展纳入国民经济和社会发展规划。"

六、环保规划的内容

《环境保护法》将环保规划的内容概括为目标、任务、保障措施和其它4个方面。该法第13条第4款规定："环境保护规划的内容应当包括生态保护和污染防治的目标、任务、保障措施等。"如果把其中的"生态保护和污染防治"视同环境保护的全部事务领域，也就是包含污染防治、资源损害防治、生态损害防治和自然地理环境损害防治，那么，该条规定的"目标、任务、保障措施等"就可以理解为环保规划的目标、环保规划的任务、环保规划的措施、环保规划应当具备的其它内容等。

(一) 环保规划的目标

《草原法》第19条对"草原保护、建设、利用规划"规定的内容之一是"目标"。《森林法》规定的规划目标包括"森林覆盖率、森林蓄积量""森林生态系统质量和稳定性"的指标。该法第24条规定："县级以上人民政府应当……制定森林资源保护发展目标，提高森林覆盖率、森林蓄积量，提升森林生态系统质量和稳定性。"

(二) 环保规划的任务和措施

《水污染防治》第17条规定的"限期达标规划"中的"任务"是在何时("限期")达到国家规定标准("达标")。该条原文为："有关市、县级人民政府应当按照水污染防治规划确定的水环境质量改善目标的要求，制定限期达标规划，采取措施按期达标。"

《草原法》第19条对"草原保护、建设、利用规划"规定的内容之一是"措施"。《城市规划编制办法》提出一项具体措施——用以实现"生态环境保护与建设目标"的"污染控制与治理措施"（第31条第14项、第32条第6项）。《野生动物保护法》第6条虽然把"保护""野生动物资源的规划和措施"分为两个对象，但这并不必然导致"措施"在"规划"之外的结论。

(三) 环保规划的其它内容

《土地管理法》对"县级土地利用总体规划"提出的"应当划分土地利用区，明确土地用途"，对"乡镇土地利用总体规划"提出的"应当划分土地利用区，确定每一块土地的用途"的要求（第20条）就是环保规划除目标、任务、措施等之外的"其它内容"。

七、环保规划的效力

《草原法》第21条规定："草原保护、建设、利用规划一经批准，必须严格执行。"这一规定表明，环境保护规划是具有国家强制力的规划。《草原法》等做出的"以上一级"规划为"依据""编制本行政"相关规划的规定也说明上级的规划是具有强行性效力的。

相关法律对规划修改的规定既为规划的修改设定了行为规范，也说明了既定规划的法律效力。

八、环保规划的修改

我国《土地管理法》《草原法》等对环保规划的修改提出的基本要求是经原批准机关批准。

《土地管理法》就相关规划的修改所做的规定比较有代表性。该法规定:"经批准的土地利用总体规划的修改,须经原批准机关批准;未经批准,不得改变土地利用总体规划确定的土地用途。""经国务院批准的大型能源、交通、水利等基础设施建设用地,需要改变土地利用总体规划的,根据国务院的批准文件修改土地利用总体规划。""经省、自治区、直辖市人民政府批准的能源、交通、水利等基础设施建设用地,需要改变土地利用总体规划的,属于省级人民政府土地利用总体规划批准权限内的,根据省级人民政府的批准文件修改土地利用总体规划。"

《城乡规划编制办法》"城市总体规划调整,应当按规定向规划审批机关提出调整报告,经认定后依照法律规定组织调整。""城市详细规划调整,应当取得规划批准机关的同意。规划调整方案,应当向社会公开,听取有关单位和公众的意见,并将有关意见的采纳结果公示。"按照这个规定,对规划实施修改应当大致执行编制规划的程序。

参考文献:

1. 徐祥民:《环境法学的三个猜想》,载徐祥民主编《中国环境法学评论》(2011年卷),科学出版社2011年版,第11—19页。

2. 徐祥民:《人天关系和谐与环境保护法的完善》第八章,法律出版社2017年版。

思考题:

1. 简述我国《环境保护法》关于对环境实行强制保护的规定。
2. 我国环保规划的编制主体有哪些?
3. 简述我国相关法律法规规定的环保规划制定程序。

第十五章 环境强制保护和环保规划法（下）

本章主要学习：（一）我国的环境保护区法；（二）我国的基本农田保护法、基本草原保护法；（三）我国的环境恢复治理法。

第一节 我国的环境保护区法

环境保护区是根据保护环境的需要划出的实行特别保护的自然地理区域。环境保护区法是关于环境保护区建立、建设、管理等的法。我国环境保护区建设和环境保护区法建设都取得了巨大成就。

一、我国环境保护区的类型

我国环境保护区法设立的环境保护区主要有以下几种类型：

（一）自然保护区

我国《自然保护区条例》第2条规定："本条例所称自然保护区，是指对有代表性的自然生态系统、珍稀濒危野生动植物物种的天然集中分布区、有特殊意义的自然遗迹等保护对象所在的陆地、陆地水体或者海域，依法划出一定面积予以特殊保护和管理的区域。"根据该条规定，自然保护区的保护对象包括"有代表性的自然生态系统、珍稀濒危野生动植物物种的天然集中分布区、有特殊意义的自然遗迹等"。这一规定包含建立不同类型自然保护区的可能性。也就是说，该规定不拒绝建立以"有代表性的自然生态系统"或"珍稀濒危野生动植物物种的天然集中分布区"或"有特殊意义的自然遗迹"或其它为保护对象的不同类型的自然保护区。

我国环境保护的实践证明了这种可能性。《水生动植物自然保护区管理办法》建立了"水生动植物自然保护区"。该《条例》第 2 条规定："本办法所称水生动植物自然保护区，是指为保护水生动植物物种，特别是具有科学、经济和文化价值的珍稀濒危物种、重要经济物种及其自然栖息繁衍生境而依法划出一定面积的土地和水域，予以特殊保护和管理的区域。""水生动植物自然保护区"是以"水生动植物物种""重要经济物种"和它们的"自然栖息繁衍生境"为保护对象的保护区。《海洋自然保护区管理办法》建立了海洋自然保护区。《办法》第 2 条规定："海洋自然保护区是指以海洋自然环境和资源保护为目的，依法把包括保护对象在内的一定面积的海岸、河口、岛屿、湿地或海域划分出来，进行特殊保护和管理的区域。"此外，《森林和野生动物类型自然保护区管理办法》建立了"森林和野生动物类型自然保护区"（第 2 条），《拉萨市拉鲁湿地自然保护区管理条例》（2010 年 6 月 11 日拉萨市第九届人大常委会第十七次会议通过，7 月 30 日西藏自治区第九届人大常委会第十七次会议批准）建立了"湿地自然保护区"。

（二）饮用水水源保护区

饮用水水源保护区是以饮用水水源为保护对象的环境保护区。国家环境保护局和卫生部等多个部委联合发布的《饮用水水源保护区污染防治管理规定》建立的就是以饮用水水源为保护对象的保护区。一些地方法规规章在各自生效的行政区内建立了饮用水水源保护区。例如，《四川省饮用水水源保护管理条例》（1995 年 10 月 19 日四川省第八届人民代表大会常务委员会第十七次会议通过，根据 1997 年 10 月 17 日四川省第八届人民代表大会常务委员会第二十九次会议《关于修改〈四川省饮用水水源保护管理条例〉的决定》修正，2011 年 11 月 25 日四川省第十一届人民代表大会常务委员会第二十六次会议修订，根据 2019 年 9 月 26 日四川省第十三届人民代表大会常务委员会第十三次会议《关于修改〈四川省饮用水水源保护管理条例〉的决定》修正）规定："四川省饮用水水源实行饮用水水源保护区制度"（第3条）。此外，一些地方还发布了专门的饮用水水源保护区地方法规或其它规范性文件。例如，《陕西省城市饮用水水源保护区环境保护条例》（2002年3月28日陕西省第九届人民代表大会常务委员会第二十八次会议通过）、《湖南省县级以上地表水集中式饮用水水源保护区划定方案》（湘政函〔2016〕176号）等。

（三）沙化土地封禁保护区

沙化土地封禁保护区由《防沙治沙法》建立。《国家沙化土地封禁保护区管理办法》要"管理"的就是封禁保护区。该《管理办法》称之为"沙化土地封禁保护区"。

根据《管理办法》的规定，"除国家另有规定外，在国家沙化土地封禁保护区范围内""禁止砍伐、樵采、开垦、放牧、采药、狩猎、勘探、开矿和滥用水资源等一切破坏植被的活动"；"禁止""安置移民"；除经法定机关批准的外，"禁止""进行修建铁路、公路等建设活动"（第14条）。这些禁止都有来自《防沙治沙法》的保障。《防沙治沙法》第43条规定：违反《防沙治沙法》第22条第2款规定，"在沙化土地封禁保护区范围内安置移民的"，违反《防沙治沙法》第22条第3款规定，"未经批准在沙化土地封禁保护区范围内进行修建铁路、公路等建设活动的"，"直接负责的主管人员和其他直接责任人员"将受到"所在单位、监察机关或者上级行政主管部门"给予的"行政处分"。

（四）防洪规划保留区

防洪规划保留区是由《防洪法》宣布建立的特殊保护区。《防洪法》第16条规定："防洪规划确定的河道整治计划用地和规划建设的堤防用地范围内的土地，经土地管理部门和水行政主管部门会同有关地区核定，报经县级以上人民政府按照国务院规定的权限批准后，可以划定为规划保留区。"（第18条）该法还规定："防洪规划确定的扩大或者开辟的人工排洪道用地范围内的土地，经省级以上人民政府土地管理部门和水行政主管部门会同有关部门、有关地区核定，报省级以上人民政府按照国务院规定的权限批准后，可以划定为规划保留区。"（第 18 条第 4 款）"规划保留区内不得建设与防洪无关的工矿工程设施"，"在特殊情况下，国家工矿建设项目确需占用前款规划保留区内的土地的，应当按照国家规定的基本建设程序报请批准，并征求有关水行政主管部门的意见。"（第 18 条第 3 款）

（五）畜禽遗传资源保种场保护区

农业部《畜禽遗传资源保种场保护区和基因库管理办法》（农业部令〔2006〕第 64 号）、《四川省畜禽遗传资源保种场保护区管理办法》（川畜食发〔2012〕48 号）建立了"畜禽遗传资源保种场保护区"。根据《畜禽遗传资源保种场保护区和基因库管理办法》的界定，畜禽遗传资源保护区"是指国家或地方为保护特定畜禽遗传资源，在其原产地中心产区划定的特定区域"（第 21 条第 2 项）。

（六）种质资源保护区

农业部发布的《水产种质资源保护区管理办法》（农业部部令 2011 年第 1 号）建立了"水产种质资源保护区"。《办法》规定："本办法所称水产种质资源保护区，是指为保护水产种质资源及其生存环境，在具有较高经济价值和遗传育种价值的水产种质资源的主要生长繁育区域，依法划定并予以特殊保护和管理的水域、滩涂及其毗邻的岛礁、陆域。"（第 2 条）

二、我国环境保护区制度的基本特点

我国环境保护区法建立的环境保护区制度一般都具有如下 3 个特点：

（一）通过划定地域范围对保护对象实施保护

环境保护区制度在形式上是对划定区域的保护，但实际上是通过对特定区域的保护，包括对进入特定区域设定禁限实现对具体的环境对象或者"保护对象"的保护。

一方面，各种环境保护区都表现为依照法定程序划出的一定区域。比如，《自然保护区条例》规定的保护区是从相关"陆地、陆地水体或者海域"中"依法划出一定面积"（第 2 条）。《水生动植物自然保护区管理办法》将保护区界定为"一定面积的土地和水域"（第 2 条）。《水产种质资源保护区管理暂行办法》中的保护区表现为一定范围的"水域、滩涂及其毗邻的岛礁、陆域"（第2条）。另一方面，各种保护区实际要保护的对象并不是表现为平面空间的一定区域，而是生存繁衍于相关区域内的生物、依托相关区域的生态系统或其它保护对象。《自然保护区条例》中的保护对象主要是"有代表性的自然生态系统、珍稀濒危野生动植物物种"（第2条），《水生动植物自然保护区管理办法》的保护对象概括一点说就是"水生动植物物种"（第2条）。《水产种质资源保护区管理暂行办法》中的保护对象是"具有较高经济价值和遗传育种价值的水产种质资源"。划定一定区域，将这一定区域称为保护区，赋予被称为保护区的区域特殊的法律地位，不是为了保护相关的自然地理区域，而是为了保护存在于这一区域中或依托这一定区域的环境对象，诸如"有代表性的自然生态系统"、《畜禽遗传资源保种场保护区和基因库管理办法》规定的"畜禽遗传资源"（第1条）、《林业和野生动物类型自然保护区管理办法》规定的"典型森林生态系统"（第5条第1项）等。即使有的法律文件也把这一定区域宣布为保护对象，对地域实行保护的最终目的还是保护"有代表性的自然生态系统"等保护对象。

（二）禁止和限制人类进入划定区域，防止人类行为影响传入划定区域

环境保护区制度实现保护环境目的的基本策略是禁止或限制人类进入划定区域，防止人类行为的影响传入划定区域。严格禁止人类进入的规定出现在对环境保护区核心区设定的禁限上。《自然保护区条例》第27条规定："禁止任何人进入自然保护区的核心区。"对那些有某种看似成立的理由需要进入核心区的行为，《条例》规定了十分严苛的限制条件——"经省、自治区、直辖市人民政府有关自然保护区行政主管部门批准"（第27条）。不仅禁止外面的人进入，环境保护区法也要求将原本生活于划定区域内的人迁出来。第27条第2款规定："自然保护区核心区内原有居民确有必要迁出的，由自然保护区所在地的地方人民政府予以妥善安置。"措辞虽和缓，但对"有必要迁出"的人却要不留情面地将其迁出。

饮用水水源保护区立法提供了防止人类活动的影响传入的例子。比如，取水井临近区域是否划入保护区，以这些区域是不是取水井的水源补给区为

根据，如果是补给区就应当划入保护区。这样设计的目的是阻挡发生在补给区内的人类活动的影响"传入"取水井。(《饮用水水源保护区污染防治管理规定》第 15 条)

(三) 以国家力量实施保护

环境保护区不是私人园林，不是以盈利为目的的游乐园，而是以国家力量实施保护的特别区域。环境保护区是国家建立的保护区。环境保护区主要靠国家的财政力量维持运转，用以实现环境保护区保护目的的行为规范靠国家的赏、罚手段保障遵守。

三、我国环境保护区法的主要内容

除了通过对划定区域实行特别保护，对保护区内外的行为设定禁止和限制等之外，我国环境保护区法主要有以下内容：

(一) 环境保护区的建立

并不是任何一个地方都可以在其地域范围内建立环境保护区。只有有明确的环境保护目的，具备设立保护区条件的地理区域才能建立环境保护区。我国环境保护区法规规章等专门法律文件一般都对建立环境保护区设定条件限制。按《自然保护区条例》的规定，只要具备以下 5 个条件中的 1 个便"应当建立自然保护区"。这 5 个条件是：(1)"典型的自然地理区域、有代表性的自然生态系统区域以及已经遭受破坏但经保护能够恢复的同类自然生态系统区域"；(2)"珍稀、濒危野生动植物物种的天然集中分布区域"；(3)"具有特殊保护价值的海域、海岸、岛屿、湿地、内陆水域、森林、草原和荒漠"；(4)"具有重大科学文化价值的地质构造、著名溶洞、化石分布区、冰川、火山、温泉等自然遗迹"；(5)"经国务院或者省、自治区、直辖市人民政府批准，需要予以特殊保护的其他自然区域"(第 10 条)。《畜禽遗传资源保种场保护区和基因库管理办法》给国家级畜禽遗传资源保护区建设设定了 3 个条件。不过这 3 个条件是需要同时具备的条件。这 3 个条件是：(1)"设在畜禽遗传资源的中心产区，范围界限明确"；(2)"有 2 个以上保种群，保种群之间的距离不小于 3 公里；蜂种保护区具有自然交尾隔离区，其中，山区隔离区半径距离不小于12公里，平原隔离区半径距离不小于16公里"；(3)"具备一定的群体规模，单品种资源保护数量不少于保种场群体规模的5倍，所保护的畜禽品种质量符合品种标准"(第6条)。

(二) 环境保护区的分级、分区

《海洋自然保护区管理办法》把海洋自然保护区分为"国家级和地方级"。《办法》第7条规定："国家级海洋自然保护区是指在国内、国际有重大影响，具有重大科学研究和保护价值，经国务院批准而建立的海洋自然保护区"；"地方级海洋自然保护区是指在当地有较大影响，具有重要科学研究价值和一定的保护价值，经沿海省、自治区、直辖市人民政府批准而建立的海洋自然保护区"(第7条)。《山东省森林和野生动物类型自然保护区管理办法》还将地方级自然保护区划分为"省级自然保护区""市级和县级自然保护区"。《条例》规定，"市级和县级自然保护区"的建设可以由"同级人民政府自行规定"(第7条)。该《办法》实际上把《自然保护区条例》规定的两级自然保护区分成了4级，即国家级、省级、市级和县级自然保护区。《办法》规定："市级和县级自然保护区，由设区的市林业行政主管部门或县（市、区）林业行政主管部门管理。"(第11条)

多项环境保护区法都将环境保护区分为核心区、缓冲区和试验区。有的立法则将保护区划分为一级保护区、二级保护区和准保护区。《水生动植物自然保护区管理办法》第13条规定："水生动植物自然保护区可根据自然环境、水生动植物资源状况和保护管理工作需要，划为核心区、缓冲区、实验区。"《陕西省城市饮用水水源保护区环境保护条例》规定，"饮用水水源保护区一般实行三级保护，按照防护要求，分别划分为一级保护区、二级保护区和准保护区"(第7条第2款)。该《条例》对"饮用水江河水源保护区"，"饮用水湖泊、水库水源保护区"，"饮用水地下水水源保护区"都做了3级划分。比如，"饮用水江河水源保护区"的一级保护区范围是"从取水点起计算，上游一千米至下游一百米的水域及其两侧河岸外延一百米的陆域"，二级保护区是"从一级保护区上界起上溯二千米的水域，及其两侧河岸外延二百米的陆域"，而准保护区是"从二级保护区上界起上溯三千米的水域，及其两侧河岸外延三百米的陆域"（第 8 条）。

有的立法还在三区之外增加了"外围保护地带"。《自然保护区条例》第 18 条第 5 款规定："原批准建立自然保护区的人民政府认为必要时，可以在自然保护区的外围划定一定面积的外围保护地带。"

（三）环境保护区法的执行体制

我国多项环境保护区法都对"本法"的执行体制做了明确规定。以《自然保护区条例》为例。《条例》第 7 条规定："县级以上人民政府应当加强对自然保护区工作的领导。"这一规定确定了环境保护区法执行体制的核心要求——本行政区政府领导，或者简化一点说：政府领导。除此之外，《条例》还实行"综合管理与分部门管理相结合的管理体制"（第 8 条）。这种体制的一个方面是"国务院林业、农业、地质矿产、水利、海洋等有关行政主管部门在各自的职责范围内，主管有关的自然保护区"；其另一个方面则是，"主管有关的自然保护区"的部门都要与"综合管理"部门"相结合"。

（四）环境保护区的基本保护机构

环境保护区制度实现对环境保护区保护的基本工作单元是保护区保护机构。《自然保护区条例》第 21 条第 2 款规定："自然保护区行政主管部门应当在自然保护区内设立专门的管理机构，配备专业技术人员，负责自然保护区的具体管理工作。"《水生动植物自然保护区管理办法》第 15 条规定："渔业行政主管部门应当在水生动植物自然保护区内设立管理机构，配备管理和专业技术人员，负责自然保护区的具体管理工作。"这由"自然保护区行政主管部门""渔业行政主管部门"或其它环境保护区建设主管部门"设立"的"专门的管理机构"是环境保护区的基本工作单元和处在第一线的保护力量，是"配备"有"专业技术人员"或"管理和专业技术人员"的专门保护队伍，是"具体负责自然保护区的保护和管理工作"（《吉林省自然保护区条例》第 5 条）的专门机构。这个机构一般称"保护区管理机构"。《自然保护区条例》称"自然保护区管理机构"（第 22 条），《吉林省自然保护区条例》《山东省森林和野生动物类型自然保护区管理办法》等也称"自然保护区管理机构"（《条例》第 5 条第 4 款、《办法》第 13 条）。

第二节　我国的基本农田保护法、基本草原保护法

我国环境强制保护法在资源损害防治领域里的重要建设成就是建立了基本农田保护制度和基本草原保护制度。

一、基本农田保护制度和基本草原保护制度的特点

基本农田保护制度和基本草原保护制度都是将同类空间性资源中的优质部分与其它部分明确划分为两部分并对划出的优质部分实行特别保护。这是基本农田保护制度和基本草原保护制度的共同特点，也是基本农田保护制度和基本草原保护制度的基本特点。

首先，基本农田是农田，基本草原是草原，两者都是空间性资源。基本农田和基本草原是农田和草原中的一部分。

其次，基本农田和基本草原是同类空间性资源中的优质部分。这从基本农田保护法、基本草原保护法对基本农田和基本草原的范围的规定就能清楚地看出来。以基本农田为例。《基本农田保护条例》第10条规定的"应当划入基本农田"的农田包括："（一）经国务院有关主管部门或者县级以上地方人民政府批准确定的粮、棉、油生产基地内的耕地；（二）有良好的水利与水土保持设施的耕地，正在实施改造计划以及可以改造的中、低产田；（三）蔬菜生产基地；（四）农业科研、教学试验田"。不管是作为被各级政府确定为"粮、棉、油生产基地"的耕地，还是"蔬菜生产基地"，都是优质耕地。"有良好的水利与水土保持设施的耕地"显然是优质耕地，因为在耕地中存在不具有"良好的水利与水土保持设施"的耕地。"正在实施改造计划以及可以改造的中、低产田"也是优质耕地，因为与尚未"实施改造计划"的和难以"改造的中、低产田"相比，它们显然属于优质的部分。至于"农业科研、教学试验田"，除用于特别目的的"科研"用地之外，一般也都是优质耕地。

再次，基本农田和基本草原的"基本性"主要是不得减少，不得在农

业用途、畜牧业用途之外使用。还是以基本农田为例。《基本农田保护条例》第 9 条规定："省、自治区、直辖市划定的基本农田应当占本行政区域内耕地总面积的 80% 以上。"这既是划定基本农田须要达到的目标，也是基本农田是否减少的衡量标准。该《条例》第 14 条明确规定："地方各级人民政府应当采取措施，确保土地利用总体规划确定的本行政区域内基本农田的数量不减少。"不得减少，不得用于农业、畜牧业以外事业的理由是：它们是"按照一定时期和社会经济发展"对农产品、畜产品的需求"不得占用"（第 2 条第 2 款）的耕地。正因为基本农田和基本草原是不得减少的空间性资源，所以对它们的所谓"特殊保护"就是禁止将它们用于其它事业或破坏它们对农业和畜牧业的功用。《内蒙古自治区基本草原保护条例》（以下简称《内蒙古基本草原条例》）第 15 条在基本草原上设定了 8 项禁止，其中第 1 项是禁止"开垦基本草原"，第 2 项是禁止"改变基本草原用途"。

最后，对基本农田和基本草原实施特别保护。以基本草原为例。《内蒙古基本草原条例》除对开垦草原等设置禁止外，对那些因技术上的规定性确需局部占用基本草原的或确需在基本草原上开展活动的，都规定了严格的限制。比如，《内蒙古基本草原条例》第 18 条规定："进行矿藏开采和工程建设确需征收、征用或者使用基本草原的，必须经自治区以上人民政府草原行政主管部门审核同意后，依照有关土地管理的法律、行政法规办理建设用地审批手续。"第 19 条规定："在基本草原上进行勘探、钻井、修筑地上地下工程、采土、采砂、采石、开采矿产资源等作业活动临时占用基本草原不足 2 公顷的，由旗县级人民政府草原行政主管部门审核同意；2 公顷以上不足 30 公顷的，由盟行政公署、设区的市人民政府草原行政主管部门审核同意；30 公顷以上的，由自治区人民政府草原行政主管部门审核同意。""临时占用基本草原的期限不得超过二年，并不得在临时占用的基本草原上修建永久性建筑物、构筑物。"《基本农田保护条例》规定的限制更加严格。《条例》第 15 条规定："国家能源、交通、水利、军事设施等重点建设项目选址确实无法避开基本农田保护区，需要占用基本农田，涉及农用地转用或者征收土地的，必须经国务院批准。"

二、基本农田保护和基本草原保护的相近制度、要求

在用于保护基本农田的制度和用于保护基本草原的制度中有不少都是相同或相近的。以《基本农田保护条例》和《内蒙古基本草原条例》为根据，基本农田保护和基本草原保护的相同或相近的制度或其它要求主要有：

（一）确认普遍义务

确认普遍义务就是确认所有的公民及其他行为主体普遍负有义务。《基本农田保护条例》第5条规定："任何单位和个人都有保护基本农田的义务，并有权检举、控告侵占、破坏基本农田和其他违反本条例的行为。"《内蒙古基本草原条例》第7条的规定与《基本农田保护条例》的这一规定几乎完全相同。该条规定："任何单位和个人都有保护基本草原的义务，有权参与保护基本草原的社会监督，并有权检举和控告破坏基本草原的违法行为。"

（二）划定边界，设立标志，公之于众，建立档案并报上级备案

《基本农田保护条例》第11条规定："基本农田保护区以乡（镇）为单位划区定界，由县级人民政府土地行政主管部门会同同级农业行政主管部门组织实施。""划定的基本农田保护区，由县级人民政府设立保护标志，予以公告，由县级人民政府土地行政主管部门建立档案，并抄送同级农业行政主管部门。""任何单位和个人不得破坏或者擅自改变基本农田保护区的保护标志。"《内蒙古基本草原条例》做了与此相近但相对简略的规定。其第13条第2款规定："划定的基本草原，由旗县级人民政府建立档案，绘制基本草原分布图，设立保护标志，予以公告，并报上一级人民政府备案。"

（三）运用技术划定基本农田和基本草原

《基本农田保护条例》和《内蒙古基本草原条例》在基本农田和基本草原范围的划定上都表现了对科学技术的尊重，并要求运用技术实施基本农田和基本草原划定。《内蒙古基本草原条例》第14条规定："划定基本草原的技术规范，由自治区人民政府草原行政主管部门制定。"《基本农田保护条例》第13条规定："划定基本农田保护区的技术规程，由国务院土地行政主管部门会同国务院农业行政主管部门制定。"

(四) 监测评价

监测制度或监测评价制度,是指对已经划定的基本农田、基本草原的环境质量,尤其是污染状况实施监测或监测和评价。《内蒙古基本草原条例》第 26 条规定:"旗县级以上人民政府草原行政主管部门应当会同同级环境保护行政主管部门对基本草原环境质量和污染状况进行跟踪监测,定期向本级人民政府提出环境质量与变化趋势的报告。"《基本农田保护条例》第 23 条规定:"县级以上人民政府农业行政主管部门应当会同同级环境保护行政主管部门对基本农田环境污染进行监测和评价,并定期向本级人民政府提出环境质量与发展趋势的报告。"(关于监测法的情况,请参阅第十章"环保科学技术工具法")

(五) 监督检查

监督检查既是对基本农田、基本草原的保护情况的检查,也是对负有基本农田、基本草原保护职责的机关或部门的履职情况的监督检查。《内蒙古基本草原条例》第 29 条规定:"旗县级以上人民政府应当建立基本草原保护监督检查制度,定期组织有关部门对受理检举控告和查处破坏基本草原违法行为的情况,实行草畜平衡、禁牧休牧轮牧、草原生态保护奖励补助的情况,草原重点建设的情况以及征收、征用、使用或者临时占用基本草原等情况进行检查,并向上一级人民政府报告。"《基本农田保护条例》第 28 条规定:"县级以上地方人民政府应当建立基本农田保护监督检查制度,定期组织土地行政主管部门、农业行政主管部门以及其他有关部门对基本农田保护情况进行检查,将检查情况书面报告上一级人民政府。"

(六) 目标责任制

《基本农田保护条例》和《内蒙古基本草原条例》对基本农田和基本草原保护都规定实行地方政府目标责任制。《内蒙古基本草原条例》第 28 条规定:"自治区实行基本草原保护管理目标责任制度。"《基本农田保护条例》第 4 条规定:"县级以上地方各级人民政府应当将基本农田保护工作纳入国民经济和社会发展计划,作为政府领导任期目标责任制的一项内容,并由上一级人民政府监督实施。"

(七) 突发事件处理

《基本农田保护条例》和《内蒙古基本草原条例》对应对发生在基本农田和基本草原上的，也就是对基本农田和基本草原可能造成破坏的突发事件做了安排。《内蒙古基本草原条例》第27条规定："因发生事故或者突发性事件，造成或者可能造成基本草原生态破坏或者环境污染事故的，当事人应当立即采取措施，并向所在地环境保护行政主管部门和草原行政主管部门报告，接受调查处理。"《基本农田保护条例》第26条规定："因发生事故或者其他突然性事件，造成或者可能造成基本农田环境污染事故的，当事人必须立即采取措施处理，并向当地环境保护行政主管部门和农业行政主管部门报告，接受调查处理。"

(八) 鼓励措施

《基本农田保护条例》和《内蒙古基本草原条例》都对调动人们保护资源的积极性运用了激励措施。《基本农田保护条例》第7条："国家对在基本农田保护工作中取得显著成绩的单位和个人，给予奖励。"《内蒙古基本草原条例》第9条规定："旗县级以上人民政府对在基本草原保护工作中做出显著成绩的单位和个人，给予表彰和奖励。"（关于我国环境保护法运用环保激励措施的情况，请参阅第十二章"环保引导激励措施法（上）"、第十三章"环保引导激励措施法（下）"）

三、《基本农田保护条例》的特别规定

《基本农田保护条例》保护基本农田的特别规定有以下几个方面：

1. 基本农田验收。《条例》第11条第3款规定："基本农田划区定界后，由省、自治区、直辖市人民政府组织土地行政主管部门和农业行政主管部门验收确认，或者由省、自治区人民政府授权设区的市、自治州人民政府组织土地行政主管部门和农业行政主管部门验收确认。"

2. 基本农田地力定级。《条例》第20条规定："县级人民政府应当根据当地实际情况制定基本农田地力分等定级办法，由农业行政主管部门会同土地行政主管部门组织实施，对基本农田地力分等定级，并建立档案。"第

21条规定："农村集体经济组织或者村民委员会应当定期评定基本农田地力等级。"

3. 基本农田保护责任书。《条例》第27条规定："在建立基本农田保护区的地方，县级以上地方人民政府应当与下一级人民政府签订基本农田保护责任书；乡（镇）人民政府应当根据与县级人民政府签订的基本农田保护责任书的要求，与农村集体经济组织或者村民委员会签订基本农田保护责任书。"该条要求在"基本农田保护责任书"中记载以下内容："（一）基本农田的范围、面积、地块；（二）基本农田的地力等级；（三）保护措施；（四）当事人的权利与义务；（五）奖励与处罚。"

4. 禁止闲置基本农田。《条例》第18条规定："禁止任何单位和个人闲置、荒芜基本农田。""经国务院批准的重点建设项目占用基本农田的，满1年不使用而又可以耕种并收获的，应当由原耕种该幅基本农田的集体或者个人恢复耕种，也可以由用地单位组织耕种；1年以上未动工建设的，应当按照省、自治区、直辖市的规定缴纳闲置费；连续2年未使用的，经国务院批准，由县级以上人民政府无偿收回用地单位的土地使用权；该幅土地原为农民集体所有的，应当交由原农村集体经济组织恢复耕种，重新划入基本农田保护区。""承包经营基本农田的单位或者个人连续2年弃耕抛荒的，原发包单位应当终止承包合同，收回发包的基本农田。"

5. "占多少补多少"原则。即在出现实际占用基本农田的情况时应将数量和质量相当的农田划入基本农田，以弥补对基本农田的减少。《条例》第16条规定："经国务院批准占用基本农田的，当地人民政府应当按照国务院的批准文件修改土地利用总体规划，并补充划入数量和质量相当的基本农田。占用单位应当按照占多少、垦多少的原则，负责开垦与所占基本农田的数量与质量相当的耕地；没有条件开垦或者开垦的耕地不符合要求的，应当按照省、自治区、直辖市的规定缴纳耕地开垦费，专款用于开垦新的耕地。"

四、《内蒙古基本草原条例》的特别规定

《内蒙古基本草原条例》保护基本草原的特别规定有以下几个方面：

1. 草原植被恢复费。《条例》第 21 条规定:"征收、征用、使用基本草原或者临时占用基本草原未履行恢复义务的,应当依法交纳草原植被恢复费,并采取相应预防措施,保障草原植被恢复。草原植被恢复费专款专用,由草原行政主管部门按照规定用于恢复草原植被,任何单位和个人不得截留、挪用。"

2. 基本草原长效生态补偿机制和基本草原建设投资机制。《条例》第 8 条规定:"旗县级以上人民政府应当采取资金补助、技术扶持等措施,建立基本草原长效生态补偿机制和多渠道增加基本草原建设投入机制。"

3. 机动车行驶禁限。《条例》第 16 条规定:"除抢险救灾和牧民搬迁的机动车辆外,禁止机动车辆离开道路在基本草原上行驶,破坏草原植被;因从事地质勘探、科学考察等活动确需离开道路在基本草原上行驶的,应当事先向所在地旗县级人民政府草原行政主管部门报告行驶区域和行驶路线,并按照报告的行驶区域和行驶路线在基本草原上行驶。"

第三节　我国的环境修复治理法

我国环境强制保护法的重要组成部分是环境修复治理法。环境修复治理法是国家为推动对遭破坏的环境实施修复或其它形式的治理而创制的法律规范构成的体系。我国已经建立的专门环境修复法主要有国务院颁布的《退耕还林条例》《土地复垦条例》和相关省自治区直辖市和其它有地方立法权的市制定的规范退耕还林、土地复垦等活动的地方法规规章,如《内蒙古自治区退耕还林管理办法》《黑龙江省实施〈退耕还林条例〉办法》《延安市退耕还林成果保护条例》《山东省土地复垦管理办法》《河北省土地复垦实施办法》等。

我国现有环境修复法主要有退耕还林法和土地复垦法两个分支。

一、我国退耕还林法的主要内容

退耕还林就是对不适于继续耕作的耕地停止耕种,有组织地将其恢复为林地或草地。《森林法》"退耕还林还草"的规定要求贯彻"因地制宜"的原则,即宜林则林,宜草则草。退耕还林法就是规范退耕还林还草活动的法。

以国务院颁布的《退耕还林条例》为核心的我国退耕还林法的主要内容包括以下几个方面:

(一)退耕还林的原则

《退耕还林条例》确立了开展退耕还林工作的五项原则。《条例》第5条规定:"退耕还林应当遵循下列原则:(一)统筹规划、分步实施、突出重点、注重实效;(二)政策引导和农民自愿退耕相结合,谁退耕、谁造林、谁经营、谁受益;(三)遵循自然规律,因地制宜,宜林则林,宜草则草,综合治理;(四)建设与保护并重,防止边治理边破坏;(五)逐步改善退耕还林者的生活条件。"

(二)退耕还林的范围

《条例》第15条规定:"下列耕地应当纳入退耕还林规划,并根据生态建设需要和国家财力有计划地实施退耕还林:(一)水土流失严重的;(二)沙化、盐碱化、石漠化严重的;(三)生态地位重要、粮食产量低而不稳的。""江河源头及其两侧、湖库周围的陡坡耕地以及水土流失和风沙危害严重等生态地位重要区域的耕地,应当在退耕还林规划中优先安排。"此外,《条例》还做了一项排除性规定,即不得将某些特别耕地纳入退耕还林范围。第16条规定:除非有生态建设需要的特别理由并依法获得有权机关批准,"基本农田保护范围内的耕地和生产条件较好、实际粮食产量超过国家退耕还林补助粮食标准并且不会造成水土流失的耕地,不得纳入退耕还林规划"。

(三)退耕还林实施方案

《条例》第20条规定:"省、自治区、直辖市人民政府林业行政主管部门根据国家下达的下一年度退耕还林计划,会同有关部门编制本行政区域内的年度退耕还林实施方案,报本级人民政府批准实施。县级人民政府林业行政主管部门可以根据批准后的省级退耕还林年度实施方案,编制本行政区域内的退耕还林年度实施方案,报本级人民政府批准后实施,并报省、自治区、直辖市人民政府林业行政主管部门备案。"第 21 条规定："年度退耕还林实施方案，应当包括下列主要内容：（一）退耕还林的具体范围；（二）生态林与经济林比例；（三）树种选择和植被配置方式；（四）造林模式；（五）种苗供应方式；（六）植被管护和配套保障措施；（七）项目和技术负责人。"第 22 条规定："县级人民政府林业行政主管部门应当根据年度退耕还林实施方案组织专业人员或者有资质的设计单位编制乡镇作业设计，把实施方案确定的内容落实到具体地块和土地承包经营权人。"

（四）退耕还林地造林

《条例》第 24 条规定："县级人民政府或者其委托的乡级人民政府应当与有退耕还林任务的土地承包经营权人签订退耕还林合同。退耕还林合同应当包括下列主要内容：（一）退耕土地还林范围、面积和宜林荒山荒地造林范围、面积；（二）按照作业设计确定的退耕还林方式；（三）造林成活率及其保存率；（四）管护责任；（五）资金和粮食的补助标准、期限和给付方式；（六）技术指导、技术服务的方式和内容；（七）种苗来源和供应方式；（八）违约责任；（九）合同履行期限。"第 29 条规定："退耕还林者应当按照作业设计和合同的要求植树种草。禁止林粮间作和破坏原有林草植被的行为。"第 30 条规定："退耕还林者在享受资金和粮食补助期间，应当按照作业设计和合同的要求在宜林荒山荒地造林。"

（五）退耕还林成果检查验收和管护、保护

《条例》第 31 条规定："县级人民政府应当建立退耕还林植被管护制度，落实管护责任。退耕还林者应当履行管护义务。"第 33 条规定："县级人民政府林业行政主管部门应当按照国务院林业行政主管部门制定的检查验收标准和办法，对退耕还林建设项目进行检查验收，经验收合格的，方可发给验收合格证明。"第 34 条规定："省、自治区、直辖市人民政府应当对县级退耕还林检查验收结果进行复查，并根据复查结果对县级人民政府和有关责任人员进行奖惩。国务院林业行政主管部门应当对省级复查结果进行核查，并将核查结果上报国务院。"第 55 条规定："退耕还林后，有关地方人民政府应当采取封山禁牧、舍饲圈养等措施，保护退耕还林成果。"

(六) 退耕还林的资金和粮食保障

《条例》第35条规定："国家按照核定的退耕还林实际面积，向土地承包经营权人提供补助粮食、种苗造林补助费和生活补助费。"第37条规定："种苗造林补助费和生活补助费由国务院计划、财政、林业部门按照有关规定及时下达、核拨。"第38条规定："粮食补助费按照国家有关政策处理。粮食调运费用由地方财政承担，不得向供应补助粮食的企业和退耕还林者分摊。"第45条规定："退耕还林所需前期工作和科技支撑等费用，国家按照退耕还林基本建设投资的一定比例给予补助，由国务院发展计划部门根据工程情况在年度计划中安排。退耕还林地方所需检查验收、兑付等费用，由地方财政承担。中央有关部门所需核查等费用，由中央财政承担。"此外，第44条规定："退耕还林资金实行专户存储、专款专用，任何单位和个人不得挤占、截留、挪用和克扣。任何单位和个人不得弄虚作假、虚报冒领补助资金和粮食。"

(七) 退耕还林其它保障措施

为保障退耕还林的顺利实施，《退耕还林条例》在就资金和粮食保障方面做了专门规定之外，还采取了其它多项措施。例如，《条例》第47条规定："国家保护退耕还林者享有退耕土地上的林木（草）所有权。自行退耕还林的，土地承包经营权人享有退耕土地上的林木（草）所有权；委托他人还林或者与他人合作还林的，退耕土地上的林木（草）所有权由合同约定。退耕土地还林后，由县级以上人民政府依照森林法、草原法的有关规定发放林（草）权属证书，确认所有权和使用权，并依法办理土地变更登记手续。"再如，第48条规定："退耕土地还林后的承包经营权期限可以延长到70年。承包经营权到期后，土地承包经营权人可以依照有关法律、法规的规定继续承包。退耕还林土地和荒山荒地造林后的承包经营权可以依法继承、转让。"又如，第49条规定："退耕还林者按照国家有关规定享受税收优惠，其中退耕还林（草）所取得的农业特产收入，依照国家规定免征农业特产税。退耕还林的县（市）农业税收因灾减收部分，由上级财政以转移支付的方式给予适当补助；确有困难的，经国务院批准，由中央财政以转移支付的方式给予适当补助。"还如,第 51 条规定:"地方各级人民政府应当加强基本农田和农业基础设施建设,增加投入,改良土壤,改造坡耕地,提高地力和单位粮食产量,解决退耕还林者的长期口粮需求。"

二、我国土地复垦法的主要内容

土地复垦是指对生产建设活动和自然灾害损害的土地,采取整治措施,使其达到可供利用状态的活动。土地复垦法就是规范土地复垦活动的法。

以国务院颁布的《土地复垦条例》为核心的我国土地复垦法的主要内容有以下几个方面:

(一)复垦土地的范围

我国复垦土地的范围总体上来说分为三类:第一类是生产建设活动损毁土地,第二类是自然灾害损毁土地,第三类是历史遗留损毁土地。生产建设活动损毁土地包括《条例》第 10 条规定的土地。它们是:"(一)露天采矿、烧制砖瓦、挖沙取土等地表挖掘所损毁的土地;(二)地下采矿等造成地表塌陷的土地;(三)堆放采矿剥离物、废石、矿渣、粉煤灰等固体废弃物压占的土地;(四)能源、交通、水利等基础设施建设和其他生产建设活动临时占用所损毁的土地。"自然灾害损害土地就是由风暴、暴雨、地震自然灾害损毁的土地。根据《条例》第 3 条的规定,历史遗留损毁土地就是"由于历史原因无法确定土地复垦义务人的生产建设活动损毁的土地"。也就是说,历史遗留损毁土地实质上就是生产建设损毁土地,只是由于无法确定损毁责任人才将其单列为一类。

(二)土地复垦的标准

《条例》第 6 条规定:"编制土地复垦方案、实施土地复垦工程、进行土地复垦验收等活动,应当遵守土地复垦国家标准;没有国家标准的,应当遵守土地复垦行业标准。制定土地复垦国家标准和行业标准,应当根据土地损毁的类型、程度、自然地理条件和复垦的可行性等因素,分类确定不同类型损毁土地的复垦方式、目标和要求等。"

(三) 土地复垦的责任原则与土地复垦义务人

《土地复垦条例》对不同类型的复垦土地规定了不同的复垦责任原则。首先，对生产建设损毁土地，实行"谁损毁，谁复垦"原则。《条例》第3条规定："生产建设活动损毁的土地，按照'谁损毁，谁复垦'的原则，由生产建设单位或者个人负责复垦。"其次，对历史遗留损毁土地和自然灾害损毁土地，《条例》确定的基本复垦责任原则是"县级以上人民政府负责"（简称政府负责原则）。《条例》规定："由于历史原因无法确定土地复垦义务人的生产建设活动损毁的土地，由县级以上人民政府负责组织复垦。自然灾害损毁的土地，由县级以上人民政府负责组织复垦。"再次，对历史遗留损毁土地和自然灾害损毁土地的，《条例》在确定实行"政府负责原则"的前提下又做了变通规定。可以把相关变通规定概括是"谁投资，谁受益"原则。《条例》第23条规定："对历史遗留损毁土地和自然灾害损毁土地"，可以"按照'谁投资，谁受益'的原则，吸引社会投资进行复垦。土地权利人明确的，可以采取扶持、优惠措施，鼓励土地权利人自行复垦"。

(四) 生产建设活动损毁土地的复垦

《条例》第14条规定："土地复垦义务人应当按照土地复垦方案开展土地复垦工作。矿山企业还应当对土地损毁情况进行动态监测和评价。生产建设周期长、需要分阶段实施复垦的，土地复垦义务人应当对土地复垦工作与生产建设活动统一规划、统筹实施，根据生产建设进度确定各阶段土地复垦的目标任务、工程规划设计、费用安排、工程实施进度和完成期限等。"第17条规定："土地复垦义务人应当于每年12月31日前向县级以上地方人民政府国土资源主管部门报告当年的土地损毁情况、土地复垦费用使用情况以及土地复垦工程实施情况。"第18条第1款规定："土地复垦义务人不复垦，或者复垦验收中经整改仍不合格的，应当缴纳土地复垦费，由有关国土资源主管部门代为组织复垦。"

(五) 历史遗留损毁土地和自然灾害损毁土地的复垦

《条例》第24条规定："国家对历史遗留损毁土地和自然灾害损毁土地的复垦按项目实施管理。县级以上人民政府国土资源主管部门应当根据土地复垦专项规划和年度土地复垦资金安排情况确定年度复垦项目。"第 26 条规定："政府投资进行复垦的,有关国土资源主管部门应当依照招标投标法律法规的规定,通过公开招标的方式确定土地复垦项目的施工单位。土地权利人自行复垦或者社会投资进行复垦的,土地复垦项目的施工单位由土地权利人或者投资单位、个人依法自行确定。"第 27 条规定："土地复垦项目的施工单位应当按照土地复垦项目设计书进行复垦。"

(六) 土地复垦方案和土地复垦项目设计书

《条例》第 11 条规定："土地复垦义务人应当按照土地复垦标准和国务院国土资源主管部门的规定编制土地复垦方案。"第 12 条规定："土地复垦方案应当包括下列内容：(一) 项目概况和项目区土地利用状况；(二) 损毁土地的分析预测和土地复垦的可行性评价；(三) 土地复垦的目标任务；(四) 土地复垦应当达到的质量要求和采取的措施；(五) 土地复垦工程和投资估(概) 算；(六) 土地复垦费用的安排；(七) 土地复垦工作计划与进度安排；(八) 国务院国土资源主管部门规定的其他内容。"第 25 条规定："政府投资进行复垦的,负责组织实施土地复垦项目的国土资源主管部门应当组织编制土地复垦项目设计书,明确复垦项目的位置、面积、目标任务、工程规划设计、实施进度及完成期限等。土地权利人自行复垦或者社会投资进行复垦的,土地权利人或者投资单位、个人应当组织编制土地复垦项目设计书,并报负责组织实施土地复垦项目的国土资源主管部门审查同意后实施。"

(七) 土地复垦检查验收

《条例》第 28 条规定："土地复垦义务人按照土地复垦方案的要求完成土地复垦任务后,应当按照国务院国土资源主管部门的规定向所在地县级以上地方人民政府国土资源主管部门申请验收,接到申请的国土资源主管部门应当会同同级农业、林业、环境保护等有关部门进行验收。进行土地复垦验收,应当邀请有关专家进行现场踏勘,查验复垦后的土地是否符合土地复垦标准以及土地复垦方案的要求,核实复垦后的土地类型、面积和质量等情况,并将初步验收结果公告,听取相关权利人的意见。相关权利人对土地复垦完成情况提出异议的,国土资源主管部门应当会同有关部门进一步核查,并将核查情况向相关权利人反馈；情况属实的，应当向土地复垦义务人提出整改意见。"第 29 条规定："负责组织验收的国土资源主管部门应当会同有关部门在接到土地复垦验收申请之日起 60 个工作日内完成验收，经验收合格的，向土地复垦义务人出具验收合格确认书；经验收不合格的，向土地复垦义务人出具书面整改意见，列明需要整改的事项，由土地复垦义务人整改完成后重新申请验收。"第 30 条规定："政府投资的土地复垦项目竣工后，负责组织实施土地复垦项目的国土资源主管部门应当依照本条例第二十八条第二款的规定进行初步验收。初步验收完成后，负责组织实施土地复垦项目的国土资源主管部门应当按照国务院国土资源主管部门的规定向上级人民政府国土资源主管部门申请最终验收。上级人民政府国土资源主管部门应当会同有关部门及时组织验收。土地权利人自行复垦或者社会投资进行复垦的土地复垦项目竣工后，由负责组织实施土地复垦项目的国土资源主管部门会同有关部门进行验收。"第 31 条规定："复垦为农用地的，负责组织验收的国土资源主管部门应当会同有关部门在验收合格后的 5 年内对土地复垦效果进行跟踪评价，并提出改善土地质量的建议和措施。"

参考文献：

1. 徐祥民、贺蓉：《最低限度环境利益与生态红线制度的完善》，《学习与探索》2019 年第 3 期。

2. 徐祥民：《地方政府环境质量责任的法理与制度完善》，《现代法学》2019 年第 3 期。

思考题：

1. 简述我国环境保护区制度的基本特点。
2. 我国基本农田保护和基本草原保护的相同相近制度、要求有哪些？
3. 简述我国退耕还林法的主要内容。

第十六章　环保公众参与法

　　环境保护既需要自然人、法人、国家机关、其它社会组织等社会主体有所付出，也需要他们有所作为，即积极地履行对环境保护的责任。环保公众参与的实质就是自然人、法人、国家机关、其它社会组织等社会主体履行环保责任。动员公众履行环保责任需要提高公众的环保意识，增强公众的环境保护能力。公众履行环保责任需要了解环境状况，包括环境遭受损害的状况及其发展趋势，也需要运用举报、诉讼等武器。环保公众参与法就是促进自然人、法人、国家机关、其它社会组织等社会主体提高环保意识增强环境保护能力的法，就是确保各种社会主体了解环境状况的法，规范各社会主体合理运用举报、诉讼等法律武器的法。

　　我国在环保公众参与法的建设上已经取得了巨大成就。除《环境影响评价法》关于公众参与的相关规定（参见本书第十一章）、相关规划法关于公众参与的规定（参见本书第十四章）外，2014年修订的《环境保护法》中的"信息公开和公众参与"章、河北省第十二届人民代表大会常务委员会第十一次会议通过的《河北省环境保护公众参与条例》等是最具代表性的立法或法律篇章。从内容上，环保宣传教育法、环境信息法已经形成比较系统的规范体系，环保公民举报制度和环保公民诉讼制度也已具备基本轮廓。

　　本章主要学习：（一）我国的环保宣传教育法基本知识；（二）我国的环境信息法基本知识；（三）我国的环保公民举报制度和环境诉讼制度建设情况。

第一节 我国的环保宣传教育法

环保宣传教育法是环保公众参与法的重要分支。我国《环境保护法》《海洋环境保护法》等环境保护一般法,《水污染防治法》等污染防治法、《森林法》等资源保护法、《野生动物保护法》等生态保护法、《防沙治沙法》等自然地理环境损害防治法都在"总则"中提出开展环保宣传教育的要求。我国《清洁生产促进法》等环保引导激励措施法把"宣传、普及清洁生产知识"等当作重要的环保引导激励措施,鼓励开展"清洁生产的宣传、教育"(《清洁生产促进法》第6条)。现有作为环保公众参与法分支的专门环保宣传教育立法主要有:《宁夏回族自治区环境教育条例》(宁夏回族自治区第十届人民代表大会常务委员会第二十七次会议 2011 年 12 月 1 日通过)、《天津市环境教育条例》(天津市第十五届人民代表大会常务委员会第三十五次会议于 2012 年 9 月 11 日通过)、《洛阳市环境保护教育条例》(河南省第十二届人民代表大会常务委员会第十一次会议 2014 年 12 月 4 日批准)、《衡水市生态环境教育促进条例》(河北省第十三届人大常委会第十三次会议 2019 年 11 月 29 日批准)等地方法规和《南京市环境教育促进办法》(南京市政府第 76 次常务会议 2015 年 11 月 13 日审议通过)、《厦门市环境教育规定》(厦门市人民政府第 114 次常务会议 2016 年 8 月 17 日通过)、《清远市环境教育规定》(清远市人民政府七届第 32 次常务会议 2019 年 1 月 2 日通过)等。

我国环保宣传教育法的主要内容如下:

一、环保宣传教育的一般含义

在我国环保宣传教育法中,环保宣传教育有不同称谓。有的立法称其为环境教育,有的称环境宣传教育,也有的称环境保护教育、生态环境教育。

我国环保宣传教育法一般都把环保宣传教育界定为向公众普及环境道德、环境法制、环保知识,增强公众环境意识,提高公众环保技能等的教育活动。例如：《南京市环境教育促进办法》第3条规定："本办法所称环境教育，是指通过多种形式，向公众普及环境道德、环境法制、环境科普知识，以增强环境意识、提高环境保护技能、树立生态文明价值观的教育活动。"

我国环保宣传教育法对环保宣传教育含义的界定显示了环保宣传教育对环保公众参与的价值。如果说《南京市环境教育促进办法》等法规规章中的"向公众普及环境道德、环境法制、环境科普知识"规定的是环保宣传教育的内容，那么，这些法律文件中的"增强环境意识、提高环境保护技能、树立生态文明价值观"或"培养环境保护技能、树立环境价值观"（《宁夏回族自治区环境教育条例》第3条）则是环保宣传教育的直接目的。这个目的设计是为公众参与环境保护服务的。获得了"环境保护技能"，树立了"正确环境价值观"（《洛阳市环境保护教育条例》第3条）的公众既可以"自觉履行保护环境的义务"（《天津市环境教育条例》第2条），也可以运用已经掌握的技能开展环保举报、环境诉讼等环保活动。（参阅本章第三节）

二、开展环保教育工作的一般原则

我国环保宣传教育法，从教育活动的组织，教育形式和教育内容等方面为开展环保教育工作确立了一般原则。《宁夏回族自治区环境教育条例》的相关规定比较有代表性。该《条例》第5条规定："环境教育工作应当坚持全面规划、统一组织、突出重点、分类指导，实行经常教育与集中教育相结合、普及教育与重点教育相结合、理论教育与实践教育相结合的原则。"

三、环保宣传教育的责任与义务

《宁夏回族自治区环境教育条例》等法规规章都把开展环保宣传教育宣布为"全社会的共同责任"。例如，《宁夏回族自治区环境教育条例》第4条规定："普及和加强环境教育是全社会的共同责任。"

多数法规规章都是在宣布环保宣传教育责任的同时对公民或一切有受教育能力的人提出教授环保宣传教育的要求。例如，《天津市环境教育条例》第4条规定："普及环境教育是全社会的共同责任，一切有受教育能力的公民都应当接受环境教育。"《宁夏回族自治区环境教育条例》将环境教育的对象界定为"有接受教育能力的公民"（第 4 条第 2 款）。"有接受教育能力的公民"都应当接受环境教育。《衡水市生态环境教育促进条例》也把这"应当接受环境教育"直接表述为接受环境教育的"义务"（第 4 条）。

四、环保教育的主要类型

我国环保宣传教育法将环境教育划分为两个基本类型，即学校环境教育和社会环境教育。

（一）学校环境教育

《宁夏回族自治区环境教育条例》《厦门市环境教育规定》等设专章（第三章、第二章）规定学校环境教育。根据《宁夏回族自治区环境教育条例》的规定，学校环境教育是"环境教育工作的基础"。因而，《条例》要求学校"组织落实学校环境教育教学规划、计划，配备、培养环境教育师资力量和课外辅导员，并组织开展环境教育实践活动"（第 11 条）。

《宁夏回族自治区环境教育条例》《天津市环境教育条例》等规定的学校环境教育都包括小学、中学、高等院校和中等专业技术学校和幼儿园阶段的教育。《宁夏回族自治区环境教育条例》要求"中小学校""将环境教育纳入公共基础课程，教育引导中小学生关心环境，树立正确的环境观，培养良好的环境行为习惯"（第 13 条），要求"高等院校和中等专业技术学校""为非环境类专业的学生开设环境教育必修课程或者选修课程，培养学生的环境素养和环境知识技能，提高环境意识，鼓励学生开展环境科学研究"（第 14 条）。《天津市环境教育条例》对"幼儿园的环境教育"提出"结合幼儿特点，采取适宜的活动方式，培养幼儿环境保护意识"（第 14 条）的要求。《厦门市环境教育规定》还对小学、中学的环保教育提出了课时量的要求。该《规定》第 10 条规定："小学和初级中学学生每学年接受环境教育不得少于 12 学时，高级中学学生每学年接受环境教育不得少于 8 学时。其中环境实践教育环节不得少于 4 学时"。

(二) 社会环境教育

社会环境教育指学校环境教育之外的环境教育。我国环保宣传教育法规定的社会环境教育主要包括以下教育或培训：

1. 国家机关主要负责人环境教育培训。《宁夏回族自治区环境教育条例》第 20 条规定："建立国家机关主要负责人环境教育培训制度。""县级以上人民政府主要负责人和政府组成部门、直属机构主要负责人在任职期间，应当接受环境教育培训。"《天津市环境教育条例》第 11 条规定："各级国家机关及其各部门主要负责人在任职期间，应当带头接受环境教育培训。"

2. 公务员和事业单位工作人员、专业技术人员培训。《宁夏回族自治区环境教育条例》第 21 条规定："行政学院和其他职业培训机构应当将环境教育内容纳入教学和培训计划。"该条第 2 款还特别规定："公务员初任和晋升职务培训、事业单位工作人员和专业技术人员继续教育培训以及职业技能培训，应当安排环境形势、环境保护任务以及环境法律、法规等环境教育内容。"《天津市环境教育条例》把国家机关事业单位人员环境教育确定为常规教育。该《条例》第 12 条规定："国家机关、事业单位应当对本单位人员每年至少进行一次环境教育培训，受教育人员比例不得低于百分之九十五。"

3. 国家和地方环境重点监控企业、新建项目单位负责人、企业环境保护设施运行管理人员培训。《厦门市环境教育规定》第 15 条规定："国家、省、市重点监控排污单位的法定代表人、分管环保的负责人以及环保设施运行管理部门的责任人，每年应当接受由市环境宣教机构组织的不少于 4 学时的环境教育。""新建、改建、扩建项目的单位法定代表人、分管环保的负责人以及环保设施运行管理部门的责任人，应当在项目开工建设前接受由市级环境影响评价审批部门组织的不少于 4 学时的环境教育。"《天津市环境教育条例》对"纳入国家"和天津市"排放污染物重点监控的企业"，要求其"负责人和环境保护管理人员、环境保护设施操作人员，每年接受环境教育培训的时间不得少于八学时"。

4. 排污单位员工教育和培训。《天津市环境教育条例》第 17 条规定："排放污染物的企业应当将环境教育纳入企业年度工作计划和环境保护考核内容，结合企业特点，安排对从业人员的环境教育。"《厦门市环境教育规定》提出的要求更具体。其第 14 条规定："排污单位""员工每年应当接受不少于 4 学时的环境教育"。

5. 被处罚或被查处环境违法企业负责人环保教育。《天津市环境教育条例》第 18 条："被依法处罚的环境违法企业，其负责人及相关责任人员，应当接受由环境保护行政管理部门组织的不少于二十四学时的环境教育培训。"《宁夏回族自治区环境教育条例》把上级环保机关对有环境违法行为企业负责人的"约谈"称为"约谈教育"。该《条例》第 24 条规定："被依法查处的环境违法企业的法定代表人以及相关责任人，应当接受生态环境主管部门组织的约谈教育，并予以通报。"《清远市环境教育规定》第 16 条规定："市、县（市、区）人民政府生态环境主管部门可以对被依法处罚的环境违法企业负责人及相关责任人进行环境教育培训。被依法处罚的环境违法企业也可以在生态环境主管部门的监督下，自行聘请第三方机构实施环境教育培训。"

五、环保宣传教育的组织和政府部门、基层政权和基层自治组织等的任务

上述"开展环保教育工作的一般原则"中的"统一组织"原则，或"统一规划、分级管理"原则，在《宁夏回族自治区环境教育条例》《天津市环境教育条例》等法规规章中落实为由县级以上人民政府负责制定纳入国民经济和社会发展规划的环保宣传教育规划并组织实施。相关法规规章对由县级以上人民政府负责制定规划并组织实施的环保宣传教育提出了许多要求。概括起来大致有以下几点：

（一）制定和实施环保宣传教育规划

《宁夏回族自治区环境教育条例》要求"县级以上人民政府"负责本行政区的环保宣传教育工作的"统一规划"，"组织实施"环保宣传教育规划（第 8 条）。按《南京市环境教育促进办法》的规定，环境教育规划或计划由"环境保护主管部门负责拟定"，"经市、区人民政府批准后组织实施"（第 10 条）。

(二) 政府相关部门的任务

《宁夏回族自治区环境教育条例》对县级以上人民政府的许多部门都安排了环保宣传教育任务。其中包括：

1. 环境保护主管部门的任务。《宁夏回族自治区环境教育条例》规定，生态环境主管部门除拟定环境教育规划或计划外，重要任务之一是"组织、协调、指导开展环境教育工作"（第9条第1项）。

2. 教育行政主管部门的任务。按《南京市环境教育促进办法》的规定，"教育行政主管部门负责指导中小学和幼儿园开展环境教育工作；将环境教育纳入中小学地方课程，制定学校环境教育规划、计划，组织编写环境教育地方课本；对学校环境教育进行考核、监督"（第11条）。《南京市环境教育促进办法》对教育行政主管部门规定的任务还包括环境教育师资力量建设（详见下文）。

3. 人力资源和社会保障行政主管部门的任务。《宁夏回族自治区环境教育条例》要求，"人力资源社会保障主管部门应当将环境教育纳入国家机关工作人员和专业技术人员继续教育、职业技能培训内容"（第9条第6项）。

4. 司法行政主管部门的任务。《南京市环境教育促进办法》要求"司法行政主管部门""将环境保护法律、法规纳入普法规划和年度计划，并组织实施"（第13条）。

5. 其他相关部门的任务。《南京市环境教育促进办法》规定："发展与改革、文化广电新闻出版、经济和信息化、城乡建设、公安、财政、科技、国土资源、工商、质量技术监督、食品药品监督、规划、城市管理、交通运输、农业、水务、商务、园林、卫生、气象、海事等行政主管部门，应当依据各自职责做好环境教育及相关工作"（第14条）。

(三) 人民团体的任务

《宁夏回族自治区环境教育条例》《南京市环境教育促进办法》等法规规章都规定了人民团体在环保宣传教育中的任务。《宁夏回族自治区环境教育条例》第10条规定："工会、共青团、妇联、科协以及其他社会团体应当结合各自工作，开展多种形式的环境教育活动。"

（四）乡镇街道基层自治组织的任务

《清远市环境教育规定》第 10 条规定："乡镇人民政府、街道办事处和基层群众性自治组织应当协助有关部门组织开展社区和农村环境教育工作。鼓励基层群众性自治组织积极开展环境教育活动。"

（五）国家机关、社会团体、企业事业单位和其他组织在本机关、团体、单位、组织内部的环境教育任务

《天津市环境教育条例》第 10 条规定："国家机关、社会团体、企业事业单位和其他组织，应当明确相应的部门和人员负责环境教育工作，并按照全市和本地区、本系统环境教育计划，结合本单位情况，安排环境教育实施计划。"

六、环保宣传教育基地建设

《宁夏回族自治区环境教育条例》《天津市环境教育条例》等都规定设立环保教育基地。《宁夏回族自治区环境教育条例》第 32 条规定："鼓励、引导有条件的单位创建环境教育基地。"《南京市环境教育条例》将以下 6 类单位或场所列为"鼓励、引导、支持""创建环境教育基地"的对象：(1)"植物园、科技馆、文化馆、博物馆"；(2)"自然保护区、风景名胜区"；(3)"生态农业示范项目"；(4)"清洁生产、循环经济、工业污染防治示范工程和项目"；(5)"具有环境保护示范作用的科研院所及实验室"；(6)"其他适于开展环境教育的场所"（第 18 条）。

《宁夏回族自治区环境教育条例》则对创建环保宣传教育基地规定了条件限制。《条例》第 32 条规定："符合下列条件的单位、场所，县级以上人民政府可以确立为环境教育基地：（一）有一定的环境教育设施和场所；（二）明确的环境教育主题和功能；（三）有相应的环境教育人员；（四）有良好的社会环境形象；（五）有必要的经费保障，能够向社会免费开放。"

《天津市环境教育条例》还对设立环保宣传教育基地的数量提出要求。《条例》第 20 条第 2 款规定："区、县环境行政管理部门""在本区、县内至少确定一个环境教育基地为示范基地，并给予适当支持。"

七、环保宣传教育周（月）

我国环保宣传教育法建立了环保宣传教育周，如《宁夏回族自治区环境教育条例》等。也有个别法规规章设立了环保宣传教育月。《清远市环境教育规定》第 7 条规定："每年 6 月 5 日为环境日，每年 5 月 20 日至 6 月 20 日为'清远市环境教育宣传月'。"

相关法规规章规定的环保宣传教育周一般都是 6 月的第一周。如《宁夏回族自治区环境教育条例》第 7 条规定："每年六月的第一周为自治区环境教育宣传周。"《天津市环境教育条例》第 22 条规定："每年 6 月 5 日（世界环境日）所在的星期为本市环境教育宣传周。"《衡水市生态环境教育促进条例》直接将环保宣传教育周确定为"每年 5 月 30 日至 6 月 5 日"（第 25 条）。也有规章将环保宣传教育周确定为 3 月的第一周。《洛阳市环境保护教育条例》第 10 条规定："每年三月的第一周为洛阳市环境保护教育宣传周。在环境保护教育宣传周期间，环境保护行政管理部门应当组织开展环境保护教育宣传，国家机关、企事业单位、社会团体和其他组织应当集中开展环境保护教育主题活动。"

有的法规规章还对环境教育宣传周期活动的开展提出了具体要求。例如，《天津市环境教育条例》规定："在环境教育宣传周期间，环境保护行政管理部门应当组织开展环境教育宣传，国家机关、社会团体、企业事业单位和其他组织应当集中开展环境教育主题活动。""在环境教育宣传周期间，环境教育示范基地应当向社会公众免费开放。"

八、环保宣传教育队伍和环保教育资源建设

《宁夏回族自治区环境教育条例》等法规规章还对环保宣传教育队伍建设和环保宣传教育资源建设提出了要求。

（一）环保宣传教育队伍建设

《宁夏回族自治区环境教育条例》第 33 条规定："生态环境主管部门应当加强环境教育师资力量建设，做好环境教育专、兼职教员的选拔、培训和

管理工作。"《南京市环境教育促进办法》要求"教育行政主管部门""加强环境教育师资力量建设，做好环境教育教师的选拔、培训和管理工作"（第11条）。

（二）环保教育资源建设

《宁夏回族自治区环境教育条例》第34条规定："生态环境主管部门应当建立环境教育资源公共服务平台，开发网络环境教育学习课程，为国家机关、企业、事业单位、社会团体和其他组织开展环境教育活动，提供政策、信息服务"；"应当制作环境教育影视资料，免费向社会提供，并在图书馆、科技馆等公共场所设立环境教育资料索取点"。《清远市环境教育规定》第21条规定："鼓励有条件的环境教育机构和人员通过课堂授课、讲座、现场体验、网络课程等方式向社会公众提供环境教育资源。"《南京市环境教育促进办法》第10条第2款规定："环境保护主管部门应当建立环境教育资源和公共服务平台，开发环境教育学习课程，编制环境教育资料，为开展环境教育提供政策、信息等方面的支持和服务。"《衡水市生态环境教育促进条例》第9条规定："生态环境主管部门应当建立生态环境教育资源和公共服务平台，开发生态环境教育学习课程，编制生态环境教育资料，组织生态环境教育培训，为开展生态环境教育提供政策、信息等方面的支持和服务。"

九、新闻媒体环保宣传教育

《宁夏回族自治区环境教育条例》第28条规定："广播电视、报刊、互联网等媒体，应当开设经常性环境教育栏目、节目，开展公益性环境教育宣传活动。"《天津市环境教育条例》第21条规定："广播、电视、报刊、网络媒体等，应当开设环境教育栏目，开展环境教育公益宣传。"《清远市环境教育规定》对新闻媒体提出的要求更具体。该《规定》第17条规定："本地新闻媒体应当开展环境保护法律法规和环境保护知识的宣传。报刊（不含专业期刊）每季度应当出版环境教育相关内容累计不少于1个版面，广播、电视媒体每月应当播放环境教育相关内容累计不少于30分钟。"

十、专项环保宣传教育活动

相关环保宣传教育法规定的专项环保宣传教育活动主要是环境日主题宣传教育活动。《南京市环境教育促进办法》第9条规定:"每年6月5日为环境日。市、区人民政府(园区管理机构)围绕环境日主题开展宣传教育活动,环境保护主管部门负责组织实施;广播、电视、报刊、网络等媒体应当开展各类环境公益宣传教育活动;环境科普教育型、实践型基地应当免费开放。"除环境日主题宣传教育活动外,《南京市环境教育促进办法》还要求在"世界地球日、世界水日、世界森林日和全国节能宣传周等主题活动期间""开展生态文明建设和环境保护宣传教育活动"(第9条)。根据这一规定,世界地球日、世界水日、世界森林日和全国节能宣传周也都要开展专项环保宣传教育活动。

《衡水市生态环境教育促进条例》规定了另一种类型的专项环保宣传教育活动。该《条例》对"生态环境、农业农村、科学技术等主管部门"提出"组织开展文明祭祀、秸秆禁烧、烟花禁放、清洁取暖等农村生态环境教育活动"的要求。开展这种活动可以有针对性地向农民"宣传生态环境保护法律、法规和知识"(第15条)。

第二节 我国的环境信息法

公众参与环境保护既需要接受环保宣传教育,增强环保意识,提高环保技能,也需要掌握环境信息。不管是对政府决策、可能对环境造成破坏的企业行为等实施监督,还是采取环保举报、环保诉讼行动,都以掌握环境信息为必要条件。环境信息法就是为公众参与环境保护提供环境信息保障的法。除《环境保护法》第五章有对环境信息公开事务的专门规定之外,《政府信息公开条例》的许多规定也都涵盖环境信息公开事务。此外,《生态环境部政府信息公开实施办法》(环办厅函〔2019〕第633号)、《企业环境信息依法披露管理办法》(生态环境部令〔2021〕第24号)等都是专门的环境信息法律文件。

我国环境信息法的主要内容包括环境信息公开、环境信息处理、环境信息获取和环境信息纠错4个方面。

一、环境信息公开

环境信息公开是环境信息法的主要规范对象。我国环境信息法对环境信息公开的规定主要包括以下几个方面的内容：

(一) 政府环境信息公开和企业（其他建设单位）环境信息公开

按公开信息主体的不同，环境信息公开主要有两种，即政府环境信息公开和企业（其他建设单位）环境信息公开。

1. 政府环境信息公开。《环境保护法》第53条要求"各级人民政府环境保护主管部门和其他负有环境保护监督管理职责的部门""依法公开环境信息"。该法第54条规定的国务院环境保护主管部门统一发布"国家环境质量、重点污染源监测信息及其他重大环境信息"，县级以上人民政府环境保护主管部门和其他负有环境保护监督管理职责的部门"依法公开环境质量、环境监测、突发环境事件以及环境行政许可、行政处罚、排污费的征收和使用情况等信息"，都属于政府环境信息公开。《政府信息公开条例》第20条规定的"主动公开""环境保护""监督检查情况"（第13项）信息，也是政府环境信息公开。

《河北省环境保护公众参与条例》在"环境信息的公开与获取"章规定："负有生态环境保护监督管理职责的部门应当通过政府网站、公报、资料索取点、电子显示屏、广播、电视、报刊等途径以便于公众知晓的方式主动公开政府环境信息，并提供信息检索、查阅和下载等服务。"（第11条第2款）《条例》还规定："县级以上人民政府及其负有生态环境保护监督管理职责的部门应当建立健全新闻发言人制度，针对社会舆论普遍关注的环境问题定期或者根据情况及时发布政府环境信息。"（第11条第3款）这些都属于政府环境信息公开。

2. 企业（其他建设单位）环境信息公开。《环境保护法》第55条规定的

"重点排污单位""向社会公开其主要污染物的名称、排放方式、排放浓度和总量、超标排放情况,以及防治污染设施的建设和运行情况"是企业环境信息公开。第 56 条规定的"依法应当编制环境影响报告书的建设项目"的"建设单位"在编制环境影响报告书时"向可能受影响的公众说明情况",是企业或其他"建设单位"公开环境信息。这种环境信息公开称企业(其他建设单位)环境信息公开,简称企业环境信息公开。企业环境信息公开也称企业环境信息披露。

《企业环境信息依法披露管理办法》规定,有义务披露环境信息的企业有以下 5 类,即(1)"重点排污单位";(2)"实施强制性清洁生产审核的企业";(3)上一年度有"因生态环境违法行为被依法吊销生态环境相关许可证件"等法定情形的"上市公司及合并报表范围内的各级子公司";(4)上一年度有"因生态环境违法行为被依法实施按日连续处罚"等法定情形的"发行企业债券、公司债券、非金融企业债务融资工具的企业";(5)"法律法规规定的其他应当披露环境信息的企业"(第 7 条)。

企业应当采用"年度环境信息依法披露报告""临时环境信息依法披露报告"和突发环境事件信息披露报告三种形式披露环境信息。

"年度环境信息依法披露报告"应当包含以下 8 个方面的内容:(1)包括企业生产和生态环境保护等方面的基础信息在内的企业基本信息;(2)包括环境行政许可、环境保护税、环境污染责任保险、环保信用评价等在内的企业环境管理信息;(3)包括污染防治设施,污染物排放,有毒有害物质排放,工业固体废物和危险废物产生、贮存、流向、利用、处置、自行监测等在内的污染物产生、治理与排放信息;(4)包括排放量、排放设施等在内的碳排放信息;(5)包括突发环境事件应急预案、重污染天气应急响应等在内的环境应急信息;(6)环境违法信息;(7)当年临时环境信息依法披露情况;(8)法律法规规定的其他环境信息。

"临时环境信息依法披露报告"主要披露以下 5 类环境信息:(1)环境行政许可准予、变更、延续、撤销等信息;(2)因环境违法行为受到行政处罚的信息;(3)因环境违法行为,其法定代表人、主要负责人、直接负责的主管人员和其他直接责任人员被依法处以行政拘留的信息；（4）因环境违法行为，企业或者其法定代表人、主要负责人、直接负责的主管人员和其他直接责任人员被追究刑事责任的信息；（5）环境损害赔偿及协议信息。

根据《企业环境信息依法披露管理办法》的规定，企业发生突发环境事件的，应当依照有关法律法规规定披露相关信息。（第17条第2款）

（二）政府环境信息主动公开和政府环境信息依申请公开

《政府信息公开条例》将政府信息公开分为两种，即主动公开和依申请公开（第13条第2款）。按照《条例》的规定，政府环境信息公开分为政府环境信息主动公开和政府环境信息依申请公开两种类型。

政府环境信息主动公开就是政府或其职能部门主动将相关政府信息公开。《政府信息公开条例》第10条规定："行政机关制作的政府信息，由制作该政府信息的行政机关负责公开。行政机关从公民、法人和其他组织获取的政府信息，由保存该政府信息的行政机关负责公开；行政机关获取的其他行政机关的政府信息，由制作或者最初获取该政府信息的行政机关负责公开。""行政机关设立的派出机构、内设机构依照法律、法规对外以自己名义履行行政管理职能的，可以由该派出机构、内设机构负责与所履行行政管理职能有关的政府信息公开工作。""两个以上行政机关共同制作的政府信息，由牵头制作的行政机关负责公开。"《生态环境部政府信息公开实施办法》规定，生态环境部的环境信息主动公开由生态环境部办公厅和部机关各部门负责。

政府环境信息依申请公开的环境信息指主动公开的环境信息以外的环境信息。《政府信息公开条例》第27条规定："除行政机关主动公开的政府信息外，公民、法人或者其他组织可以向地方各级人民政府、对外以自己名义履行行政管理职能的县级以上人民政府部门"及行政机关设立的对外以自己名义履行行政管理职能的派出机构、内设机构（以下简称政府环境信息机构）"申请获取相关政府信息"。按该条规定，公民、法人或者其他组织可以政府环境信息机构"申请获取"环境信息，政府环境信息机构根据公民、法人或者其他组织的申请提供环境信息，属于政府环境信息依申请公开。

政府环境信息主动公开和政府环境信息依申请公开两种信息公开形式各有对应的环境信息类型。"涉及公共利益调整、需要公众广泛知晓或者需要公众参与决策"的信息属于主动公开的范围（《生态环境部政府信息公开实施办法》第14条），其他环境信息的公开属于依申请公开的范围。不过，依申请公开的环境信息可以纳入主动公开的环境信息的范围。《政府信息公开条例》第44条规定："多个申请人就相同政府信息向同一行政机关提出公开申请，且该政府信息属于可以公开的，行政机关可以纳入主动公开的范围。"该条还规定："对行政机关依申请公开的政府信息，申请人认为涉及公众利益调整、需要公众广泛知晓或者需要公众参与决策的，可以建议行政机关将该信息纳入主动公开的范围。行政机关经审核认为属于主动公开范围的，应当及时主动公开。"

二、环境信息处理

环境信息处理指对环境信息材料的加工处理。对环境信息材料的加工处理也可称为环境信息编制或制作。所谓环境信息编制就是将环境信息材料加工成具有使用价值的环境信息。《政府信息公开条例》第10条规定："行政机关制作的政府信息，由制作该政府信息的行政机关负责公开。"该条中的"制作"就是对环境信息材料的加工处理。《生态环境部政府信息公开实施办法》第6条中的"机关各部门获取的""政府信息"一般都是自身不具有使用价值的信息材料，也就是需要经过"制作"才能形成使用价值的环境信息。《环境保护法》第54条规定的"环境状况公报"就是必须经过加工处理过程才能形成的系统的环境信息。

《政府信息公开条例》有关于信息处理的内容。例如，第4条规定的"对拟公开政府信息的审查"就是一种信息处理。再如，第8条对"各级人民政府"提出的"加强政府信息资源的规范化、标准化、信息化管理"就是关于政府环境信息处理的要求。

三、环境信息获取

环境信息获取指直接服务于环保公众参与的信息获取，也就是环境信息权利人对环境信息的获取。

（一）环境信息权利人

《环境保护法》第 53 条规定："公民、法人和其他组织""享有获取环境信息"的权利。公民、法人和其他组织依法都是环境信息权利人。《生态环境部政府信息公开实施办法》就是用来"保障公民、法人和其他组织依法获取生态环境部政府信息"（第 1 条）权利的专门法律文件。

（二）获取环境信息

公民、法人和其他组织获取环境信息的基本途径有二：一是从政府主动公开的信息和企业（其他建设单位）依法披露的信息中提取自己所需要的环境信息；二是为取得所需要的环境信息向政府提出申请，由政府提供信息。

《环境保护法》第 53 条规定："各级人民政府环境保护主管部门和其他负有环境保护监督管理职责的部门，应当依法公开环境信息"，"为公民、法人和其他组织参与和监督环境保护提供便利"。"各级人民政府环境保护主管部门和其他负有环境保护监督管理职责的部门"主动公开环境信息，公民、法人和其他组织便可从政府公开的环境信息中获得自己所需要的信息。

《企业环境信息依法披露管理办法》将企业宣布为"环境信息依法披露的责任主体"（第 4 条），要求企业"依法、及时、真实、准确、完整地披露环境信息"（第 5 条）。公民、法人和其他组织可以从企业依法披露的信息中获取其所需要的环境信息。

《政府信息公开条例》第 27 条规定：公民、法人或者其他组织可以向政府环境信息机构"申请获取相关政府信息"。政府环境信息机构应当依法向提出申请的公民、法人提供其所申请取得的环境信息。

（三）环境信息申请

公民、法人和其他组织通过申请渠道获取环境信息需要向政府环境信息机构提出申请。《生态环境部政府信息公开实施办法》规定，公民、法人和其他组织申请获取环境信息须提交《申请表》（第21条）。除申请人的基本信息外，《申请表》主要填写以下两个方面的内容：其一，申请公开的政府信息名称、文号或者便于查询的其他特征；其二，申请公开的政府信息的形式要求，包括获取信息的方式、途径等。

政府环境信息机构答复环境信息申请的基本形式是《政府信息公开告知书》。政府环境信息机构运用《告知书》答复申请人提出的申请。如果申请人申请取得的环境信息属于不能公开的信息，政府环境信息机构应告知申请人不能提供相关信息，并说明不能提供的理由；如果申请人申请取得的信息可以公开且政府已经主动公开，政府环境信息机构应告知申请人获取相关信息的方式、途径；如果申请人申请取得的信息可以公开但因不属于政府主动公开的范围而未公开，政府环境信息机构应向申请人提供相关政府信息，或者告知申请人获取相关政府信息的方式、途径和时间等。

四、环境信息纠错

环境信息纠错是指对政府主动公开的或依申请提供的环境信息、处于传播之中的其他环境信息存在的错误和其他不当做出澄清或改正。

《政府信息公开条例》第41条规定："公民、法人或者其他组织有证据证明行政机关提供的与其自身相关的政府信息记录不准确的，可以要求行政机关更正。有权更正的行政机关审核属实的，应当予以更正并告知申请人；不属于本行政机关职能范围的，行政机关可以转送有权更正的行政机关处理并告知申请人，或者告知申请人向有权更正的行政机关提出。"这是对由政府依申请提供的信息的改正。

《政府信息公开条例》第6条第2款规定："行政机关发现影响或者可能影响社会稳定、扰乱社会和经济管理秩序的虚假或者不完整信息的，应当发布准确的政府信息予以澄清。"这是对处于传播之中的环境信息的澄清。

第三节 我国的环保举报与环保诉讼

我国《环境保护法》建立了环保举报和环保诉讼制度,为公众参与环境保护开辟了举报和诉讼两个途径。

一、环保举报

环保举报是指公民、法人和其他组织既非为履行法定职责或义务,也非为维护自身法定权利和其他利益,向环境保护机关或其他有义务查处环境违法行为的组织报告他人侵害环境行为或不积极履行保护环境职责行为的活动。

我国法律建立的环保举报制度包含以下几个方面的内容:

(一)环保举报的举报人

环保举报是公众参与环境保护的一个路径,通过这个路径参与环境保护的"公众"包括公民、法人和其他组织。《环境保护法》第57条规定:"公民、法人和其他组织发现任何单位和个人有污染环境和破坏生态行为的,有权向环境保护主管部门或者其他负有环境保护监督管理职责的部门举报。"该条规定的举报主体就包括公民、法人和其他组织。

(二)环保举报的类型

根据被举报人在环境保护中的地位的不同,我国的环保举报可以分为两类,即对损害环境行为的举报和对不积极履行环境保护职责行为的举报。

1. 对损害环境行为的举报,也可称举报环境损害行为。上引《环境保护法》第57条规定的举报就是对损害环境行为的举报。按该条的用语,这种举报的举报对象是实施"污染环境和破坏生态行为"的单位和个人。《河北省环境保护公众参与条例》也把这种类型的举报称为"举报环境违法行为"(第20条第1款第5项)。

2. 对不积极履行环保职责行为的举报,也可称举报不依法履职行为。《环境保护法》第57条第2款规定:"公民、法人和其他组织发现地方各级人民政府、县级以上人民政府环境保护主管部门和其他负有环境保护监督管理职责的部门不依法履行职责的，有权向其上级机关或者监察机关举报。"该款规定的举报对象是"不依法履行职责"的"地方各级人民政府、县级以上人民政府环境保护主管部门和其他负有环境保护监督管理职责的部门"。《河北省环境保护公众参与条例》也把这种类型的举报称为举报"国家机关及其工作人员不依法履行环境保护职责的行为"（第20条第1款第5项）。

（三）环保举报的适用范围

我国《环境保护法》《河北省环境保护公众参与条例》等都把"对损害环境行为的举报"中的损害环境行为概括为"污染环境、破坏生态行为"。根据我国相关环境保护单行法的规定，可举报的损害环境行为的类型很多，对损害环境行为举报的适用范围较宽。其中包括：

1. 资源损害行为。《土地管理法》第7条规定："任何单位和个人"都"有权对违反土地管理法律、法规的行为提出检举和控告"。《节约能源法》第9条还规定："任何单位和个人"都"有权检举浪费能源的行为"。

2. 污染环境的行为。《水污染防治法》第11条第1款规定："任何单位和个人"都"有权对污染损害水环境的行为进行检举"。《环境噪声污染防治法》（第7条）、《固体废物污染环境防治法》（第31条）、《大气污染防治法》（第31条）、《海洋环境保护法》（第4条）等也都有类似规定。

3. 生态损害行为。《野生动物保护法》第6条第2款规定："任何组织和个人"都"有权向有关部门和机关举报或者控告"违反该法的行为。《海岛保护法》第7条第2款也授权"任何单位和个人"对"破坏海岛生态的行为"进行举报。

4. 自然地理环境损害行为。《水土保持法》第8条规定："任何单位和个人"都"有权对破坏水土资源、造成水土流失的行为进行举报"。《地质灾害防治条例》第9条规定："任何单位和个人对地质灾害防治工作中的违法行为都有权检举和控告。"

（四）环保举报的受理

环保举报的受理包括接收举报和对举报事项做出处理。《大气污染防治法》第 31 条规定："生态环境主管部门和其他负有大气环境保护监督管理职责的部门""接到举报的，应当及时处理。""接到举报"的核心内容是对举报的接收，而"及时处理"是对举报反映的损害环境行为或不积极履行环保职责行为的处理。

《河北省环境保护公众参与条例》对环保举报的受理做了比较细密的规定。按该《条例》的规定，接收举报的人民政府或者有关部门（以下简称接收举报部门）"应当登记"，也就是办理环保举报登记。对已经接收的举报要根据举报的不同情况分别做出处理。《条例》规定的不同情况及其处理办法包括：1. 对属于接收举报部门职责范围内的举报事项，接收举报部门"予以受理，依法调查处理，并在规定期限内将处理结果以书面形式告知举报人"；2. 对不属于接收举报部门职责范围的举报事项，接收举报部门应"及时告知举报人依法向有关人民政府或者有关部门举报"；3. "举报的事项应当通过行政复议和诉讼等途径解决的"，接收举报部门应"及时告知举报人依法向行政复议机关或人民法院提起行政复议或者诉讼"（第 28 条）。

（五）环保举报奖励

《土地管理法》等资源保护法、《大气污染防治法》等污染防治法、《野生动物保护法》的生态保护法、《水土保持法》等自然地理环境损害防治法建立的环保举报制度都包含对举报者的奖励这一要素。例如，《固体废物污染环境防治法》第 31 条要求"接到举报的部门""对实名举报并查证属实的"要"给予奖励"。作为环保公众参与专门法律文件的《河北省环境保护公众参与条例》也规定："公众对破坏生态、污染环境的单位和个人举报情况属实的，县级以上人民政府生态环境主管部门和其他负有生态环境保护监督管理职责的部门，应当对举报人予以奖励。"（第 34 条）

生态环境部发布的《关于实施生态环境违法行为举报奖励制度的指导意见》（环办执法〔2020〕8 号）和一些省自治区直辖市发布的环保举报奖励法规规章都对奖励范围做了界定。如《甘肃省生态环境违法行为举报奖励办法（试行）》规定的奖励范围包括对规定的"重大"环境违法行为、"较大"环境违法行为、"一般"环境违法行为的举报。其中"重大"环境违法行为包括 4 种，即 1. 利用暗管、溶洞、天然裂隙、渗井、渗坑、雨水管道、槽车或者国家禁止的其他方式排放工业废水、废液（含放射性废液），以及利用其他规避监管的方式排放污染物的。2. 非法排放含重金属、持久性有机物等严重危害环境、损害人体健康的污染物，且排放超过国家或地方污染物排放标准的。3. 在饮用水水源保护区、自然保护地排放、倾倒、处置有放射性的废物、含传染病病原体的废物、有毒物质的。4. 非法倾倒工业固体废物、医疗废物或放射性固体废物；非法转移、处置危险废物或放射性固体废物；危险废物贮存场所未按有关规定建设管理，存在重大环境污染隐患的。"较大"环境违法行为包括 3 种，即 1. 在各类自然保护地非法进行开矿、修路、筑坝、建设，造成生态破坏的；2. 发生环境污染事件未报告或未采取有效措施的。3. 排污单位或第三方监测机构环境监测数据存在弄虚作假行为的（含不正常运行污染源自动监控设施）；"一般"环境违法行为也有 3 种，即 1. 未依法取得排污许可证、以及未配套建设污染防治设施，造成环境污染后果的；2. 未经生态环境主管部门批准或备案，非法生产、销售、使用、转让、进口、贮存放射性同位素和射线装置的；3. 其他严重的生态环境违法行为。

各地颁布的环保举报奖励办法对环保举报规定的奖励包括物质奖励和精神奖励两种。例如，《山东省生态环境违法行为举报奖励暂行规定》根据"所举报生态环境违法行为的类型、对生态环境的危害程度、社会影响范围等因素"对不同的举报行为规定了从 100 元到 20 万元不等的奖金。（第 6 条）同时，该奖励办法规定："实施奖励的生态环境部门在对举报人实施物质奖励的同时，可以根据案件核查情况，征得举报人同意后，对举报人实施表扬等精神奖励。"（第 6 条第 2 款）

（六）对环保举报人的保护

《环境保护法》鼓励公民、法人和其他组织积极开展举报，同时也要求接受举报的国家机关保护举报人。该法第 57 条第 3 款规定："接受举报的机关应当对举报人的相关信息予以保密，保护举报人的合法权益。"

《河北省环境保护公众参与条例》对保护举报人做了较为周密的安排。

首先，该《条例》要求受理举报的部门"对举报人的姓名、工作单位、家庭住址等有关情况及举报的内容""严格保密"。其次，该《条例》明确将打击报复举报人及其亲属的行为列为禁止。《条例》宣布："任何单位和个人不得以任何借口和手段打击报复举报人及其亲属。"再次，《条例》对不利于保护举报人的行为设定了处罚。其第39条规定：对有"泄露控诉、检举人信息，致使控诉、检举人合法权益受到侵害的"行为的国家机关"直接负责的主管人员和其他直接责任人员"要"依法予以处分"。

二、环保诉讼

2012年修订的《民事诉讼法》创立我国的环保诉讼制度。该法第55条规定："对污染环境、侵害众多消费者合法权益等损害社会公共利益的行为，法律规定的机关和有关组织可以向人民法院提起诉讼。"该条规定的诉讼包括对污染环境损害社会公共利益行为的诉讼，一种以污染环境损害社会公共利益的行为为诉讼对象的诉讼。《民事诉讼法》实施两年后，2014年修订的《环境保护法》对这种诉讼的对象行为的范围做了扩大。该《法》第58条规定：法定组织"对污染环境、破坏生态，损害社会公共利益的行为""可以向人民法院提起诉讼"。我国《民事诉讼法》和《环境保护法》建立了我国的作为环保公众参与制度的环保诉讼制度。这项制度的主要内容有如下4个方面：

（一）环保诉讼的原告

《环境保护法》规定的环保诉讼原告是具备法定条件的社会组织。所谓法定条件是指如下两个条件：

1.依法在设区的市级以上人民政府民政部门登记。这一要求涉及两个方面的具体要求：一个方面是关于登记机关的要求；另一个方面是对"社会组织"的要求。《最高人民法院关于审理环境民事公益诉讼案件适用法律若干问题的解释》（以下简称《环境诉讼案件适用法律解释》）第3条把"设区的市级以上人民政府民政部门"界定为"设区的市，自治州、盟、地区，不设区的地级市，直辖市的区以上人民政府民政部门"。环保诉讼原告必须是在这样的机关登记的社会组织。《环境诉讼案件适用法律解释》把"社会组织"界定为"社会团体、基金会以及社会服务机构"。其第 2 条规定:"依照法律、法规的规定,在设区的市级以上人民政府民政部门登记的社会团体、基金会以及社会服务机构等,可以认定为环境保护法第五十八条规定的社会组织。"

2. 专门从事环境保护公益活动连续 5 年以上且无违法记录。这一条件也涉及两个方面的要求:一个方面是"专门从事环境保护公益活动";另一个方面是"连续五年以上且无违法记录"。对"专门从事环境保护公益活动",《环境诉讼案件适用法律解释》提供了具体衡量指标。《解释》第 4 条规定:"社会组织章程确定的宗旨和主要业务范围是维护社会公共利益,且从事环境保护公益活动的,可以认定为环境保护法第五十八条规定的'专门从事环境保护公益活动'。"对"连续五年以上且无违法记录",《解释》第 5 条也给画了一条线——"社会组织在提起诉讼前五年内未因从事业务活动违反法律、法规的规定受过行政、刑事处罚",就"可以认定为环境保护法第五十八条规定的'无违法记录'"。

(二)环保诉讼的可诉行为

《环境保护法》第 58 条对可诉行为范围的规定比《民事诉讼法》第 55 条的规定要宽。后者仅限于"污染环境""损害社会公共利益的行为";前者包括"污染环境""破坏生态""损害社会公共利益的行为"。

《环境保护法》第 58 条规定的可诉行为可以分解为两类,即"污染环境""损害社会公共利益的行为"和"破坏生态""损害社会公共利益的行为"。

《民事诉讼法》和《环境保护法》规定的环保诉讼的可诉行为都有两个构成要求。一个要素是"污染环境"或"污染环境""破坏生态";另一个要素是"损害社会公共利益"。具备这两个要素的行为才是环保诉讼的可诉行为。

(三)环保诉讼请求

《环境诉讼案件适用法律解释》对环保诉讼可以提出的诉讼请求做了有

针对性的说明。《解释》第 18 条规定:"对污染环境、破坏生态,已经损害社会公共利益或者具有损害社会公共利益重大风险的行为,原告可以请求被告承担停止侵害、排除妨碍、消除危险、修复生态环境、赔偿损失、赔礼道歉等民事责任。"按这一解释,环保诉讼的原告可以向被告提出"停止侵害、排除妨碍、消除危险、修复生态环境、赔偿损失、赔礼道歉"的诉讼请求。

(四) 对环保诉讼的支持与援助

我国《民事诉讼法》建立了支持起诉制度。其第 15 条规定:"机关、社会团体、企业事业单位对损害国家、集体或者个人民事权益的行为,可以支持受损害的单位或者个人向人民法院起诉。"《环境诉讼案件适用法律解释》援引该制度,接受相关机关、组织等对环保诉讼提供支持。《解释》第 11 条规定:"检察机关、负有环境资源保护监督管理职责的部门及其他机关、社会组织、企业事业单位""可以通过提供法律咨询、提交书面意见、协助调查取证等方式支持社会组织依法提起环境民事公益诉讼"。

《河北省环境保护公众参与条例》不仅鼓励相关机关和组织支持提起环保诉讼,而且要求相关国家机关对环保诉讼提供法律援助。该《条例》第 37 条规定:"提起环境公益诉讼的社会组织向有关国家机关申请提供法律援助的,有关国家机关可以予以支持。""社会组织申请负有生态环境保护监督管理职责的部门为其提起环境公益诉讼提供污染损害取证等方面协助的,负有生态环境保护监督管理职责的部门应当予以支持。"

(五) 环保诉讼的性质

从维护的利益的性质来看,我国的环保诉讼是社会公共利益诉讼。这种诉讼要维护的利益是社会公共利益,而非环境利益——环境损害直接伤害的利益。

《环境诉讼案件适用法律解释》要求起诉提交三项材料,其中反映诉讼标的的材料(第 2 项材料)是"被告的行为已经损害社会公共利益或者具有损害社会公共利益重大风险的初步证明材料"(第 8 条第 2 项),《解释》没有要求提供损害环境利益的或者具有损害环境利益重大风险的初步证明材料。

社会公共利益是指众多的人——众多的自然人、法人、其他社会组织的利益。《环境诉讼案件适用法律解释》规定环保诉讼的原告可以向被告提出"赔礼道歉"的诉讼请求。赔礼道歉这种民事责任承担方式只有在诉讼所维护的利益的主体是具体的个人时才有意义。

总之，我国建立的环保诉讼是维护众多的人因环境损害引发的私益损害的诉讼。

参考文献：

1. 徐祥民：《2012 修订的〈民事诉讼法〉没有实现环境公益诉讼"入法"》，《清华法学》2019 年第 3 期。

2. 徐祥民：《〈环保法（2014）〉对环境公益诉讼制度建设的推进与再改进》，《政法论丛》2020 年第 4 期。

思考题：

1. 简述我国环保宣传教育法的主要内容。
2. 我国环境信息法对公众获取环境信息有哪些规定？
3. 我国环保举报的适用范围。
4. 浅析我国环保诉讼的性质。

后　记

　　先后参加本书编写的撰稿人有徐祥民（浙江工商大学）、徐维敏（山东大学）、张式军（山东大学）、巩固（北京大学）、林宗浩（兰州大学）、申进忠（南开大学）、陈冬（郑州大学）、李冰强（山西大学）、李光禄（山东科技大学）、秘明杰（山东科技大学）、张景明（山东大学威海分校）、张锋（山东师范大学）、田其云（中国海洋大学）、陈晓景（河南财经政法大学）、梅宏（中国海洋大学）、孟庆垒（自然资源部）、时军（中国海洋大学）、刘卫先（中国海洋大学）、尹鸿翔（广西华锡集团有限公司）、姜渊（宁波大学）、宛佳欣（西南石油大学）、莫张勤（浙江农林大学）、王栋（山东科技大学）、赵冉（浙江经济职业技术学院）、王普（浙江工商大学）、王国蕾（中国海洋大学）、王庆元（中国海洋大学）、王瑜（中国海洋大学）、韩凌月（浙江工商大学）、孙一涵（浙江工商大学）、高丽华（浙江工商大学）、高雅（浙江工商大学）等。

　　本版修订执笔情况如下：第一章　人类环境与环境损害，徐祥民、高雅；第二章　环境保护，巩固、王庆元；第三章　环境法及其产生与发展，李冰强、孙一涵；第四章　我国环境法的指导思想，陈晓景、徐祥民；第五章　环境法体系，莫张勤、徐祥民；第六章　资源损害防治法，田其云、徐祥民；第七章　污染损害防治法，王国蕾、徐祥民；第八章　生态损害防治法，王瑜、徐祥民；第九章　自然地理环境损害防治法，徐祥民；第十章　环保科学技术工具法，王栋、刘卫先；第十一章　环保管控监督措施法，韩凌月、徐祥民；第十二章　环保引导激励措施法（上），姜渊；第十三章　环保引导激励措施法（下），宛佳欣；第十四章　环境强制保护和环境保护规划法（上），赵冉、申进忠；第十五章　环境强制保护和环境保护规划法（下），高丽华、徐祥民；第十六章　环保公众参与法，王普、陈冬。

编　者

2022年7月2日